本书为2023年度浙江省哲学社会科学规划课题青年项目"汉语换言构式的语义关系和语用功能研究"（项目编号：23NDJC137YB）和2022年度浙江省省属高校基本科研业务费专项资金资助项目（项目编号：SJWY2022015）成果

本书出版得到宁波大学中国语言文学学科建设经费的资助

# 现代汉语
# 换言标记研究

李晓琴　著

ZHEJIANG UNIVERSITY PRESS
浙江大学出版社
·杭州·

# 序

人类在进行言语交际时，除了交流思想之外，还需要交流感情，在交际中表达交际双方的情感、态度、认识等，体现出语言的主观性，而且人们在谈论同一个问题时可以从不同的视角出发进行解释、说明、评价等，甚至可以"换句话说"，"换句话说"一类语言现象即所谓的"换言"或者"重述"。换言或称重述现象是人类语言中的普遍现象，"换言标记"就是标记这种现象的篇章连接成分，如汉语中的"换句话说"，英语中的"in other words"，俄语中的"другими словами"，日语中的"dakara"，意大利语中的"cioè"等。英语语言学家 Quirk（1985）称这种篇章关系为"reformulation"。

无论传统语法还是当代功能语法，汉语语法研究都在一定程度上关注到现代汉语换言关系和换言标记问题，但总体来看还不够全面系统。李晓琴博士的《现代汉语换言标记研究》则在前人时贤相关研究的基础上，站在功能语言学的立场，运用构式语法、篇章语法和话语分析等相关的理论和方法，在厘清有关换言关系和换言标记等核心概念的基础上，力求对现代汉语换言标记系统得出新的认知。

总体上看，该书首先基于现代汉语语法事实，界定了换言关系概念，并在此基础上构建现代汉语换言标记系统。该书认为，换言关系是一种语篇关系，是一种超越逻辑关系的语义相似关系。而换言标记是指标记换言关系的话语标记，从篇章衔接手段的角度讲，也称为"换言连接成分"。其次，作者在明确界定换言关系和换言标记的基础上，从构式角度将现代汉语的换言标记分为两大类，即实体构式形式的换言标记和半图式构式形式换言标记，每个大类下再进行下位分类，如前者分为"或言"类和"系言"类两类，后者分为引述、视角、评价三类。这就给我们构建了一个较为完整的现代汉语换言标记系统。再次，作者在系统建构和明确分类之后，不仅讨论了换言成分、换言关系、换言标记等涉及的理论问题，更重要的是对现代汉语两大类换言标记中典型的换言标记进行了个案分析，重点考察它们所关联的前后项的语义关系及语用问题。个案研究涉及"换句话说""或者说""具体地说""也就是说""即是说""即""用 X 的话说""按 X 的说法""从 X 的角度说""从 X 的方面说""就 X 而言""往 X 里说""说得 X 一点"等等，个案研究都非常细腻。这就真正做到理论思考与事实研究的有机结合。最后，作者对现代汉语两大类换言标记的来源、演变进行了考察，对它们的演变特点和规律给予了初步概括。这做到了共时与历时的有机结合。

当然，从另一个角度来说，这本书反映的还不是现代汉语换言现象和换言标记的全部，这是因为一方面从理论上说，换言关系的界定没有统一的说法，本身就存在争议，这就导致现代汉语换言标记的范围也存在争议；另一方面看，这也说明现代汉语的换言现象、换言关系、换言标记等还值得进一步研究。我希望李晓琴博士能就现代汉语换言问题在充分事实调查基础之上，运用最新语法理论，进行更为深入的探讨。

李晓琴博士在本科和硕士阶段都受过很好的语言研究训练，在上海师范大学攻读博士学位期间，更是勤于思考，勇于探索，发表过多篇很好的学术论文。毕业以后到宁波大学工作，那里同样有很好的语言研究氛围。我们期待李晓琴博士有更多更高质量的汉语语法研究成果面世。

2023 年 5 月 14 日

# 目　录

# 第一章 绪 论

## 第一节 研究缘起

### 一 选题缘由

随着功能语言学的兴起，学者们打破了形式语言学侧重形式和句法研究的限制，将视野投向超句的篇章和话语结构的研究，也即篇章语言学的研究，本书的研究就是在这个大背景下展开的。话语标记属于篇章语言学研究的范畴，汉语传统语法将话语标记中的大部分对象称为"插入语"或"独立成分"，因其不属于传统句法成分范畴，一直没有得到足够的重视。随着国外话语标记概念的引入，国内受其影响也重新审视这一领域，话语标记成为近些年来汉语学界的一个研究热点，研究成果丰硕。但作为话语标记的一个子类，换言标记的相关研究相对薄弱，缺乏全面系统的探讨。

换言或称重述现象是人类语言中的普遍现象，"换言标记"就是标记这种现象的篇章连接成分，如汉语中的"换句话说"，英语中的"in other words"，俄语中的"другими словами"，日语中的"dakara"，意大利语中的"cioè"等。英语语言学家Quirk（1985）称这种篇章关系为"reformulation"。不过国内英语学界与汉语学界所使用的术语有所不同，具体表现在英语学界着眼于相似意义的重新表述，将其译作"重述"关系（王红、葛云峰，2004；王卓，2010；冯迪，2012等）；汉语学界着眼于表达方式的不同，将其译作"换言"关系（廖秋忠，1986等），并将汉语的"换句话说"及类似成分称为"换言连接成分"或"换言标记"。

关于换言标记的相关研究，就目前来看，无论国内外，从语言形式层面上来看，主要分为两类，一类是探讨实体构式形式的，是指由一个固定的词语来充当的，如"换句话说"等，这类研究占目前研究的主流；还有一类是探讨半图式构式形式的，是指其中有一个可变项，如"往X里说"等，目前学界对这类形式的换言标记有所关注，但关注不够；从换言前后项语义关系层面上来看，国外主要借助关联理论探讨换言标记前后项之间的因果推理或修正等关系，国内汉语学者主要关注换言前后在语义复杂性方面体现的差别，研究侧重前后项之间客观性语义的描写，如"难懂到易懂""抽象到具体"等，而对换言后项语义的主观性没有给予应有的关注；从换言标记的来源与演变层面上看，目前尚无人探讨现代汉语中换言标记是如何产生的。因而本书在国内外前人时贤相关研究成果的基础上，站在功能语言学的立场，运用构式语法、篇章语法和话语分析等相关的理论和方法，在厘清有关换言关系和换言标记等核心概念的基础上，首先从共时层面对现代汉语实体构式形式的换言标记以及半图式构式形式的换言标记的语义关系和语用功能等进行描写，再从历时层面对现代汉语中的两大类换言标记的来源进行全面考察，力求对现代汉语的换言标记系统得出新的认知。

## 二 研究对象和范围

本书的研究对象是现代汉语换言标记。研究范围包括：界定换言关系，构建现代汉语换言标记系统，研究现代汉语中换言标记所关联的语义关系以及换言结构的语用功能，考察换言标记的来源，分析换言结构的特点等。

换言标记，是指标记换言关系的话语标记，从篇章衔接手段的角度讲，也称为"换言连接成分"。现代汉语中最常见的换言标记有"换句话说""或者说""也就是说"等。例如：

（1）你似乎也同意，确定谁是本案凶手，必须以去年十一月二十日晚上谁在你家为依据，其它尽可略去；换句话说，凶手只能在当时在你家的人中去找。（王朔《枉然不供》）

（2）口里说："这西瓜藤长得四寸长了。"或者说，"这西瓜藤长得尺把长了。"（许杰《种西瓜玩儿》）

（3）例如，在一个合营企业里，我方的领导方式必须能够使外方接受，而外方的管理方式必须能够得到我方的承认。也就是说，不仅要求外方的管理方式能够适应我方的需要，同时，我方的领导方式也必须作一些适当的调整。（曾鹏飞《技术贸易实务》）

以上例中的"换句话说""或者说""也就是说"就是换言标记。它们有的是处在两个小句之间，如例（1）。有的是处在两个单句之间，如例（2）。有的是处于两个复合句之间，如例（3）。为便于指称，本书将处于换言标记之前的部分统称为"换言前项"，有时也简称为"前项"；将处于换言标记之后的部分统称为"换言后项"，有时也简称为"后项"。换言前项和换言后项之间，虽然说法不同，但表达的意思差不多，我们称其为"具有语义相似性"。这种具有语义相似性的句际关系，被称为"换言关系"。

换言标记是一种功能性成分，可以由一个固定的词语，即实体构式来充当，如以上三例中的"换句话说""或者说""也就是说"；也可以由一个半图式构式来充当，如"用 X 的话说""说得 X 一点"等。例如：

（4）随着台塑集团生产规模的迅速扩大，岛内的基地早已不能满足需要，<u>用王永庆自己的话说</u>就是，"弹丸之地，已经难以容下'石化王国'了"。（张剑《世界 100 位富豪发迹史》）

（5）其次，他的学习成绩从来不如别的孩子那么全面发展。<u>用马云的话说</u>，他的学习成绩在班级从来不是最好的，一般在十几名，而且数学极差，往往不及格。（刘世英《谁认识马云》）

（6）后来那一段，他既代表了政府又代表了工商界，暗骨子里鼓励大家提反对意见，<u>说得不客气一点</u>，其实是煽动工商界的抗拒情绪。（周而复《上海的早晨》）

（7）十年前写小说，为的是对小说这种形式的痴迷，<u>说得具体一点</u>，是对小说的语言表现力而不是对小说的故事构成产生痴迷。（何立伟《写作的变化》）

以上例中的"用王永庆自己的话说""用马云的话说"和"说得不客气一点""说得具体一点"也是处于两个具有语义相似性的句子之间，其作用相当于换言标记，但它不是一个固定的词语，其中的 X 可以被其他词语所替换，说明是个半图式构式。类似"用 X 的话说""说得 X 一点"这种具有换言标记作用的半图式构式，我们统称其为"换言标记构式"①。

---

① "换言标记构式"这一概念最初由李宗江（2017，2019）提出，我们认可这一概念，一般对构式的理解都是以 Goldberg（1995）的定义为准，有的构式具有命题义，这类构式我们称为"实义构式"；有的主要表达语用功能，这类构式我们称为"功能性构式"。换言标记构式就是一种功能性构式，这种构式主要起换言功能，但这种功能从其本身无法推知，因而并不违背构式的定义。

以上这两大类换言标记构成了现代汉语换言标记的系统，因半图式构式形式的换言标记是一类新的换言标记，故而是我们更为侧重的部分。

## 第二节 换言关系和换言标记的概念

换言关系是一种篇章关系，本书将其界定为"是一种超越逻辑关系的语义相似关系"。前文提到，换言标记是标记换言关系的话语标记。请看以下用例：

（8）我并没有将你和过去分割，相反是我将你和过去紧密相连，<u>换句话说</u>，我就是你的过去。（余华《往事与刑罚》）

例中"换句话说"就是换言标记，由其标记的语篇关系就是换言关系。

到目前为止，换言关系的界定依然众说纷纭，而换言关系的界定又直接影响换言标记的范围，因而有必要将这两个问题讨论清楚，相关讨论见第二章。

## 第三节 研究目标及意义

目前关于现代汉语换言标记系统的研究还不够全面，主要研究实体构式形式的换言标记（也称"词汇性换言标记"），但基本没有超过廖秋忠（1986）的范围，虽然有学者注意到了半图式构式形式的换言标记（李宗江，2017，2018，2019），但相关的理论探讨和对具体构式的描写和解释都基本没有进行。本书选择这一问题进行深入研究，在以下几方面具有重要意义。

（一）深化对汉语换言标记系统的认识。与其他语言相比，尤其是与英语相比，汉语换言标记研究相对薄弱，因而我们力图在汉语换言标记系统研究方面做些工作，比如除了实体构式形式的换言标记，我们所研究的具有换言标记功能的半图式构式，如"用 X 的话说""从 X 的角度说"等，不仅具有篇章连接功能，同时还有句法功能和其他功能。把它们的换言标记用法剥离出来，进行专门研究，分析它们的结构形式，描写它们所标记的具体换言关系，以及特殊的语用功能等，对全面认识汉语的换言标记系统具有特殊的意义。又如"往 X 里说""说得 X 一点"等换言标记构式除了换言功能，还有主观评价作用，具有情态功能。对这种具有兼职功能的话语标记进行研究，可以深入对话语标记功能的认识。汉语半图式构式类换言标记的存在，使得汉语的换言关系和换言标记呈现更加纷繁复杂的局面，对其进行多角度研究，可以深入对汉语换言标记系统的认识，丰富汉语话语分析和篇章语法研究的相关内容。

（二）丰富换言标记的相关理论。目前国内外与换言标记相关的理论探讨还不够，国外主要有关联理论与连贯理论，这些理论是如何作用在换言标记上的，需要作出梳理。国外对换言关系的界定、分类，换言标记的范围、功能等都存在不同的认识，国内目前只有廖秋忠作了较系统的研究，但依然有不完善的地方。本书在前人时贤的基础上对换言关系的界定、分类，换言标记的范围、功能等做进一步的研究，以丰富对换言标记相关理论的认识。

（三）探讨换言标记的演变规律。换言标记属于话语标记或语用标记的性质，它们的来源和演变也需要引起重视，它们是怎么演变为功能性成分的，它们是怎么产生的，是语言接触的影响还是语言共性的问题，它们的演变动因和机制是怎样的，对这些问题进行深入研究，对于深入认识汉语话语标记演变的规律和特点，对于汉语语法史和词汇史的研究都是有意义的。

（四）促进功能性构式的研究。换言标记属于一种功能性成分，就功能性成分的研究来说，过去主要是研究虚词或类虚词性的成分，更关注实体构式形式；就半图式构式的研究来说，主要是研究具有命题功能的实义构式，而对既具有篇章连接作用同时又是半图式构式的成分，学界给予的关注不够。本书对换言标记构式的研究，可以对其他的功能性半图式构式的研究提供经验和范例，从而促进这方面的研究。

（五）由于汉语换言标记教学研究的不充分，第二语言汉语学习者不善于使用不同类型的换言标记，因此汉语换言标记的研究不但具有理论价值，对第二语言汉语教学也具有现实指导意义。

总之，本书的研究成果，对于推进汉语话语标记的研究，特别是对起话语标记作用的功能性构式的研究；对全面深入地认识汉语换言标记系统，特别是换言标记构式的结构和功能，都有着重要的理论意义和应用价值。

# 第四节 理论、方法和语料

## 一 理 论

本书站在功能语言学的立场，采用诸如话语标记、构式、篇章和话语分析等方面的理论，对现代汉语的换言标记进行分析。其中可能涉及的具体相关理论有：关联理论、连贯理论、认知理论、顺应理论等。

## 二 方 法

语言研究的方法具有不同的层次。从方法论的角度说，本书注意处理好以下几种关系。

（一）形式与意义相结合。形式和意义是语言研究中经常遇到的重要关系。本书在研究中注意贯彻形式与意义相结合的原则，在分析相关的重要关系和概念时，尽量做到形式与意义互相验证。如对本书最核心的概念——换言关系的界定，现有的研究比较重视语义方面的规定，如同义或同指，语义互释等，但这些语义上的说法很模糊，仅凭这些语义上的规定性无法将换言关系与其他关系，如并列关系、解说关系、推论关系等区别开来。本书从意义和形式两方面给出换言关系的界定，如：换言关系是指具有语义相似性且由换言标记连接起来的篇章或话语关系。

（二）描写与解释相结合。当代语言学的重要进步，就是不仅对语言现象进行描写，回答是什么的问题，而且要做出解释，回答为什么的问题。本书的研究重点是对现代汉语的换言标记，特别是换言标记构式进行描写，但为什么在已有诸多实体性构式形式的换言标记的情况下，还要有构式性换言标记？这造成了换言标记的纷繁局面，似乎违反语言的经济原则。本书从语用和来源上对换言标记的这种现象做出相应的解释。

（三）共时与历时相结合。共时状态是历时演变的结果，如果只对研究对象进行共时的分析，则无法搞清某种特征的根源。从一种语言的词汇性换言标记系统来说，从其词语构成上看，主要是分为两大类：一类是从换言前后项语义同一性的角度来说的，可以叫"系言"类，换言标记中往往包含有系词或系词性的词语，如汉语的"即""也就是说"等，英语的"that is（to say）"等；另一类是从换言前后项表达方式不同的角度来说的，可以叫"或言"类，换言标记中往往包含"改换""另外"等意义的词语，如汉语的"换句话说""换言之""或者说"等，英语的"in other words"等。仅从现代汉语来看，汉语是两类俱全的，但如果向上延伸考察到近代汉语和古代汉语，会发现过去只有"系言"类换言标记，并没有"或言"类，"或言"类是清末民初才产生的。如果不进行历时考察，古今汉语换言标记的系统差异则无从发现。

（四）宏观与微观相结合。语言的宏观与微观存在不同的层次，世界语言是普遍规律和个性特点的统一，一种语言是系统和要素的统一，一种结构是类型和个例的统一。本书的研究对象是现代汉语换言标记，要一个一个地描写，这是微观的研究，但同时也对现代汉语的整个换言标记系统做出整体说明，从而了解换言标记在整个话语标记系统中的价值。另外在确定汉语的换言标记系统时，也参考了其他语言相关成分情况，使得宏观与微观两个方面有机结合起来。

从具体的研究和表述方法来说，本书主要运用通过搜集观察语言事实，从而总结概括语言规律的归纳方法。本书所研究的具体语言现象属于篇章语法范畴，我们接受语言在使用中变化，在使用中创新的理念，坚持语法来自用法的观念，运用实证的方法，将研究中的所有认识和结论，都建立在语言运用的实例中，建立在深厚的语言事实的基础之上。从具体研究结果的表述上来说，先参考国内外的相关研究，建立相应的概念和范畴，然后通过举例进行分析和说明，从而构成前后衔接、内部统一的表述系统。

## 三 语料来源

本研究的语料来源主要有以下四个途径：

1）北京大学中国语言学研究中心 CCL 语料库（其中出处不明的语料，我们根据 CCL 语料库原本的来源形式标注）；

2）北京语言大学汉语语料库（BCC 语料库）；

3）网络检索（主要包括中国新闻网、中青在线、人民网等网络新闻报刊以及新浪微博等网络社交平台）；

4）美国当代英语语料库（Corpus of Contemporary American English，简称 COCA）。

# 第二章　相关问题研究现状

　　话语标记研究是近年来语言学界研究的热点之一，关于话语标记的研究，主要围绕其概念、功能、相关理论、性质等方面展开，作为话语标记的子类，换言标记的研究也应是从这些方面展开，但实际上相关的研究还远远不够，本章先简要介绍话语标记的研究现状，再重点介绍换言标记的相关研究现状。

## 第一节　关于话语标记的相关研究

　　一般认为，20世纪50年代是话语标记研究的发轫期。20世纪六七十年代是话语标记研究的发展期。到了80年代，话语标记的研究进入黄金时期，研究主要围绕话语标记的定义、特征、功能等一些基本问题展开。90年代至今，话语标记的研究一直在持续并越来越成熟，已经演变为一项跨学科、多领域的研究。就话语标记的研究成果而言，主要分为以下三个方面的内容：一是话语标记的概念分析；二是话语标记的理论探讨；三是话语标记演变性质的探索。

### 一　话语标记的概念

　　一般认为，话语标记具有以下一些特征。
　　（一）形式上：话语标记是个语言表达式，可以是一个词，也可以是一个习语性的短语或小句，如"我想""我告诉你"等。在词语形式上可能是不确定的，常有变体存在，如"换句话说"也可以说成"换一句话说""换句话讲"等。
　　（二）韵律上：多数的话语标记在韵律上与所标记的成分之间有隔断，也不一定发生语音弱化。
　　（三）句法上：与其所标记的成分之间没有句法联系，不是句子成分，传统上称为插入语或独立成分。
　　（四）语义上：不参与其所标记语句的命题意义的构成，但具有意义的程序性。

（五）位置上：有的话语标记可以与其所标记的成分间顺序不定，可前可后，有的则比较固定，始终处于居中位置。

（六）功能上：话语标记的功能是语用的，通常表现为句际连接功能。即连接句子、语段，标记句子或语段之间的关系，廖秋忠（1986）描写的现代汉语中的篇章连接成分就是指实现这一功能的成分。

## 二　话语标记的理论探讨

对话语标记的理论探讨，主要有关联理论和连贯理论，此外言语行为理论与顺应理论也是分析话语标记的一种理论框架。

（一）关联理论。关联理论认为理解话语的标准是人类认知假设，将交际当作一种认识活动，认为人类的认知以关联为取向。换句话说，交际双方之所以能够顺利交际，主要得益于关联性。关联理论提出语言交际是一个"明示—推理"的过程。从说话人的角度看，交际是一种明示过程；从听话人的角度看，交际是一种推理过程。推理就是寻找最佳关联，也就是指听话人依据说话人提供的信息，考虑到语境、文化、百科知识等因素，较为准确地推断出说话人的真实意图，话语标记就是这种推理的索引。

（二）连贯理论。连贯理论不重视语境的影响，主要针对语篇也可以说是文本进行分析，认为语篇最重要的特性是连贯，话语标记正是使话语或语篇连贯的重要手段，它将单位话语在各个层面可能存在的关系表达出来，为会话双方对语篇的理解提供方向。因此，连贯理论认为话语标记是表征性的，其注重研究话语标记在表达相邻单位话语之间、单位话语与语篇之间关系上起到的作用，并不深入从认知角度去探讨人们在交际过程中的心理历程。

（三）言语行为理论。言语行为理论认为同一个句子，其功能受到语境影响，语境不同，功能也会有差异，话语除了提供信息，还具有完成或帮助完成行为的功能。后来美国语言哲学家 Searle（1976）在 Austin 的基础上发展了言语行为理论，提出了关于行事行为的新分类，并指出了十二种差别，如"行为的目的有差别""词语和世界之间的适切方向有差别""关系到说话人和听话人利益的说话方式有差别"等。在话语标记的研究中，言语行为理论一般用来分析话语标记在语篇中发挥的语用功能，如话题功能、话轮功能、礼貌功能等。

（四）顺应理论。顺应理论认为语言具有三个特性：变异性（variability）、商讨性（negotiability）、顺应性（adaptability）。由于可能的语言选择范围是动态的，因而变异性在于限定选择的可能范围。语言的这种可能性促使语言使用者选择语言的过程是能动的，可以变化运用语用原则和语用策略，也即语言的商讨性，目的是满足交际的需要，体现语言的顺应性。话语标记的使用既是顺应语篇维度的需要，也是顺应语境、语言结构、语言动态性、意识凸显的需要。

## 三　话语标记演变性质的探讨

关于话语标记演变的性质，主要有以下四种看法。

（一）认为是语法化现象。Traugott（1997）证明话语标记化往往伴随着去范畴化、去语义化、语音弱化、语用强化，而这些变化是语法化的典型表现。吴福祥（2005）从语法化的角度分析话语标记，认为话语标记来源于表达概念意义的词汇成分或词汇序列。指出话语标记的产生也经历了与词汇语法化相同的语义演变（泛化、主观化）、去范畴化（decategorilization）、重新分析、语音弱化等过程，与语法化特征一致，也呈现单向性和渐变性，因此，吴福祥（2005）认为话语标记的产生也是一种典型的语法化现象。

（二）认为是词汇化现象。Schiffrin（1987）认为话语标记来源多样，指出"I mean""I believe"等短语型话语标记的形成是词汇化，只是词汇化程度不高。董秀芳（2007a）认为话语标记"只见"的源头是动词性短语，是词汇化的结果；"谁知道"作为话语标记来源于主谓短语，也是词汇化的结果（董秀芳，2007b）；话语标记"我告诉你"是从一个完整的小句结构演变而来，同样是词汇化的结果（董秀芳，2010）。

（三）认为是语用化现象。Aijimer（1997）认为当一个词汇项变为语用表达式（pragmatic expressions），就可以说语用化了，话语标记不总是稳定地与某个语类相对应，总是在句外的位置，没有真值意义，主要起构建语篇的作用，不是经由语法化的过程演变而来的，而应看作语用化的结果，主张语用化的学者认为词汇项可以直接发展为话语标记而不用经过语法化的中间过程。

（四）认为既不是语法化现象也不是词汇化现象。李宗江（2010）以"我说"类话语标记为例，描写了这类话语标记的演变过程，证明了"我说"类话语标记是直接源于"我 + 言说动词"的主谓短语。李文据此对由词组和小句演变而来的话语标记是语法化和词汇化现象的看法提出质疑，认为这类话语标记的演变既不是典型的语法化过程，也不是典型的词汇化过程。

# 第二节　关于构式的相关研究

## 一　构式的界定

Goldberg（1995）给构式的定义是："当且仅当 C 是一个形式—意义的配对 $<F_i, S_i>$，且形式 $F_i$ 的某些方面或意义 $S_i$ 的某些方面不能从 C 的构成成分或从其他已有的构式中得到严格意义上的预测，C 便是一个构式。"Goldberg（2006）在此定义的基础上对构式进行了重新定义，指出："任何语言型式，只要其形式或功能的某个方面不能从其组成成分或业已建立的其他构式中完全预测出来，它就应该被视为构式。此外，即使有些语言型式是可以充分预测的，只要它们的出现频率足够高，也仍然被作为构式而存储。"重新定义后的构式包括语素、词、熟语（完全填充或部分填充）等。

## 二　构式的分类

研究者可以从不同角度对构式进行不同的分类。从形式上看，构式分为实体构式（substantive construction）和图式构式（schematic construction）两类。实体构式在形式上是固定的，其组成成分不可替代，如语素、词、复合词以及完全固定的习语等都是实体构式。图式构式如"V+M+N"（张婷婷，陈昌来，2019），组成成分均为变项。如果在形式上由常项与变项两部分组成，一般称为"半图式构式"。常项主要反映构式的结构特点和语法意义，同时变项受常项的影响与制约。常项与变项通过互动形成构式的整体意义。刘大为（2010）从构式的不可推导性出发，提出了语法构式和修辞构式的概念，认为"语法构式指的是任何一种可从构成成分推导其构式义的构式，以及虽有不可推导的构式义，但已经完全语法化了的构式"。修辞构式则指的是"所有带有不可推导性的构式，只要这种不可推导性还没有完全在构式中语法化"。认为语法构式与修辞构式构成一个连续统。施春宏（2016）基于形式和意义配对关系的理解，认为根据语法单位的层级区分出语素性构式、词项性构式（词汇性构式）和习语性构式、句式性构式（句子性构式）外，还可以区分出篇章性构式，以至确立语体性构式（如口语性构式、书语性构式，正式体构式、非正式体构式，庄典体构式、俚俗体构式）、文体性构式（如小说性构式、散文性构式）等更高层级的构式。

### 三　关于功能性构式

功能性构式（functional construction）的说法，是我们仿照生成语法"功能语类"（functional categories）的概念提出的。就半图式构式来说，有的具有概念功能和句法功能，这类构式我们称为"实义构式"；有的没有概念功能和句法功能，主要表达语用功能，这类构式我们称为"功能性构式"。广义来说，关于句法结构和句式的研究，都属于实义构式的研究，这类构式的实例（token）是开放的。近些年来，运用构式语法理论来研究的主要是实义构式中的半开放构式，即其中只有一个可变项的，如"很有 +NP"（很有钱、很有能力）、"都 +NP"（都处长了，都大姑娘了）等等，这是汉语构式研究的主流。近年来，也有一些学者开始关注功能性构式，如胡清国（2011）研究视角标记"依 X 看""在 X 看来"，周娟（2013）研究视角标记"X 说来"，祁峰（2011）研究焦点标记"X 的是"，李宗江（2012）研究评价类话语标记"A 的是"，苏小妹（2016）研究会话修补标记"X 的意思是（说）"。李治平（2015）研究评价标记"X 说来"与位于句首开启评论的话语标记"X 来说"，周明强、朱圆圆（2019）研究示憾性话语标记"令（使、让、叫）人 +X 的是"等等。

以上这些多数属于话语标记或语用标记的范畴，因而都是功能性构式的研究，本书中所讲的换言标记构式也属于功能性构式。总体来说，关于汉语功能性构式的研究相对薄弱，具有较大的研究空间。

## 第三节　关于换言现象的相关研究

### 一　国外换言现象的相关研究

国外关于换言现象的相关研究兴起于 20 世纪 70 年代初期。关于换言现象的描写始于英国语言学家 Quirk 等，后来研究换言现象的学者逐渐增多。从研究内容来看，可分为以下几个部分：换言关系的界定 [①]、换

---

① 换言关系的界定详见第三小节。

言的类型、换言标记的归属、分类、范围[①]、功能等问题。

（一）换言的类型

Quirk 等（1985）从语义的角度将换言分为四种类型。

一是基于语言知识的换言。在以语言知识为基础的换言中，换言前后是同义表达。例如：

（9）This is what is sometimes referred to as an intentional terminological inexactitude，<u>in other words</u> a lie.（这有时被称为故意的术语不精确，<u>换句话说</u>是谎言。）

二是基于事实知识的换言。该类换言的基础是基于外部世界的知识。例如：

（10）The Nordic countries，<u>or</u> Denmark，Finland，Iceland，Norway，Sweden.（北欧国家，<u>或说</u>丹麦、芬兰、冰岛、挪威、瑞典。）

三是后项对前项的更精确的换言。这种类型的换言是一种更精确的表述，或对第一个同位语中所述内容的定义进行了修正。例如：

（11）They started going to the church，the Catholic Church.（他们开始去教堂，天主教教堂。）

四是修订式换言。该类包括"编辑"或"自我纠正"的形式，主要存在于口语中。例如：

（12）编辑式：His party controls London，Greater London <u>that is to say</u>.（他的政党控制着伦敦，<u>也就是</u>大伦敦。）

（13）自我纠正式：The thirst thing，<u>I mean</u> the first thing to remember is that……（<u>我的意思是</u>，首先要记住的是……）

Quirk 等对换言的界定主要有两个特点：一是针对上文的词汇内容；二是换言可以没有显性标记。

---

[①] 换言标记的范围详见第三小节。

Rossari（1994）根据换言标记前后话语成分的语义相似关系，分为复述与非复述两类。复述标记有"i.e.""namely""in other words""that is"等，非复述标记有"in fact""actually""as a matter of fact"等。复述标记前后的话语成分在语义上有共性，语义相似度高；非复述标记前后的话语成分在语义上几乎没有共性。

Del Saz Rubio 和 Fraser（2003）从语义角度列举了五种类型的换言：

1）paraphrase of a constituent（expressed by e.g. that is）[解释的成分（如"即"）]；

2）recasting of the intended meaning by the speaker（expressed by e.g. in other words）[重铸演讲者的目的意义的表达（如"换句话说"）]；

3）revision of an implication of the prior message（expressed by e.g. worse still）[修订前面的暗示信息（如"表达的更糟"）]；

4）correction（e.g. that is to say）[修正（如"就是说"）]；

5）request for information（e.g. are you saying...）[请求信息（如"你是说……"）]。

### （二）换言标记的归属

关于换言标记，主要有以下几种看法。

一是归到同位标记。代表学者如 Quirk、Burton-Roberts、Meyer 等。

Quirk 等（1985）将换言标记归到同位语中的等义类，等义类包含四个小类：称谓类，如"that is"；释义类，如"namely"；定义类，如"that is to say"；换言类，如"in other words"。此后 Burton-Roberts（1975，1994）、Meyer（1992）也将换言标记归入同位语中。

二是归到阐明标记。代表学者如 Halliday 等。

Halliday 和 Hasan（1976）也注意到换言现象，并列举了一些换言标记，如"instead""rather""on the contrary""in other words"等。与 Quirk 等不同，Halliday（1994）认为换言标记应当归入阐明标记的子类。

三是单立一类。代表学者如 Hobbs、Blakemore 等。

Hobbs（1979，1983）、Sanders 等（1993）、Knott 和 Dale（1994）等认为从连贯角度出发，应当对换言类标记重新归类，Blakemore（1993，1996）从关联角度出发，也认为应当对换言类标记重新归类。主要认为应当将换言标记单独立类，直接作为话语标记的下类。持这种观点的学者最多，其他如 Sanders 等（1993）、Knott 和 Dale（1994）、Fraser（1999）、Del Saz Rubio 和 Fraser（2003）、Del Saz Rubio（2003）、Cuenca

（2003）、Cuenca 和 Bach（2007）、Dal Negro 和 Fiorentini（2014）。

### （三）换言标记的分类

Schiffrin（1987）从形式上给换言标记进行分类，其根据形式的简单与复杂，将换言标记分为简单形式与复杂形式两类。简单形式的换言标记在结构上是固定的，即它们不通过更换任何成员或增加其他成员来改变成分；复杂形式的换言标记在结构上是可变的，它们通常可以通过替换来修改其他成分。换言标记虽然有复杂形式，但其修改与替换没有规律性，比如"to say the same thing a different way"，有的看起来似乎有规律，像构式，如"I will say X a different way"其中的 X 是可变项，但这种形式的换言标记很少，这种构式形式的换言标记在英语研究中也很少见。

### （四）换言标记的功能

国外关于换言标记的功能，主要分为以下两种。

一是从语义 / 认知—语用角度出发，认为换言标记可以引导推理，消除歧义、降低理解难度等。

从语义和语用角度出发的，以 Blakemore 等为代表。Blakemore（1996）认为换言后的话语成分是对换言前的话语成分的推理。Fraser（1999）认为换言标记引入了对前一部分的解释或澄清，为其赋予了新的解释，从而根据其语用和语义特征导致正确的推理。Matsui（2002）在文中提到 Hamada（1997）的主张：日语中的换言标记"dakara"最基本的功能是将信息 P 作为前提，信息 Q 作为 P 的解释。也就是"dakara"是引出一种推论解释，将换言前面话语成分的隐含义明示出来。

从认知和语用角度出发的，以 Tanaka 和 Murillo 等为代表。Tanaka（1997）提出听者的"隐含—解释"过程，区分说话人的意图暗示和听者的解释暗示。在这个过程中听话人的解释很大程度上取决于语境和 / 或背景假设。Murillo（2004）关注换言前后两个话语片段之间建立的认知关系；认为当说话人认为达到预期的推论效果时，就会对前一个成分进行新的解释；认为换言标记的使用有时候并不完全是考虑到语境的因素，而是为了让听话人更好地理解，同时换言标记的使用在不同程度上有助于消除歧义、进一步丰富命题内容，也就是说，它们在所有涉及解释话语的推理过程中都有帮助。

从理解难易度角度出发的，以 Mortureux、Gülich 和 Kotschi 等为代表。Mortureux（1982）以流行的科学文献为研究对象，认为换言能够有效解决一些专业术语在转换通俗语时的被接收问题。Gülich 和 Kotschi（1983）认为换言可以是释义的，也可以是非释义的。释义类的换言是基于两个成员之间的语义等价，通常用换言标记来进行明显标记。非释义的换言会导致话语产生新的表达方式，从而也导致阐释视角的改变。部分学者（如 Bach，1996，2000a，2001a；Cabré，1995；Fuchs，1982；Fuentes，1993）认为换言有助于减少可能性文本的交际缺陷，也能重新阐述以前提出的一些概念内容，帮助理解。Dal Negro 和 Fiorentini（2014）总结其他学者的研究，认为换言意味着对先前话语的解释，允许说话者解释、重新措辞、重新考虑、总结等，这种语言手段的使用是为了更方便听者的理解或扩展前面给出的信息。Silvia Dal Negro 和 Fiorentini（2014）认为意大利换言标记 cioè 的功能主要是：解释、纠正、细化（例如澄清一些重要的东西以解释话语）、保证持续性（它在语义上是空的，是口头语言的典型，在此期间帮助说话者维持话轮，有时可以放在话语的末尾）、强化。

二是从修辞角度出发，认为换言标记是一种修辞手段或者表现作者的写作风格。以 Ken Hyland 为代表。Hyland（2007）主要研究书面语中的换言标记，认为换言标记的使用是一种修辞策略。作者为了创造出既可理解又有说服力的文本，必须认识到读者的处理需求、修辞期望和论点偏好，而实现这一目标的一种方式是经常修改话语，提供一种重新表述或者是他们所说的话的具体例子。Hyland 认为换言和例证不仅支持作者的立场，有助于提高交际效果，同时也构建了作者将文本与语境联系起来的方法。Furkó（2014）研究从英语翻译到匈牙利语时换言标记的使用情况，认为话语标记，尤其是换言标记在翻译文本中是一个难点，使用换言标记是一种翻译策略，能够正确地表达会话含义、人际动态，保持会话的自然性。Barros García（2017）探讨陀思妥耶夫斯基文学作品中的修正与换言现象，重点论述了这些修正与换言带来的话语功能、意义和特征与它们所唤起的心理表征相关的标记物。这些话语标记的使用可以理解为陀思妥耶夫斯基文学语言的一个特定特征诗学及其表达世界的方式。虽然这些学者从修辞的角度对不同语言中换言标记的功能进行研究，但这种修辞本质上还是为语用服务，以达到语用目的。

## 二　国内换言现象的相关研究

国内关于换言关系的系统表述始于廖秋忠（1986），他把换言关系看作篇章关系，从篇章连接成分的角度，将换言关系和举例关系归入阐明关系的大类之下。其所定义的阐明关系是："阐明连接成分将比较概括或难懂的描述和比较具体、详细或通俗易懂的两种说法连接起来，用后者来阐明前者。"简而言之，阐明关系是指"概括或难懂的描述和具体详细与通俗易懂的描述之间的关系"。阐明关系分为两类：举例和换言。他给换言标记（文中称为"换言连接成分"）的定义是："它将较为通俗易懂或较为具体的描述与前面较为抽象或较为难懂的描述连接起来，表明它们的表达方式虽然不同，却是同义或同指。"

此后，国内关于换言现象的研究分为两个系列。

一是研究汉语的学者在廖秋忠（1986）的基础上展开，侧重从篇章连接成分的角度进行研究，主要从语义关系、语篇功能、语用功能这三个方面研究。

关于语义关系，常娜（2006）分析了四个典型的换言连接成分：（这、那、也）就是说、换句话说、即、或者说。将这些换言标记所隐藏的深层语义关系大体上分为推论、解释和定义三大类。推论又包括演绎推理、归纳推理两种；解释包括等同、列举、澄清三类；定义包括真实定义、词语定义两种。周迎霞（2010）与其看法类似，认为"即"所连接的前后话语成分在语义上具有推理、解释、列举三种关系。徐静（2009，2014）认为总的可以分为相容关系和不相容关系，相容关系指的是前后两项概念的外延至少有部分是重合的，它包括三种形式，即重合关系、从属关系、交叉关系；不相容关系指的是前后两项概念的外延之间没有任何部分是重合的情况。杨天明（2011）与徐静看法类似，认为换言的前后项之间有两种具体的关系：一是同一关系，指的是换言标记连接的前后项的外延完全重合，即前后两项指称的是同一个对象；二是逻辑推理关系，主要包括推论关系、解证关系、定义关系和概括关系。宋敏慧（2018）认为"换句话说"连接的两个话语成分之间主要有解释、补充、递进、转折的语义关系。李宗江（2018）认为换言标记构式"用 X 的话说"连接的前后项之间的语义关系有：由不通俗到通俗、从普通到专业、从概括到具体、从结果到原因、从行为到目的、从表象到实质、由庄重到诙谐七种。

关于语篇功能，肖立成（2008）认为"换言类"语篇功能主要有限定话题内容、调节会话进程、维持会话连贯以及引进新的话题。常娜（2006）认为换言标记的语用功能主要有：重述旧信息、引出新信息、在明示——推理过程中充当重要角色。常娜（2009）认为"即"是人们表情达意的重要话语标记。周迎霞（2010）认为"即"在篇章上具有衔接、连贯功能。杨天明（2011）从连贯理论认为其语篇组织功能有：延续话题内容，引导会话进程；限定话题内容，引导理解方向；转移话题，引出新信息。陈蒙（2013）认为"换句话说"具有篇章衔接功能。宋敏慧（2018）认为"换句话说"的核心功能是语篇衔接功能。

关于语用功能，肖立成（2008）认为主要体现说话人的主观意识、引起对方重视、加强委婉语气。语篇功能和人际功能相互交融，共同促使交际的顺利进行、保证交际目标的实现。

沈萍（2009）认为换言是一种言语行为，意图在于阐明，将换言分为滞留式、推进式两种。滞留式换言的语用功能为：注释、语码转换、复述、解析、概括或说明；推进式换言的语用功能为：赋名、分解、推论、解释或评论。周迎霞（2010）认为"即"有传信功能，通过解释、定义等方式把旧信息传递给新信息，降低理解难度。杨天明（2011）认为换言标记具有调整话语的理解难度、增加信息内容的语用功能。张振亚（2013）认为"换句话说"是一个用于包装说话人的重要信息、提示听话人注意的话语标记，主要表达对后项的强调。陈蒙（2013）认为有指示话题、表情达意的语用功能。安玉帅（2014）主要对比分析阐明类话语标记中举例标记与换言标记两个小类，认为二者的相同之处在于：举例类和换言类标记都具有延续话语的功能，具体说来，举例类话语标记主要是延续话语和引入话题功能，换言类内部主要是延续话语和限定话题功能；在交际层面二者都能降低理解难度。两类话语标记的不同之处在于：举例类话语标记可以引入新的话题，换言类话语标记则具有限制话题的功能；在交际层面，举例类话语标记强调功能比换言类话语标记明显。侯海冰（2016）认为不平等家庭关系中强势角色使用换言标记具有信息修正、追加功能和情感表达功能；弱势角色使用换言标记具有信息短缺、缓和功能和话语延续功能。李宗江（2017，2019）分析换言标记的语用意图有：转换话题、诠释语义、展开内容、揭示实质。李宗江（2018）分析换言标记构式"用X的话说"的语用功能有：拉近距离、增强理据、贴近生活、转换立场。宋敏慧（2018）认为"换句话说"具有总括注释、维持话轮等功能。陈蒙（2013）从修辞角度分析"换句话说"的同义修辞策略，其同义修辞手段可以具体分为语汇、语法、设格三方面。

二是研究英语的学者主要从语言对比角度研究两种语言中的换言标记。这种对比体现在以下三个方面。

首先是从换言标记结构本身进行对比。王红、葛云峰（2004）的研究表明，英汉两种语言中的换言标记在语法结构上有很多相似之处，但是它们的语法形式和出现频率却存在很大差异。此外，汉语语篇中较多使用复杂的换言标记，而英语中却相反。

其次是从使用情况进行对比。王卓（2010）探索了英语作为第二语言与英语作为母语的中国学生和美国学生在口语中使用英语换言标记的相同和不同的特点。相同点为：中国学生和美国学生在使用"that is to say""such as""I mean"的位置几乎一致；在语义方面对换言标记的使用也差不多一样。不同点为：中国学生使用英语换言标记的频率远远低于美国学生。冯迪（2012）主要分析书面语，但得出的结论与王卓基本一致。以上是基于语料库对中国英语专业学生和美国本族语学生在使用英语换言标记语时的各种情况进行的研究。

有些学者主要研究以汉语为母语者在学习英语时使用英语换言标记的情况。如叶依群（2003）研究大学英语四、六级考试阅读理解试题中的换言现象，分析换言现象在题目中和选项中出现的场合，旨在提高学生的应试能力。陈新仁、任育新（2007）以 *ELT Journal* 文章中使用英语换言标记的情况为参照，考察中国英语专业硕士研究生使用换言标记的个体差异。认为英语专业硕士使用换言标记的频率比 *ELT Journal* 文章作者高，不同换言标记被使用的频率也不同。此外，某些换言标记的使用受到作者的个人语言习惯影响。魏晓莉（2012）以国际期刊中"in other words"的使用为参照，从该标记出现的句法环境、引入的话语限定范围，以及语用功能三方面考察中国英语专业硕士学位论文中的习得情况。魏晓莉、任育新、史顺良（2013）则考察中国英语专业硕士的写作中换言标记的语用功能习得情况。

最后是从语用角度进行对比。任育新、陈新仁（2012）专门对英语换言现象进行语用分析，认为作为一种话语组织方式，换言是一种语用策略，也是一种语用修辞方式，此外，换言标记可以明示前后话语成分之间的逻辑关系，引导听话人或读者寻找关联，帮助听话人或读者更好地理解说话者的意图。

综上分析，就汉语换言标记研究的不足而言，具体表现在以下几个方面。

一是理论探讨欠缺。过去和现在，汉语学界对换言标记主要是作事实描写，对相关理论探讨不够，对国外相关理论梳理也比较简单。对换言关系的界定、分类，换言标记的范围、功能及其与相关话语标记的关系等重要问题缺乏准确的表述。

二是事实描写粗疏。最早研究汉语换言标记的是廖秋忠（1986），他将这类成分看作篇章连接成分的一个下位小类，称为"换言连接成分"，描写了现代汉语书面语中的词汇性换言标记，即实体构式形式的换言标记，举例谈到了"换言之""换句话说""也就是说""具体而言"等九个换言标记。后来的研究基本也是在廖秋忠（1986）的基础上展开，没有突破。李宗江（2017）最先提出"换言标记构式"的概念，列举了三个现代汉语中的换言标记构式，并对"用X的话说"作了个案描写（李宗江，2018）。汉语中除了李文提到的这几个，还有哪些换言标记构式？这些构式在实现换言标记功能时有什么共性和特点？这些问题还没有人进行专门的研究。

三是历时研究不够。李宗江（2017，2019）对近代汉语中的部分换言标记进行了描写，并展示了它们在近代各时期的分布状况。但现代汉语中的两类换言标记的来源与演变情况还没有细致分析，如换言标记"换言之""换句话说"等在近代还没有产生，它们是怎么来的？现代汉语的换言标记构式是什么时候产生的？它们的产生和演变动因是什么？这些问题都还没有得到解决。

## 三　换言关系和换言标记的研究

由于"换言关系"与"换言标记"的概念对整个研究起到决定性作用，所以本小节我们对这两个概念进行专门分析，为接下来的研究打下概念基础。

### （一）换言关系的相关研究

1. 换言关系的界定

就换言关系的界定来说，国外主要代表学者有 Quirk、Blakemore、Del Saz Rubio 等，国内主要代表学者有廖秋忠等。情况如下。

1）由于说出的话语包含两种可能的解读，发话者 A 以一个纠正（correction）打断接话者 B 的应答，以方便 B 理解其意。为纠正对方（可能发生）的误解，换用别的话语再次表述，这样的手段就称为"换言"。

（Levinson，1983/2001[①]）

　　2）换言是指第二个同位语对第一个同位语的词汇内容进行重新表述。（Quirk et al.，1985）

　　3）换言关系的前后项之间"表达方式虽然不同，却是同义或同指"。（廖秋忠，1986）

　　4）换言可以描述为一种第一话语（A）中的内容可以通过第二话语（B）扩展或缩小的操作。（Gülich & Kotschi，1987，1995）

　　5）当话语段 S1 所表达或暗示的内容被下一段 S2 的说话者重新解释时，就会出现换言，而下一段 S2 的说话者则用换言标记表示特定类型的换言。（Del Saz Rubio，2003）

　　6）换言是一种话语功能，即第二个单元是第一个单元的不同重述或阐述，从不同的角度呈现第一个单元并加强它的信息。（Hyland，2007）

　　7）换言可以定义为文本重新解释的过程：说话者或作者以不同的方式重新阐述先前的话语片段。换言是一种复杂的话语功能，说话人通过这种功能重新表达一种思想，使其更具体，从而"促进听者对原文的理解"。（Blakemore，1993；Cuenca，2003）

　　8）换言的前后项之间有两种具体的关系：一是同一关系，指的是换言类话语标记连接的前后话语的外延完全重合，即前后话语指称的是同一个对象；二是逻辑推理关系，主要包括推论关系、解证关系、定义关系和概括关系。（杨天明，2011）

　　以上诸家对换言关系的界定宽窄不一，1）5）只适用于对话语篇，2）由于将换言关系归在同位关系之下，所以只讲了词汇内容的解释关系，3）8）强调了换言前后项的关系是同义或同指关系，有由抽象到具体，难懂到易懂的差别，4）6）7）的看法比较接近，也比较符合大家对换言关系的经验认知。

　　综观如上表述和对汉语换言关系的考察，我们认为换言关系的共性特征有如下六条：

　　1）换言关系可以存在于对话语篇，也可以存在于独白语篇，但典型的换言关系是存在于独白语篇中的一种超句关系，代表句与句[②]或语段和语段之间的话语联系；

　　2）换言前后项之间表达方式有所不同；

---

① 转引自沈萍（2009）。

② 这里的"句子"包括分句、小句等。

3）换言前后项之间具有不同程度的语义相似性；

4）换言不是单纯的语义重复，就独白语篇来说是说者从不同角度改变、修正或重述前项内容，以更好地帮助或强化听者理解而采取的语用策略；

5）换言关系必有特定的功能性成分来联系和标记；

6）换言关系的前后项顺序固定，换言标记一般位于后项之前。

2. 换言关系的语义分析

（1）国外关于换言关系的语义分析

前面归纳的换言关系特征中，3）所讲的语义特征，即换言前后项之间具有语义相似性，国外学者 Gülich 和 Kotschi（1983）认为："换言可以是释义的，也可以是非释义的。释义是基于两个成员之间的语义等价，通常用换言标记来进行明示。非释义会导致话语产生新的表达方式，从而也导致阐释视角的改变①。"这里我们先分析国外学者的意见，将换言前后项所体现的语义相似性分为释义关系和非释义关系两种。

在换言关系中，释义关系主要包括以下五种情况。

1）解说关系。即前项是难懂的说法，后项是通俗易懂的说法，包括解释、说明、注解等。（Blakemore，1993；Bach，1996，2000，2001a，2001b；Gülich & Kotschi，1983，1987，1995）

2）概说关系。即前项是较为具体、详细的说法，后项是较为简略、概括的说法，有的称为"概括""总结"。（Blakemore，1993；Bach，1996，2000，2001a，2001b；Gülich & Kotschi，1983，1987，1995）

3）详说关系。即前项是较为抽象、概括的说法，后项是较为具体、详细的说法。（Quirk et al.，1985；Del Saz Rubio & Fraser，2003；Del Saz Rubio，2003，2007）

4）例说关系。即前项是一个命题或事件，后项是对此命题或事件的举例说明。（Halliday & Hasan，1976；Fraser，1999；Del Saz Rubio，2003，2007）

5）确说关系。即前项是一般性的、不严格的说法，后项是更为准确的、确切的说法。（Quirk et al.，1985；Fraser，1999；Del Saz Rubio & Fraser，2003；Del Saz Rubio，2003，2007）

换言关系所表现的语义相似性有时不仅仅是命题意义间的释义关系，有时没有释义关系的命题之间在特定的语境条件下，也可以临时体现语

---

① 转引自 Dal Negro & Fiorentini（2014）。

义相似性。这种非释义关系国外一般提到的有以下几种情况。

1）推论关系。即前项为前提，后项为结论（Quirk et al.，1972，1985；Blakemore，1993，1996；Tanaka，1997；Matsui，2002；Cuenca，2003；Murillo，2004）。例如[①]：

（1）Among the statistics released last week was the real shocker: One-third of British homes have three or more television sets. Television, <u>in other words</u>, is increasingly a solitary experience. （上周公布的数据中，真正令人震惊的是：三分之一的英国家庭有三台或三台以上的电视机。<u>换句话说</u>，看电视越来越是一种孤独的经历。）

这个例子中，前后项不存在前述的任何一种释义关系，后项只是根据前项得出的一个推论。根据前项这一前提可以有多种推论，比如说这些国家很富裕，电视机成为主要信息工具等等。而在这个例子中，说者用换言标记引出一个推论，阻断了其他可能的推论。这种情况下的换言标记能够消除歧义、缩小说话人话语表达的含义，降低听话人的理解难度。

2）修正关系。说话人在说了前项后，发现不合适，用后项做出修　正（Quirk et al.，1985；Del Saz Rubio & Fraser，2003；Dal Negro & Fiorentini，2014）。以下是两个熟人之间的对话[②]：

（2）A：我爸妈不太关心我，他们更关心我的弟弟。
　　　B：哦，可能你爸妈不够爱你，（稍停）<u>或者说</u>是孩子太多了，他们爱不过来，只能突出重点。

此例中说话人说完前项后，发现不合适或不恰当，于是对前项的说法进行修正，将信息表达得更为恰当。

3）隐现关系。指前项中有个隐含义，后项是对前项真实意图的猜测（Blakemore，1993；Tanaka，1997；Matsui，2002；Murillo，2004）。例如[③]：

---

① 例（1）转引自 Silvia Murillo（2004）。
② 该例来自真实对话场景。
③ 例（3）转引自 Tanaka（1997）。

（3）A：I'm going to kill you.（我要杀了你。）

B：<u>In other words</u>，you'd like it if I moved my car.（<u>换句话说</u>，如果我把车开走，你会乐意的。）

隐现关系一般发生在对话中，例（3）中背景为 B 把车停在了一个阻碍 A 车通过的位置，A 与 B 二者之间拥有相同的背景假设，因此在当时的环境下，B 可以从 A 的字面意思上猜测 A 的真实意图，即 B 根据现场语境猜测 A 不满的原因是 B 的车阻碍了 A。

在以上这些非释义关系中，换言标记后项所表达的观点是说话者或者听话者总结或改写了自己所说的话或者对方所说的话，并相信是正确的。Blakemore（1996）总结为："The speaker believes that P is a faithful representation of a thought Q（说话人认为 P 是思想 Q 的忠实代表）"。

也就是说，在特定语境中，推论关系和隐现关系中换言标记可以帮助说话人或引导听话人识别原命题的隐含义。推论关系与隐现关系的区别在于，推论关系在众多结论中选出一个，有明示与消除歧义的作用；隐现关系也有推理因素，但只能推出唯一的结论，二者是或然与盖然的区别。而且推论关系主要用于独白语篇，即前提是说者自己设定的，隐现关系主要发生在对话语篇中，后一话轮是对另一话轮隐含义的揭示。

另外，从目前掌握的文献来看，国外非释义关系没有提到揭示关系与联想关系，但我们在考察汉语语料的时候，发现了这两种情况，似乎不好归入到其他类里，故而将其单列出来。

（2）国内关于换言关系的语义分析

廖秋忠（1986）将换言标记所连接的前后项的语义关系称为同义关系和同指关系。同义关系好理解，但同指关系到底指哪些情况，廖先生没有展开说明，我们觉得这个概念在换言关系中与同义并列提出，是难以理解的，有含义过宽之嫌。因为同指讲的是两个语言表达式所对应的语境中的同一事物或事件，而语言的指称不仅与语义有关，而且常常与语境关系更为密切，两个命题意义毫不相似的表达式之间完全可能同指一个事件，相反，两个完全相同的表达式却可能指称不同的事件。因而我们在这里不采纳廖先生的意见，还是按照释义关系和非释义关系来讨论换言前后项的语义相似性问题。就释义关系来说，汉语研究中提到的主要有：解说关系（廖秋忠，1986）、概说关系（杨天明，2011）、详说关系（廖秋忠，1986；李宗江，2017，2019）。

国外的研究中，一般将举例关系也看作换言关系，这是有道理的，因为解说是从内涵方面对一个概念或命题作出的解释，而举例是从外延方面作出的解释。廖秋忠（1986）和李宗江（2017）都将举例关系排除在换言关系之外，可能是因为举例常常不是一种篇章关系，比如被举例的对象常常涉及的是一个或几个名词。其实举例关系很多时候也是篇章关系，举出的例证是通过句子或语段来表达的，类似详说关系。例如：

（4）有些我看着高兴的事，别人也许挺堵心。比如说，今天读到《今晚报》上黄桂元先生一篇文章，我就打心里高兴。题目是《冷清的回潮》，从这篇文章我知道上海在花大力气重排"样板戏"，后遭到了观众的冷漠。（邓友梅《无事忙杂记》）

例（4）中，"比如说"是个举例标记，但它关联的前后项都是复合句，属于篇章关系，后项通过举出具体的事例来说明前项提出的观点，这一类举例关系归入换言关系是很合理的。

另外概说关系，国外也将其看作换言关系，国内有的学者也这样看，如杨天明（2011）；有的不看作换言关系，如廖秋忠（1986）将标记总结语的连接成分另立一类，称为"总结连接成分"，可能是因为他主要是讨论换言连接成分，而汉语的总结连接成分自成一体，如"总之""总而言之""概言之"等。但既然将"具体地说"等详说关系看作换言关系，那么从换言关系的语义要求来说，没有理由将与之相反的概说关系排除在外。例如：

（5）进出此间者，有腰缠万贯的新大亨，也有"外企"——那些在外国公司、企业里"吃洋饭"的男女，总之，大多是一掷百金而脸不变色心不跳的"大款"们。（陈建功、赵大年《皇城根儿》）

（6）不论是全民所有制企业、集体所有制企业或者私营企业，其目的都是在面向社会需要的前提下，发展经济，为国家提供更多的利税，为集体或个人增加积累、收入。换句话说，企业的主要任务就是采取各种措施提高经济效益。（曾鹏飞《技术贸易实务》）

如将以上两例中被廖秋忠（1986）所言的总结标记"总之"和换言标记"换句话说"互换一下，既不改变语义，也不会有不自然的感觉。这说明有理由将总结标记归入换言标记之中。

综合国内外关于换言关系的语义分析，我们将换言关系所表达的语义相似性从释义与非释义角度概括为释义关系（解说关系、概说关系、详说关系、例说关系、确说关系等）和非释义关系（推论关系、揭示关系、修正关系、隐现关系、联想关系等）。

从以上的研究中可以看出，换言关系既包含逻辑语义关系的相似性，也包含语用意义的相似性，从大的方面来说，包括释义关系和非释义关系。但毫无疑问，无论国外的研究还是国内的研究，以及我们的考察，换言关系都是以释义关系为主体。也就是说，换言关系也是一个原型范畴，各种释义关系为它的原型成员，非释义关系是其边缘成员。在下文中我们确定一个构式所标记的是否换言关系，也是以释义关系为主。

### 3. 换言关系的语义属性

前面我们归纳了换言关系的共性特征，其中提到了换言关系的语义相似性，这种语义相似性包含了逻辑语义关系，因而接下来从逻辑关系角度审视换言关系的语义属性。

国外众多学者在讨论换言关系时其实也涉及其语义属性问题，但没有着重探讨。如 Quirk 等（1985）认为换言关系是一种并列关系，Blakemore（1993）认识到换言标记前后项的语义关系的多样性，认为换言前后项不只是并列关系。例如：

（7）The library was totally disorganised. <u>That is</u> not a book was in its proper place.（图书馆杂乱无章，<u>也就是说</u>没有一本书待在它应该在的地方。）

该例中换言后项是对前项隐含义的揭示，是一种推理关系。Tanaka（1997）认为"in other words"有时在对话语境中发挥的就是因果连词的推理关系。例如：

（8）A：And what were the circumstances?（当时是什么情况？）

B：First of all he said there must not be any publicity, and secondarily he said that his wife refused to give him a divorce.（首先他说不能有任何宣传，其次，他说他的妻子拒绝跟他离婚。）

A：<u>In other words</u> he had asked his wife for a divorce and she had refused?（<u>换句话说</u>，他向他的妻子提出过离婚，她拒绝了？）

B：That is what he told me.（这是他告诉我的。）

"In other words"所表示的因果关系是一种推断因果关系。Matsui（2002）讨论了日语中的换言标记"dakara"，明确指出其作为换言标记是由同形因果连词发展而来，并分析了作为因果连词的"dakara"所表示的五种关系：蕴含关系、因果关系、前提—结论（认识论—因果关系）关系、言语—行为因果关系、换言关系。Hamada（1997）认为"dakara"引入一种话语，这种话语可以解释为一种关于前项话语的逻辑/因果的结果、结论，或是一种从非语言语境中关于前项的阐述。也就是说，"dakara"所连接的各种逻辑关系中都存在换言关系。

综上可知，国外学者关于换言关系语义属性的观点主要分为两类：一类是以 Quirk 等为代表，将换言关系看作并列关系；一类以 Blakemore 为代表，认为换言关系主要包括并列关系与因果关系以及条件关系。从来源来看，其与因果连词关系紧密，而从换言标记的推理功能来看，其因果推理功能是研究的重点。

这从汉语中也能得到验证。廖秋忠（1986）将篇章中的连接成分所表现的篇章关系分为两个大类：时间关系与逻辑关系。按照语义又将逻辑关系分为三大类：顺接、逆接、转接。其对顺接连接成分的解释是：顺接连接成分所连接的两件或几件事是协调的，本质上是不相违背的。它们通常是高一层次事件的组成部分或同一事件的不同说法。根据所表达语义关系的差异，顺接关系分为以下九种：罗列、阐明、总结、再肯定、释因、纪效、推论、比较。其对逆接连接成分的定义是：这些连接成分表示所连接的事件，或是条件或愿望与实际或预期结果不协调，或是情况不协调。逆接关系分为以下六种：转折、意外、实情、让步、对立、对比。廖秋忠将换言关系归到顺接关系中的阐明关系中。实际上，就拿最典型的换言标记"换句话说"来看，前面可以加上转折连词"但是"，廖秋忠将转折连接成分所表示的转折关系归到逆接关系中，但我们检索到北大语料库中"换句话说"前可加转折连词"但（但是）"。例如：

（9）我们上面讲九卿，照名义来历，都是皇帝的家务官，是官职，而系统属于宰相，岂不是宰相本是皇帝的总管家吗？<u>但换句话说</u>，便是当时政府的首长，宰相，可以管到皇宫里的一切。（钱穆《中国历代政治得失》）

（10）经常有人问我手机卡，计算机卡怎么办。一般都回答换新的。这不是玩笑，任何电子设备都不可能突破他 CPU 能够处理的极限，不过幸运的是现在 CPU 运算能力越来越强，没必要去要求顶级

处理器了，<u>但是换句话说</u>，用顶级处理器，寿命肯定比一般的更长。（新浪微博 2019-03-27）

上述例中"换句话说"前加转折连词"但（但是）"，从逻辑语义上说是转折关系，从语义相似性的角度说具有换言关系，因为后项是对前项内容的总结。

又如廖文所讲逆接关系中的实情连接成分"确切地说"也可以表示换言关系。例如：

（11）经济合同是合同的一种。<u>通俗地说</u>，它是社会组织之间签订的各种具有经济内容的协议总称。<u>确切地说</u>，它是"法人之间为实现一定的经济目的、明确相互权利义务关系的协议"（见《经济合同法》第二条。）<u>详细地说</u>，它是企业和事业单位、农村社队、国家机关、社会团体等法人之间，为了完成国民经济计划和实现各自的经济事务，根据法律规范的要求，经过协商，自愿达成的（包括确立、变更和终止）具有一定的经济权利和经济义务的协议。法律上把这种协议称为合同或契约。（曾鹏飞《技术贸易实务》）

例中出现三个换言标记，其中"确切地说"属于实情连接成分，从逻辑语义上说是逆接关系，但却与换言连接成分"通俗地说""详细地说"作用相当，充当换言连接成分。

甚至逆接关系中的对立连接成分"相反（的）"也可以表示换言关系。例如：

（12）海洋国家的商人，情况就是另一个样子。他们有较多的机会见到不同民族的人，风俗不同，语言也不同；他们惯于变化，不怕新奇。<u>相反</u>，为了畅销其货物，他们必须鼓励制造货物的工艺创新。（冯友兰、涂又光《中国哲学简史》）

例中"相反"属于对立连接成分，但该例中所连接的前后项在逻辑上是对立关系，但在语义上具有相似性，可以用"换句话说"来替换。

以上说明换言关系不是简单的阐明关系，也不是一般意义上的逻辑关系，因此廖秋忠（1986）将换言关系放到一般的逻辑关系中去描写，这是将问题简单化了。

常娜（2006）将换言关系归到以同义或同指为逻辑基础的下位语义，

我们不认可这种看法，换言关系不是以同义或同指为逻辑基础的下位语义，相反，它是超越逻辑关系的上位语义关系，或者说，众多逻辑关系中可能都会存在语义相似的情况，比如当这种语义相似性以因果连词标记时，凸显的就是因果关系，而当其用换言标记标记时，凸显的就是换言关系，也就是说，当使用换言标记时，其他逻辑关系就成为背景关系，换言关系成为前景关系。

根据如上的研究，我们将换言关系定义为：换言关系是一种超越逻辑关系的语义相似关系。

4. 关于"语义相似性"

Blakemore（1996）认为换言实际上是"一个话语传达了另一个话语所传达的东西"。并指出换言后的话语在语言形式和内容上与换言前的话语并不会完全相同，然而从某种意义上说，换言后的话语仍然可以说与换言前的话语相似，这种相似性表现在换言前后的话语在逻辑和语境含义上有相同之处。因而本书根据 Blakemore（1996）的研究将这种相同之处概括为"语义相似性"。这种"语义相似性"本质上是一种"解释相似性"。

"解释相似性"的概念来源于 Sperber 和 Wilson（1986）的关联理论，该理论关于"解释相似性"一个最深刻的假设就是，人类有认知能力来娱乐和表达话语或思想，这种认知能力不仅可以表现为对事件状态的描述，而且可以表现为对其他话语和思想的解释。从说话人的思想与它所代表的事物之间的关系来看，说话人的思想既可以是描述性的，也可以是解释性的，当说话人想要呈现事物状态并对该事物真实状态进行描述时，说话人的话语就是描述性的，当说话人想要进一步表达某种相似的思想或话语时，说话人的话语就是解释性的。也就是说，在这个框架下，说话人所说的每一句话都是对其本身思想的一种诠释。关联理论认为"解释相似性"是内容上的相似，换句话说，也就是逻辑和共有含义上的相似，因而"语义相似性"本质上是一种"解释相似性"。"解释相似性"是一个比较概念，也就是说，任何两种表现形式都可能或多或少相似，当一个话语或思想被用来解释另一个与之有相同含义的话语或思想时，就产生了换言。

### （二）换言标记的相关研究

换言标记，即指明示或标记换言关系的功能性词语。但是它的外延会与换言关系的界定有关，对换言关系的看法不同，就会导致换言标记范围的宽窄也不同。

1. 换言标记的范围

（1）英语学者的看法

以下是几位有代表性的英语学者所列出的 reformulation markers 清单，不同学者列出的词语有详有略，但核心部分基本是相同的。

---

**Halliday and Hasan（1976）**

Instead, rather, on the contrary, at least, I mean, that is, in other words, to put it another way, for instance, for example, thus, actually

---

**Quirk et al.（1985）**

in other words, technically, that is, or..., at that, more specifically, that is to say, or rather, I mean

---

**Fraser（1999）**

that is to say, for example, more precisely, I mean, in particular, namely, parenthetically

---

**Del Saz Rubio and Fraser（2003）**

in other words, technically, that is, at that, more specifically, more precisely, that is to say, or rather, I mean, namely, in a word, all in all, for instance, or better, to put it simply, on second thought

---

**Del Saz Rubio（2003）**

( or ) better ( yet/still ), especially, for example/for instance, e.g. I mean, in sum/to summarize/to sum up, in a nutshell ( in sum ), in a sense ( in other words ), in conclusion/to conclude, in more technical terms, in one word/in a word/in words of one syllable, in other word s/to put it in other words, in short/in brief/in a nutshell, more accurately/to be more accurate, more clearly/to be more clear/to make things clear, more exactly/to be more exact, more precisely/to be more precise, simply/in simple ( r ) terms/put more, simply/to put it more simply, more specifically/to be more specific, or rather, particularly/in particular, say ( for example/for instance ), technically speaking, that is/that is to say/i.e. ( idest )

---

**Del Saz Rubio（2007）**

alias, ( even ) better ( yet, still ), ( or ) better ( yet, still ), e.g., for example/for instance, i.e ( idest ), I mean, I mean to say, in a few words/to put it in a few words, in a nut shell, in brief, in conclusion/to conclude, in other words, in more technical terms, in one word/in a word, in other words/to put it in other words, in words of one syllable, in recapitulation, in short, in sum/to sum up/to summarize, let me to put it in other way, ( or ) more accurately/to be more accurate, ( or ) more precisely/to be more precise, ( or ) more precisely speaking, ( or ) more simply/in simple ( r ) terms/put more simply/to put it more simply, ( or ) more precisely/to be more specific, namely, or rather, or rather said, simply stated/to put it simply, ( or ) say ( for example/ for instance ), said in another way, ( or ) technically speaking, that is/that is to say, to cap it all, to give an example, to recap ( itulate ), to top it off, to wit, viz. ( videlicet ), ( even ) worse ( yet, still ), ( or ) worse ( yet, still ), ( or ) what I mean is, ( or ) what I'm saying is, ( or ) what are you saying is/are you saying that... ?

---

（2）汉语学者的看法

廖秋忠（1986）罗列了9个现代汉语书面语中的换言连接成分：换言之、换句话说、也就是说、（这/那）就是说、即、即是说、或者（说）、具体地说、具体而言。李宗江（2017，2019）描写了近代汉语中的换言标记，罗列了15个近代汉语的换言标记，包括：即、即是、也即是、便是、就是、也就是、即谓、亦谓、或谓、此谓、即是谓、便是说、就是说、或者说，换言之。杨天明（2011）在廖秋忠的基础上将部分总结连接成分也划归到换言标记里，如"总之""总而言之""简言之""简而言之"等。

李宗江（2017，2019）提到了现代汉语中的半图式构式形式的换言标记，包括"往X里说""说得X点""用X的话说"。这种半图式构式形式的换言标记目前关注较少，本书在李文的基础上又增加了一些新的半图式构式形式的换言标记，如"按X的说法""从X的角度说""从X的方面说""X一点说""X地说"等，并将已发现的半图式构式形式的换言标记分为三类："引述"类、"视角"类、"评价"类。

对比国外与国内学者所罗列的换言标记可以看出，从范围上来看，主要差别是英语学者所列出的reformulation markers范围比汉语学者的换言标记范围略宽。以汉语学者廖秋忠（1986）和英语学者Del Saz Rubio（2007）的看法为例，前者不包括表示举例、总结、坦言、确说等类标记成分，而后者将这些都包括在内。不仅如此，Halliday和Hasan（1976）还将"actually（实际上）""on the contrary（相反地）"也看作换言标记；从语言形式上来看，国内外已有研究主要关注实体构式形式的换言标记，而对半图式构式形式的换言标记仅有个别汉语学者关注到。

2. 现代汉语的换言标记系统

总结国内外的研究，以及上节关于换言关系的理解，我们认为现代汉语的换言标记应该包括以下两大类：

实体构式形式的换言标记：

换句话说、换言之、或者说；如、像、例如、比如（说）、譬如（说）；即、就是、就是说、也就是说、这就是说、那就是说；具体地说、具言之、具体而言、详细地说、展开说；总之、总而言之、概言之、一言以蔽之、一句话、简言之、简而言之、大致说来；准确地说、确切地说；质言之、说白了、说穿了、直说了吧、这么说吧；可以说、相当于说

续表

| 半图式构式形式的换言标记： |
| --- |
| 用 X 的话说（用他的话说）、按 X 的说法（按当时的说法）；从 X 的角度说（从哲学的角度说）、从 X 的方面说（从大的方面说）、就 X 而言（就我而言）；说得 X 一点（说得好听一点）、往 X 里说（往大里说）、说 X 的（说不客气的）、X 一点说（通俗一点说） |

如上列表里，在实体构式形式的换言标记中，有些成分也可以概括为半图式构式形式的换言标记，如"具体地说、详细地说、准确地说、确切地说，通俗地说、简单地说、笼统地说、概括地说、直白地说、文雅地说、简洁地说、粗略地说、形象地说"等，也可以看作半图式构式"X 地说"的实例。

3. 换言标记的功能

关于换言标记的功能，国外有一些对典型换言标记的分析。这里集中介绍外国学者对英语两个主要换言标记"in other words""I mean"的研究。

（1）关于"in other words"

Quirk 等（1972，1985）提到了"in other words"的推理功能，Blakemore（1993）认为"in other words"功能是引出后面的话语成分，该话语成分是对前面话语成分隐含义的解释，也就是得出一个结论，既有推理功能也有限定、消除歧义的功能。并认为有时"in other words"功能与"in short"无异。Tanaka（1997）认为"in other words"典型的功能意义是"归纳概括"，派生功能意义是引出"更简单的表达方式"，认为"p，in other words，q"有一个连续的意识流动或推理的过程，即"p→r；in other words r = q"，"r"是说话者背景假设和对话者口语的混合，这种推理主要存在于对话类型的话语中，对语境的依赖性很强。Matsui（2002）考察了日语中的换言标记"dakara（相当于 in other words/so）"，认为其功能是引入一种话语，表达一个命题与源话语的含义相同或者与源话语的语境含义相同。

（2）关于"I mean" [1]

Crystal 和 Davy（1975）认为"I mean"大致相当于"in other words""what I have been saying amounts to the following""my specific meaning is that"。"I mean"的主要功能是澄清说话人之前表达的含义，其他功能包括标记前一个话语的重述，提供额外信息或对先前话题从新的角度进行

---

[1] 转引自 Furkó（2014）。

阐释等。Halliday 和 Hasan（1976）认为"I mean"是表示修正。Jucker 和 Smith（1998）从信息处理的角度探讨了"I mean"，认为它表示对另一位说话人提供的信息的反应，以及修改信息。Schiffrin（1987）将"I mean"定义为"演讲者即将修改之前话语内容"的标记。它的两个主要功能是"思想的扩展"和"意图的解释"。Swan（1997）认为"I mean"是引入解释、细节、意见和修正的表达。Gonzalez（2004）认为"I mean"在叙事中最常见的两个功能是：重新表述之前的信息和对叙事中所呈现的事件的内部评价。Koczogh 和 Furkó（2011）发现"I mean"包括标记对主题的转移、阐述、解释、澄清、强调，以及解释说话人的意图和自我纠正。

4. 换言标记的共性特征

据我们考察，世界上一些主要语言的典型换言标记，从词语构成理据上看，主要分为两类：一类是从换言前后项语义同一性的角度来说的，可以叫"系言"类，换言标记往往来自系词或表示"义为"等意义的词语或其中包含有相应意义的语素，如汉语的"即""就是""也就是说"等，英语的"that is""I mean"等，俄语的"Так сказать"，法语的"c'est-à-dire"，日语的"つまり"等；另一类是从换言前后项表达方式不同的角度来说的，可以叫"或言"类，换言标记往往来自表示"用另外的话""换一种说法"等意义的词语，或其中包含有相应意义的语素，如汉语的"换句话说""换言之""或者说"等，英语的"in other words""to put it another way"等，俄语的"другими словами"，法语的"En fait"，日语的"言い換えれば"等。不同语言换言标记系统的以上共性特征，可以为我们更好地理解汉语换言标记系统的发展变化提供理据。如据李宗江（2017）考察，近代汉语里的换言标记主要有十五个，如"即""即是""也即是""便是""就是""也就是""即谓""亦谓""或谓""此谓""即是谓""便是说""就是说"等，显然，这些换言标记都是"系言"类的，而"或言"类的换言标记"换句话说""或者说""换言之"等到清末才见到，在现代汉语中"或言"类换言标记得到了长足的发展。

# 第四节　小　结

本章主要在参考国内外关于换言现象，特别是换言关系和换言标记相关研究的基础上，就换言关系和换言标记的相关问题提出自己的看法，为下文的个案研究提供理论依据和表述方式。

　　关于换言关系，国内外主要是对换言关系的界定宽窄不一，在综合国内外的对换言关系界定的基础上，本书将其共性特征概括为以下六条：1）换言关系可以存在于对话语篇，也存在于独白语篇。但典型的换言关系是存在于独白语篇中的一种超句关系，代表句与句或语段和语段之间的话语联系；2）换言前后项之间表达方式有所不同；3）换言前后项之间具有不同程度的语义相似性；4）换言不是单纯的语义重复，而是同一个说者从不同角度改变或强化听者对前项理解而采取的语用策略；5）换言关系有特定的功能性成分来联系和标记；6）换言关系的前后项顺序固定，换言标记一般位于后项之前。其次，关于换言关系的语义分析，我们从释义与非释义角度将国内外已有研究整理如下：1）释义关系，包括解说关系、概说关系、详说关系、例说关系、确说关系；2）非释义关系，包括推论关系、揭示关系、修正关系、隐现关系。再次，我们从逻辑关系角度审视了换言关系的语义属性，认为换言关系是一种超越逻辑关系的更高层次的语义关系，我们概括为语义相似关系。这种语义相似性从关联理论角度来看，是一种"解释相似性"。

　　关于换言标记，我们首先从形式上分为实体构式形式与半图式构式形式两大类，再从范围上将实体构式形式的换言标记扩充了一些，不仅包含以往学界认可的换言标记，还将举例标记与总结标记也纳入其中。半图式构式形式的换言标记是在现代汉语中新产生的，并将已发现的半图式构式形式的换言标记分为三类："引述"类、"视角"类、"评价"类。

　　就换言标记的功能来看，不同的换言标记可以具有不同的功能，同一种功能也可以由不同的换言标记承担，我们整理了两个国外的典型换言标记"in other words"与"I mean"。这可以作为参考，接下来我们将分析现代汉语换言标记"换句话说"等的功能，以便更好地了解国内外换言标记功能的区别与联系。

# 第三章　实体构式形式的换言标记

## 第一节　实体构式形式的换言标记的分类

从形式与功能两个角度可以将现代汉语实体构式形式的换言标记分为两类：一类是"或言"类换言标记，另一类是"系言"类换言标记。

### 一　"或言"类换言标记

从形式上来看，"或言"类换言标记中包含"改换""另外"等意义的词语；从功能上来看，"或言类"换言标记侧重换言前后项表达方式的相异性。如"换句话说""换言之""或者说""具体地说""具体而言"等。例如：

（1）不久，我找到了一份资料，上面记载的数字让我震惊：嘉定县从 1963 年至 1964 年，先后有 12 批次向河南、山东、河北等地运送婴孩达 675 人！换句话说，即便我去了嘉定，又怎能找到我的生身父母？（柳达《22 个上海弃儿寻亲始末》）

（2）在我周围，像我这种性格的人特多——在公众场合什么都不说，到了私下里则妙语连珠，换言之，对信得过的人什么都说，对信不过的人什么都不说。（余华《命中注定》）

（3）那天，摇着拨浪鼓的货郎向我们走来时，我正睡在父亲汗味十足的棉袄里，那件脏得发亮的棉袄包住了我，或者说我被稻草捆住了。（余华《祖先》）

（4）薛嵩率领着这支队伍刚刚到了湘西，就被人闹了一次，打出了满头的青紫块，具体地说，是一些圆圆的大包，全是中指的指节打出来的。（王小波《万寿寺》）

（5）中国加入世贸组织以后，的确我们在享受世贸组织权利的同时，还要履行所承诺的义务，这会给中国政府和企业带来一些挑战。具体而言，对我们政府部门来说，我们需要加快转换职能，依

法行政，来适应世贸组织规则的要求。(《北京日报》2001-11-27)

例（1）前项是感叹句形式，后项是反问句形式。又如例（3）前项是展开表达，后项是概括表达。

## 二 "系言"类换言标记

从形式上来看，"系言"类换言标记中包含有系词或系词性的词语；从功能上来看，"系言类"换言标记侧重换言前后项语义的相似性。如"也就是说""这就是说""那就是说""即""即是说"等。例如：

（6）他知道自己答对了，<u>也就是说</u>他知道自己的回答，和对方心里早已确定为正确的答案是相一致的了。(梁晓声《激杀》)

（7）国民党的中央政府发行了一种航空救国奖券，头奖二百五十万元，月月开奖。虽然通货膨胀，钞票贬值，这二百五十万元一直还是一个相当大的数目。<u>这就是说</u>，在国民党统治范围的中国，每个月要凭空出现一个财主。(汪曾祺《钓人的孩子》)

（8）本来人生如梦，在她过去的生活中，有多少梦影已经模糊了，就是从前曾使她惆怅过，甚至于流泪的那种情绪，现在也差不多消逝净尽，就是不曾消逝的而在她心头的意义上，也已经变了色调，<u>那就是说</u>从前以为严重了不得的事，现在看来，也许仅仅只是一些幼稚的可笑罢了！(庐隐《窗外的春光》)

（9）原始种植业的两种不同类型，也基本形成，<u>即</u>北方黄河流域为种粟等作物的旱地农业，南方长江流域则为种稻等作物的水田农业。(阴法鲁、许树安《中国古代文化史（三）》)

（10）毕生发展是针对阶段发展而提出。这一理论认为：人的一生从出生直到老年其心理都在不断地产生着变异和发展。早期遗留的问题可以在晚期得到解决。<u>即是说</u>，不仅早期经历的不良影响可以在大学期间得到弥补，即使没能在大学阶段得到解决，所遗留问题仍然可以在以后获得解决。(王登峰、张伯源《大学生心理卫生与咨询》)

例（6）前项"他知道自己答对了"与后项"他知道自己的回答，和对方心里早已确定为正确的答案是相一致的了"在语义上是相似的，余例均如此。

下面我们分别举典型的"或言"换言标记"换句话说"与典型的"系言"换言标记"也就是说"简要做个对比。请看：

（11）最近听了很多甜甜的恋爱，忽然觉得让我去谈这样甜甜的恋爱好难，我是老了吗？<u>换句话说</u>，我已经不相信世界上有一成不变的好男人了。（新浪微博 2021-10-22）

（12）（A）"春三月，此谓发陈。天地俱生，万物以荣。"这是《黄帝内经》中对于春天的论述，<u>也就是说</u>：（B）春季是推陈出新、生命萌发的时令，天地自然生机勃勃，万物欣欣向荣。（人民网 2020-04-05）

例（11）中，"换句话说"前后项语义上同义，区别在于前项是疑问句形式，后项是陈述句形式，前后项表达方式不同。例（12）"也就是说"换言前项 A 语段是一段文言文，"也就是说"引出的语段 B 是对语段 A 的白话文释义，A、B 两个语段完全同义。由于功能上存在差异，这两例中的"换句话说"与"也就是说"不宜互换，至少在语感上是不自然的。

不仅汉语中的换言标记存在这样的区别，英语中也同样存在。Blakemore（2007）根据英语中换言标记所引出的话语是侧重"表达相异"还是"语义同一"，将换言标记分为两类，前者如"in other words""or"，后者如"that is（to say）"。请见以下用例[①]：

（13）The Evening News was finished, <u>or /in other words</u> consumed.

（14）What I think we need, you see, is a room with a table, (?or / in other words) <u>that is to say</u>, a table which students could sit around. There's no sense in a seminar where someone is sitting at one end of the room and all the students are looking down towards the person who's sort of chairing it.

例（13）"or/in other words"所连接的话语在词汇表达上存在差异。Blake more 认为此处的"or/in other words"不宜换成"that is（to say）"。例（14）"that is（to say）"所连接的前后话语侧重"语义同一"，换言后

---

① 该用例引自 Blakemore（2007）。

项是对换言前项"a table"进行补充说明，此处的"that is（to say）"不能换成"or/in other words"。

英语中的换言标记"or/in other words"对应"或言"类换言标记，"that is（to say）"对应"系言"类换言标记。不过，这两类换言标记的不同侧重是一种倾向，而非绝对性。

# 第二节　"或言类"换言标记个案分析

"或言"类换言标记主要有"换言之""换句话说""或者说""具体地说""具体而言"这几个，下面在分析具体个案时，将"换言之"与"换句话说"合并一起讨论，也将"具体地说"与"具体而言"合并进行讨论。

## 一　"换句话说"

### （一）"换句话说"的相关变体

"换句话说"也可说成"换一句话说""换句话""换句话来说""换句话而言""换（一）句话讲""换言之"等。例如：

（15）中国古代天文学的最主要组成部分是历法，换一句话说，历法是中国古代天文学的核心。（阴法鲁、许树安《中国古代文化史》）

（16）腐败不是市场经济带来的，而是权力干预经济的结果，换句话就是改革还不够快。（《1994年报刊精选（07）》）

（17）中国人一向认为"死者为大"，换句话来说，就是不论这人生前如何，一旦死了就应该得到尊重。（倪方六《中国人盗墓史》）

（18）其实命里有的终究逃不过，换句话而言，有些事情顺其自然，强求不来。（新浪微博2019-07-21）

（19）在中学时的自信和优越感也是由于老师、家长及同学对自己的看法而确立的，换句话讲，只有别人觉得自己"行"，自己才感到自信。（王登峰、张伯源《大学生心理卫生与咨询》）

（20）在我周围，像我这种性格的人特多——在公众场合什么都不说，到了私下里则妙语连珠，换言之，对信得过的人什么都说，对信不过的人什么都不说。（余华《命中注定》）

　　因"换句话说"最为常用，下面一律以此指称，将其他表达式看作它的变体，举例也主要采用"换句话说"的例句。"换句话说"一般位于换言后项的句首，前后必有停顿，书面上其前用逗号或句末标点隔开，但其后只能用逗号或不用标点。同时它也可用于对话语篇，在对话中的位置是第二个话轮的前面，这说明在韵律上，它是前附于后项的。例如：

　　（21）我们必须明确，在涉外合资经营事务中，单凭一方的意志是不可能达成协议的。<u>换句话说</u>，除了考虑我方的利益，还要考虑对方实际能得到的利益。（曾鹏飞《技术贸易实务》）

　　（22）我们不是不赞成写历史，<u>换句话说</u>历史题材和当代题材实在难分孰轻孰重。（刘成《长篇创作呼唤主旋律》）

　　（23）博姆：心智被时间操纵的问题，远不及欠缺自知之明来得严重。

　　　　克：是的，我指的是心理的层面。

　　　　博姆：<u>换句话说</u>，脑子必须对自己有所认识，才能有条有理。（当代/口语/超越时空：20世纪最卓越的两位心智大师的对话）

　　"换句话说"在以上的例（21）中前面是句号，后面是逗号。例（22）中前面是逗号，后面没加标点。（23）是用于对话中。汉语篇章中的句际关系和复句中的分句间关系有纠葛，如（21）是句际关系没有问题，因为前后项间有句号标记。但例（22）是一个复句还是一个语段，存在分歧：如果是个语段，那么"换句话说"是个篇章连接成分，一个语用标记；如果是个复句，那么"换句话说"是个句内连接词，是个语法标记。廖秋忠（1986）研究书面语中的篇章连接成分，举例严格以句际标点作为标准。我们认为句际标点的使用是有主观性的，而且如果把以上例（21）（22）的"换句话说"一分为二，则会割裂二者之间本来具有的密切联系，显然是不合理的。因而本书确定篇章结构不以句际标点作为标准，将类似例（21）（22）都看作篇章结构，将其中的"换句话说"的作用看作同质性的，都是语用标记。

　　（二）"换句话说"前后项的语义关系

　　关于"换句话说"所连接的前后项的语义关系，有多人进行过讨论。常娜（2009）认为"换句话说"主要表达推理，包括演绎推理与归纳推理，还可以表示解释、总结、定义。杨天明（2011）认为"换句话说"前后项之间的语义关系主要包括推论、解证、定义和概括四种。张振亚（2013）认为"换句话说"语义关系有总括和注释两种。徐静（2014）认为"换句话说"可以表达并列、递进、解释、因果、总分六种关系。我们参照国外的相关研究，在充分考察语料的基础上，将"换句话说"所连接的前后项的语义关系，首先区分为释义关系与非释义关系两大类。其中释义关系包括五种：解说关系、概说关系、详说关系、例说关系、确说关系；非释义关系包括四种：推论关系、揭示关系、隐现关系、联想关系。下面进行具体描写。

　1. 释义关系

　（1）解说关系

　解说关系是指换言前后项之间具有解释说明关系，包括难懂到易懂、专业到通俗的关系。例如：

　　（24）孟子还说："万物皆备于我矣。反身而诚，乐莫大焉。强怨而行，求仁莫近焉。"（《孟子·尽心上》）换句话说，一个人通过充分发展它的性，就不仅知天，而且同天。一个人也只有充分发展他的不忍人之心，他才内有仁德。（当代/CWAC/APB0050）

　　（25）但因业界间的竞争激烈，虽然营业额高，可是决算书上却出现了赤字；换句话说，母公司和每家子公司都亏本。（《哈佛管理培训系列全集》）

　例（24）换言前后项之间是典型的解释关系，是难懂到易懂的关系，前项是文言文，后项用白话文对其含义进行解释。例（25）换言前后项之间的语义关系是从专业的说法到通俗的说法。

　除此之外，我们还将从易懂到难懂，从通俗到专业也算作解说关系。例如：

　　（26）你命里有的，它到时候就会刹那刹那现前；换句话说，你不打妄想也现前。（《净空法师法语》）

　　（27）均衡价格时，市场上的每一个人都得到了满足：买者买到了他想要的所有东西，卖者卖出了他想卖的所有东西。换句话说，均衡价格时，消费者剩余和生产者剩余都达到了最大。（当代/CWAC/CET0149）

例（26）换言前后项之间的语义关系是从好懂的说法到难懂的说法。

例（27）换言前后项之间的语义关系是从通俗的说法到专业的说法。

按理说，从易懂到难懂，从通俗到专业不能算作解说关系，因为解说就是让人更好理解，如果是更难懂更专业了，那岂不是更不好理解了，岂不是违反了合作原则？我们的理解是：当听话者或读者是特殊的人群或某一专业人士时，说话者换言到在一般人看来是难懂的或专业化的说法，恰恰是更接近听话者和读者的说法，是在听话者或读者看来更准确更好接受的说法，这也正好体现了换言关系和一般解说关系的区别：换言关系所选择的后项说法，是说话者更充分地照顾到听话者或读者的知识水平和理解习惯而做出的。因此我们将这两种关系也归入解说关系之中。

（2）概说关系

概说关系是指前项是较为具体、详细的说法，后项是较为简略、概括的说法。例如：

（28）一个适合自己的发型设计要综合考虑到头型、脸型、脖子的长短、身高以及个人气质和出席场合等多方面因素。换句话说，最适合你的发型就是完美的发型。（张晓梅《修炼魅力女人》）

（29）但官僚们出于自己的利益，会尽最大努力促使提供较多公共服务的方案顺利通过，力图使社会总成本与社会总效益一致，造成成本与收益相等，直到没有任何收益为止。换句话说，他们是不会考虑节约的。（当代 /CWAC/CET0149）

例（28）中换言前项是详细陈述设计发型要考虑的因素，后项将其总结为一句话。例（29）中换言前项详细介绍了官僚们出于自己的利益做出的行为，后项将其内容概括起来表述为一句话。

（3）详说关系

详说关系是指前项是较为抽象、概括的说法，后项是较为具体、详细的说法。例如：

（30）中国今日生活现象矛盾的原因，全在新旧的性质知差太远，活动又相邻太近。换句话说，就是新旧之间，纵的距离太近，横的距离太近；时间的性质差的太多，空间的接触逼的太紧。（《新青年》第四卷五号·新的！旧的！）

（31）近年来，现代医学中对于高血压的治疗有人提出所谓的个体化治疗方案，这种思路与精神似乎与传统中国医学治病采用辨证论治的道理有些不谋而合。换句话说，对于同一种疾病，因个人体质上之差异，……在治疗上对药物的选取将会因人而异，如此才能使治疗获得最佳的效果，尽可能地降低副作用。（吕万安《一看就懂的中医养生智慧》）

例（30）中换言前项概括指出中国今日生活现象矛盾的原因，后项从更为具体的方面将这个原因展开来说明。例（31）换言前项先说现代医学中对于高血压的治疗有人提出所谓的个体化治疗方案与传统中国医学治病采用辨证论治的道理有些不谋而合，后项详细说明个体化治疗与中医辨证论治的具体内容。

（4）确说关系

确说关系是指前项是一般性的、不够严格的说法，后项是较为准确的、确切的说法。例如：

（32）凡是企图凭空创造出能量来的机器就是永动机。换句话说，"永动机"的准确名称应该是"凭空造能机"。（程稳平、程实平《21世纪的牛顿力学》）

（33）辞职的人中过半表示，辞职原因是"无法适应公司组织和工作"，换句话说，就是受不了"公司文化"。（人民网 2018-08-24）

例（32）换言前项先说什么是"永动机"，后项则更加准确的解释"永动机"应该是"凭空造能机"。例（33）中换言前项陈述年轻人的辞职原因是"无法适应公司组织和工作"，后项将辞职原因说得更准确一点：就是受不了"公司文化"。

（5）例说关系

例说关系是指前项是一个命题或事件，后项是对此命题或事件的举例说明。例如：

（34）我们分清这个性质，然后再去讨论代理费高低的问题，如果代理费 200 元是犯罪，那么代理费 20 算不算犯罪，代理费 5 元算不算犯罪？换句话说，比如携程等网站代购火车票收代理费，是否构成犯罪？（新浪微博 2019-06-26）

（35）虽然很带感不过实际中这些野外标记多半是无效/不成立的吧？换句话说，比如在A点某种行为（跟随小女孩）导致/到达了B点（挂了），我在A点是无法知情的，而在B点也无法再返回A画标记警告。当然假设时间和空间是有序线性的。（新浪微博2019-06-26）

例（34）换言前项先陈述收取代理费是否构成犯罪，后项则举携程等网站代购火车票来对前项进行说明。例（35）中背景是一张野外标记图，换言前项是对此图的标记是否产生效果表示怀疑，后项则举出具体的例子来证明前项观点。

2. 非释义关系

（1）推论关系

一是指前项为前提，后项为结论。例如：

（36）据统计，到1994年底，全国共有无线电视台766座，有线电视台1055座。这1800多座电视台通过遍及全国的传输网络覆盖着全人口的83.4%。换句话说，每天都有10亿人通过电视机观看电视节目。（《人民日报》1995年12月）

（37）不久，我找到了一份资料，上面记载的数字让我震惊：嘉定县从1963年至1964年，先后有12批次向河南、山东、河北等地运送婴孩达675人！换句话说，即便我去了嘉定，又怎能找到我的生身父母？这事就搁了下来。（柳达《22个上海弃儿寻亲始末》）

这两例中，前后项之间是一种或然性推论关系，换言前项是前提，从这个前提中可以推出很多结论，换言后项是从这个前提中推出的其中一个结论。

二是因果关系。包括前项为因后项为果，也包括前项为果后项为因的情况。例如：

（38）以后政府的考试不用八股文，都用政治、经济的策论。换句话说，以后读书人要做官不能靠虚文，必须靠实学。（当代/CWAC/AHB0018）

（39）当兵要野，当巡警要文明；换句话说，当兵有发邪财的机会，当巡警是穷而文明一辈子。（老舍《我这一辈子》）

例（28）前项先说明原因，后项从这个原因得出一个直接的结果。例（39）换言前项先说结果，后项再对结果"当兵要野，当巡警要文明"解释原因。

（2）揭示关系

揭示关系包括行为到目的、表象到实质两种关系。例如：

（40）据透露，此次他能够赴美搞"校友外交"，花在"游说"美国会议员等方面的资金达上千万美元。如此不择手段地要挤到国外去，李登辉自己明白说，目的只是为了"突显"台湾的"存在"。**换句话说**，他就是要费尽心机在国际上制造"两个中国"或"一中一台"，把台湾问题国际化。（《人民日报》1995年6月）

（41）相比刷手机，德国人显然更喜欢持"真金白银"。在金融领域，传统银行和科技企业具有互补性。……不过，令德国银行业担忧的是，两者之间的合作也可能出现另一种结果，即利润被挤压，市场被蚕食。**换句话说**，目前无论现金支付还是无现金支付，都是德国银行自己的地盘。……归根结底，以盈利为主要目标的欧美银行业，并不欢迎任何"外来搅局者"。（人民网2019-05-15）

例（40）中换言前项先陈述李登辉所做的一些事情，后项揭示其目的或实质就是在国际上制造"两个中国"或"一中一台"。例（41）中换言前项陈述移动支付在德国"长不大"的现象，后项则揭示出这种现象的本质是欧美银行的主要目标是盈利，移动支付与其产生冲突。

（3）隐现关系

隐现关系是指前项中有个隐含义，后项是对前项真实意图的猜测。例如：

（42）卡德罗夫：一个民选的政府需要与他们斗争，……这就不是民选政府了，那样的话，战斗还将继续下去。

记者：**换句话说**，目前还是你在控制着车臣了？

卡德罗夫：我们住在车臣，我们清楚这里的局势……

记者：**换句话说**，你觉得自己在共和国中正处于控制大局的地位？（中华网2003-08-04）

（43）"唐小姐，你听我说。你表姐是个又有头脑又有才学的女人，可是——我怎么说呢？有头脑有才学的女人是天生了教笨的男人向她颠倒的……"

　　"换句话说，像方先生这样聪明，是喜欢目不识丁的笨女人。"
（钱钟书《围城》）

　　例（42）中两个"换句话说"都是记者针对卡德罗夫的回答猜测卡德罗夫的真实意图，并试图得到卡德罗夫的确认。例（43）中唐小姐通过"换句话说"来猜测方先生话里的真实意图，并认为是正确的。这种隐现关系中的"换句话说"一般都需要说话人与听话人拥有共同的背景知识。

　　（4）联想关系

　　联想关系是指一种依赖语境与说话人的背景知识建立起来的语义相似关系。例如：

　　（44）对于保存记忆，我要比任何我所认识的人都要来得认真。五月九日晚上当我发现录音带即将用完，试光的拍立得相纸又早已一张不剩的时候，着实焦急万分。我指着航路图问领航员："什么时候可以到玛瑙斯？我需要补给品。"对方打着哈欠告诉我：五天、八天、十天、半个月都有可能，因为亚马桑河也许已经改道或者正在改道之中。事实上我也不敢确定，即使到了玛瑙斯，那里会不会有我所需要的二氧化铬录音带以及相纸？"为什么你不在本杰明.康斯坦搭飞机呢？那样快得多。"领航员说着便站不稳了，一歪身，倒在船舷旁的一堆缆绳上呼呼睡熟。我在地图上又找了半个钟头，才发现"本杰明.康斯坦"位于哥伦比亚和巴西的交界，换句话说：我六天以前就到过那里，它在我身后上游数百哩以外，领航员说的是一句废话。（张大春《四喜忧国》）

　　该例中换言前后项之间的语义相似性无论是从字面上还是逻辑上都得不到验证，只能从语境与说话人的背景知识中得知，是靠说话者对相关事件的联想获得的，这种语义相似关系是临时的，需要语境的支持。

　　从以上关于汉语典型换言标记"换句话说"的语义分析可知，与上一章所讲的换言标记所表达的语义关系存在高度一致性。以上的分析也说明，如果抛开换言标记"换句话说"，前后项之间可能存在着多种逻辑语义关联，甚至多种语用意义。这种语义复杂性也印证了上一章关于换言关系语义属性的结论：换言关系表达的是一种更高层次的语义相似关系。

### （三）"换句话说"换言的语用分析

关于"换句话说"的语用功能，国内学者也有多人做过研究。如常娜（2009）分别从信息、关联、语篇角度分析"换句话说"的语用功能，认为从信息角度看，"换句话说"语用功能包括以下两个：1）重述旧信息；2）引出新信息。从关联角度看，主要是明示——推理功能。从语篇角度看，包括四种：1）语篇衔接功能；2）语篇接续功能；3）语篇限定功能；4）语篇预示功能。杨天明（2011）从连贯理论角度认为"换句话说"的语用功能包括三种：1）延续话题内容，引导会话进程；2）限定话题内容，引导理解方向；3）转移话题，引出新信息。从关联理论角度认为"换句话说"的语用功能包括两种：1）调整话语的理解难度；2）增加信息的内容。张振亚（2013）认为"换句话说"引入的话语是表述重点，其核心功能是语篇衔接，同时具有总括和注释、维持话轮的功能。

以上研究的共性问题是除了语篇衔接功能外，其他所讲的各种功能都不是"换句话说"这个换言标记的功能，而是其所标记的换言关系或叫换言结构的语用功能，也可以说是说者或作者通过换言这一言语行为而实现的语用功能，换句话说以上学者所说的语用功能并不在一个相同的层次上。一个语言成分的功能与其所在的结构的功能是两回事，不能混为一谈。

作为一个换言标记或篇章连接成分，"换句话说"的功能就是篇章衔接功能，或者叫标记换言关系的话语标记功能。同时我们也赞成从说话者运用"换句话说"而实现换言这一言语行为而达到的交际目的或效果的角度来分析与"换句话说"有关的语用问题。

如果说换言标记主要是用于独白语篇，即前后项都是同一个说话人说的，那么按理说，既然两句话表示的意思是相似的，说一句就可以了，为什么要换一种说法重述一次呢？李宗江（2017）以"就是说""也就是说"为例，谈到了换言的语用意图，列出了以下四条：转换话题、诠释语义、展开内容、揭示实质。这四条，除了转换话题之外，似乎都不是语用问题，而是讲的换言后项与前项的语义联系。

从关联理论的角度说，换言就是说话者为了追求话语与语境的最佳关联，通过换言达到更为理想的交际效果。语境包括语言语境和交际语境。语言语境是指书面的上下文，交际语境包括参与说话的人、场所、时间等诸多因素。我们将以下影响交际的因素算作交际语境因素：1）具体的言语参与者，包括说听双方；2）所述事件的当事人；3）与说话有关的空间现场；4）与说话有关的时代因素。

从以上的这些主要语境因素出发，可以将换言在语用上分为如下两大类。

1. 着眼于语言语境的换言

着眼于语言语境的换言，包括两种情况：一种是观照上下文的换言，另一种是观照文章主旨的换言。

（1）观照上下文的换言

所谓观照上下文的换言，是指说话者考虑到不同的说法适洽于不同的上下文。换言前项与上文相衔接，换言后项与下文相衔接。也就是说，换言前项是顺着上文讲的，如果说话者下文所说的内容与上文有较大差异，那么说话者就会将相似的意思说得更加与下文内容相关联。例如：

（45）当初租屋时，曼倩就嫌这垛墙难看，屋主见她反对，愿意减少租金；就为这垛墙，这所屋反而租成了。到最近，她才跟土墙相安，接受了它的保卫。她丈夫才叔对于这粗朴的泥屏，不但接受，并且拥护、夸傲、颂赞——换句话说，不肯接受，要用话来为它粉饰。每有新到的朋友上门，她总听他笑呵呵说："这围墙看上去很古朴，住惯都市里洋房的人更觉得别有风味，所以我一看就中意。同巷孩子又多，邻居的白粉墙上给他们涂满铅笔字，还有画啦！可是我这泥墙，又黑又糙，他们英雄无用武之地。上次敌机轰炸以后，警察局通知市民把粉墙刷黑。我们邻居怕吃炸弹，拖泥带水，忙个不了。只有我这围墙是天然保护色，将就得过，省去我不少麻烦。"（钱钟书《纪念》）

（46）南海岛屿不仅仅有战略价值，也有丰富的民用经济发展价值。南海岛屿的特色旅游、休闲旅游、深潜旅游以及特色渔业都是短期就看得见前景的，更不用说其他能源与矿产的长期经济资源价值。在南海岛屿的经济发展方向上，中国的心态是开放的。在经济建设成本方面，中国在南海人工岛屿的建设成本控制在 100 万一亩以内，比国内一些大城市的开发成本低不少。未来南海的旅游业发展起来，南海会更加开放。换句话说，南海的军事部署，不等于"军事化"。朱成虎将军还对环球网表示，中国在南海的军事部署是防御性的。中国军队近期在东海的行动，也是防御性的。（人民网2018-07-30）

例（45）换言前项先说"她"的丈夫不但接受这堵泥墙，还拥护、夸赞，换言后项转到对立面说出"她"老公的真实想法：不肯接受，但要用话来为它粉饰。接下来的内容就是讲如何粉饰。例（46）换言前项先陈述未来南海的旅游业，换言后项转到了南海军事，接下来都是讲南海军事的内容。这两个例子都体现了说话者将换言前后项与上下文相衔接的语用策略。

（2）观照文章主旨的换言

所谓观照文章主旨的换言，是指说话者谋篇布局的技巧，换言前项与上文相衔接，换言后项与文章主旨相呼应。也就是说，换言前项是顺着上文讲的，如果说话者下文所说的内容与上文有较大差异但又与主旨一致，那么说话者就会用另一种说法说得更加与主旨内容相关联。例如：

（47）在澳大利亚政府看来，中国公司一旦介入澳大利亚5G，就会对澳大利亚国家安全构成威胁。以至于澳洲官员这样说：没有任何科技安全控制方案，能够充分减低这些风险。<u>换句话说</u>，澳洲5G，华为中兴你们得滚蛋。（人民网 2018-08-24）

（48）铺天盖地的中美贸易战分析看得人头晕。……另一方面，又有不少人认为中美实力差距很大，我们应该韬光养晦，<u>换句话说</u>，就是赶紧"认怂"。（人民网 2018-08-18）

例（47）换言前项陈述澳洲官员对中国5G的看法，换言后项说话人用一种主观性很强的说法改换了前项内容，这种说法与文章标题相照应。例（48）换言前项说"我们应该韬光养晦"，换言后项说话人将"韬光养晦"理解为"认怂"，与文章标题相呼应。

2. 着眼于交际语境的换言

着眼于交际语境的换言，包括以下五种。

（1）着眼于说话者的换言

所谓着眼于说话者的换言，是指换言后项的主观性高于前项。包括强化说话者的认识和强化说话者的立场两种情况。

1）强化说话者的认识。例如：

（49）到了二月初十，外人尚不肯交烟，林则徐就下命令，断绝广州出海的交通，派兵把十三行围起来，把行里的中国人都撤出，然后禁止一切的出入。<u>换句话说</u>，林则徐把十三行作了外国人的监

牢，并且不许人卖粮食给他们。（当代 /CWAC/AHB0018）

（50）1998 年，南京市文物部门对福清公主墓进行考古发掘。……它在当时被认定为我国发现并保留的唯一一座保存完整、结构复杂、规格宏大的明代公主墓。<u>换句话说</u>，整座墓就相当于一件大型文物。（人民网 2019-04-10）

例（49）中换言前项客观陈述林则徐对不肯交烟的外国人所采取的行动，后项是表达说话人对这一事件的主观认识。例（50）中换言前项是对福清公主墓有关情况的客观陈述，换言后项中说话人将前项内容进行提炼，得出自己对福清公主墓的认识，即整座墓就相当于一件大型文物。

2）强化说话者的立场。例如：

（51）一些号贩子是靠着"人脉"囤号，<u>换句话说</u>就是走后门、"金钱开道"。（人民网 2016-11-27）

（52）这届明星制作人团队额外疯狂输出，这几日"虎扑论坛"疯狂挑衅，吴亦凡正面对刚，其实排骨觉得凡凡这次没毛病，咱先不论唱歌好坏，但是虎扑那边恶意剪辑人音频是咋回事，这不等于就是我毕业论文写的（得）好好的，你这边没事全删掉害我不能毕业差不多一个道理么，兄 Die，你这是要被揍的！弱弱（地）说一句，虎扑你作为一个官微，直接这么开撕有点不太合理吧，<u>换句话说</u>就是摆到台面这吃相就难看了。（人民网 2019-07-30）

这两例中换言后项都是凸显说话人的贬斥的立场。如（51）中换言前项的"人脉"是一个中性词，后项将其解读为"走后门、'金钱开道'"。例（52）换言前项陈述虎扑"开撕"吴亦凡，后项将其解读为"摆到台面这吃相就难看了"。

（2）着眼于听话者的换言

着眼于听话者的换言，是指说话者遵循礼貌原则，照顾听话人，重选一种更为贴近听者的说法，拉近与听者的距离。例如：

（53）在中国学术界乃至世界汉学界，有一个争论不休的问题，那就是，中国家庭是不是一个法人团体（corporation）？<u>换句话说</u>，中国的家庭财产到底是家父的个人财产，还是家庭成员的共同财

产？（当代 /CWAC/AHJ0030）

（54）高低眉的意思不是一个眉毛高一个眉毛低，一般来说都是指眉毛高了，换句话说就是枕额肌张力较大，将眉毛整体提上去了！（人民网 2017-06-06）

例（53）换言前项是从专业法律术语角度陈述一个问题，换言后项说话人将这个问题用更通俗的说法重新表述，将着眼点转向了一般大众。例（54）换言前项是一般的说法，换言后项是专业的说法，因为从题目可知，文章是讲矫正方法的，说明主要是给专业人士看的。

（3）着眼于事件当事人的换言

着眼于事件当事人的换言，是指重选一种更为贴近当事人的说法，以增加表现力。例如：

（55）人体对尼古丁本身的依赖并不强，烟瘾更多是我们习惯吸烟的动作。换句话说你的身体并没有那么依赖烟草，只是你觉得没了吸烟这个动作，生活习惯被改变。（人民网 2013-05-31）

（56）不过，家时代最大的噱头是在于线上线下同步。店里的每一件商品都有一个电子价钱，会随时根据线上价格调整，换句话说你可以在店里逛，线上下单，然后潇洒地甩甩衣袖啥都不拎出店门，回家坐等快递上门。（人民网 2017-10-23）

以上两例中的换言后项中，主语都用了"你"，这个"你"不是指称听话人的，而是泛指的，在这两个例子里，就是指称当事人，即在例（55）中实指吸烟者，在例（56）实指买者或消费者。由前项的一般性的表述，换到将当事人拉到虚拟对话者"你"的地位，使话语增加了现实感和亲切感。

（4）着眼于说话场合的换言

着眼于说话场合的换言，是指换言后项的说法与说话的场合更为贴切，对场合的依赖性更强。例如：

（57）当山西太原首次承办的大型体育盛会，遇上"史上最严垃圾分类令"，二青会健儿入住的青运村，成为太原市和晋源区的第一个垃圾分类试点区。换句话说，"你是什么垃圾？"（新浪微博 2019-7-28）

（58）这样的应援声才配得上这样的舞台，这样的舞台才配得上这样的应援，<u>换句话说</u>，kun 和 Ikun 天生一对！（新浪微博 2019-07-27）

这两例中换言前后项在字面上关联并不紧密，需要在特定的场合才能进行换言。例（57）中换言背景是垃圾分类后针对扔垃圾这个事件，前项谈到垃圾分类的相关情况，换言后项"你是什么垃圾"这句话在垃圾分类这个情境中是可以说的，实际上是一种省略说法，应该是"你要扔的是什么垃圾？"脱离了这个语境，这句话就不是这个意思，而是一句不文明的话。例（58）中换言的背景是唱歌比赛的现场，需要说话人和听话人具有共同的现场知识，也就是在现场语境下才能说出这样的话，听者才能理解这句话。

（5）着眼于说话时代的换言

着眼于说话时代的换言，是指换言后项的说法更加与说话人想表达的时代更为贴切。例如：

（59）值得关注的是，高端健康保险可以私人定制，<u>换句话说</u>可以 DIY。（人民网 2019-07-05）

（60）葡萄牙的房价指数显示，2013 年以后房价上涨了大概40%。2013 年的 35 万欧，<u>换句话说</u>，相当于今天的差不多 50 万欧。（新浪微博 2019-05-27）

例（59）中换言后项对前项"私人订制"改换另一种说法"DIY"，"DIY"是近些年来流行起来的说法，具有时代特点。例（60）中换言前项陈述葡萄牙 2013 年的 35 万欧，从今天来看，就是 50 万欧，后项的说法就是表达过去的房价在当下时代的对应价。

# 二 "或者说"

## （一）"或者说"的相关用法

现代汉语中，"或者说"有两种用法。

一是用作选择标记。例如：

（61）所以宗先生有可能会去找别人借钱，<u>或者说</u>砸锅卖铁。

（中央电视台《对话》栏目）

（62）其实小凌峰给了我们挺大的震撼，对于灾区来说，并不是帐篷搭起来了，<u>或者说</u>板房建好了，一个家，一个原来那样完整温馨的家，就在他们的身边了。（中央电视台《对话》栏目）

以上两例中"或者说"也是篇章连接成分，不过前后项之间是一种选择关系，不存在语义相似关系，它们起到的是选择标记的用法。这种用法不在讨论之列。

二是充当换言标记。例如：

（63）现在我心目中她排在你前头，<u>或者说</u>她取代了你的位置。（刘心武《多棱的帆船》）

（64）她的到来显然是江飘意料之外的，<u>或者说</u>江飘很久以前就不再期待她了。（余华《偶然事件》）

以上两例中的"或者说"也具有篇章功能，而且所关联的前后两部分在语义上有相似性。因而是个换言标记。作为换言标记，"或者说"有时也可说成"或者""或""或说""也或者说"等。例如：

（65）听她这么一说，就算所有的人对当年的事真的心存芥蒂，也因为她的诚恳真挚和楚楚可怜的模样原谅她了，<u>或者</u>，他们从来就没人认真地苛责过她。（陈毓华《孤星》）

（66）意思很简单，就是：别人不去，<u>也或者</u>是不愿意去。（季羡林《黄昏》）

（67）因此，"心学"之路也是一条人人之路——只要敞开心灵，<u>或说</u>，只要去爱，人人都可以与上帝相遇，都可以是上帝存在的见证者。（BCC 语料库/科技文献）

（68）这些长远的和现实的隐患，购房者当然也是知道的，不过在开发商的"忽悠"之下，部分人群已失去了清醒的判断；<u>也或者说</u>并不排除部分追风炒作海景房者。（中国新闻网 2011-06-28）

因"或者说"最为常用，下面一律以此指称，将其他表达式看作它的变体，举例也主要采用"或者说"的例句。"或者说"一般位于换言后项的句首，前后必有停顿，书面上其前用逗号或句末标点隔开，其后可用逗号、冒号或不用标点。

## （二）"或者说"前后项的语义关系

1. 释义关系

就释义关系来看，"或者说"前后项之间的语义关系包括四种：解说关系、概说关系、详说关系、确说关系。

（1）解说关系

解说关系是指换言前后项之间具有解释说明关系，包括难懂到易懂、专业到通俗的关系。例如：

（69）于是，他们发明了一种新的生活哲学，这就是"住在郊区，玩在镇区"，或者说，"我在郊区睡觉，但是仍在索委托生活。"索委托有一个很著名的酒吧 Rock，就是这样一个典型的郊区和镇区的汇合点。（《文汇报》2005-05-29）

（70）小孙和我谈恋爱，结果是我们俩都变成了一种气体，叫作什么一氧化二氮，或者说，叫作笑气，人家一见到我们在一起就要笑。（王小波《阴阳两界》）

例（69）换言前后项之间是难懂到易懂的关系，后项"我在郊区睡觉，但是仍在索委托生活"是对前项"住在郊区，玩在镇区"的解释说明。例（70）换言前后项之间的语义关系是从专业的说法到通俗的说法，前项"一氧化二氮"是专业术语，后项用通俗说法对其进行解释。

除此之外，"或者说"的解说关系中也包括从易懂到难懂，从通俗到专业的关系。例如：

（71）但是，私营企业主阶层的阶层意识，同这个阶层一样，仍处于发展过程中，处于不成熟的阶段，或者说朦胧状态。（《北京日报》2001-04-02）

（72）中关村是追求大公司还是追求有更多的创新型小公司，或者说中关村要办成一个大公司的产业基地还是创新基地？（《北京日报》2001-05-14）

例（71）换言前后项之间的语义关系是从好懂的说法到难懂的说法。例（72）换言前后项之间的语义关系是从通俗的说法到专业的说法。

（2）概说关系

概说关系是指前项是较为具体、详细的说法，后项是较为简略、概括的说法。例如：

（73）我相信每一位女性内心深处都有一种迷迷朦朦的渴望与向往：两心相许，两情相悦。那才是人生最圆满的憩息与归依。然而，现实往往总是不尽如人意，梦想和梦想总是擦肩而过，最热情的脸孔被戴上最冷漠的面具，最柔嫩的心被包上最坚硬的外壳。因为爱，才会受伤，伤害、伤痛、伤心。终于，在经历了这一切之后，人把自己练就得刀枪不入，在庸常的、缺乏激情的现实中，让心灵忘记最敏感和最脆弱的一面。<u>或者说</u>，忘记相爱，学会相处。（姜丰《关于爱情》）

（74）脑容量的快速增加显然是给人类的生育带来很大的痛苦，人类的分娩因为婴儿的头颅太大而在哺乳动物中是最艰难的。智能生命和生理器官的不匹配，几乎完全是由人类的女性默默地忍辱负重地承受了，<u>或者说</u>，人类的进步，是因为我们有坚强的母亲。（《北京日报》2001-03-07）

例（73）中换言前项是详细陈述女性内心深处的向往与现实截然相反的事实，后项将其总结为一句话。例（74）中换言前项详细介绍人类发展与女性的付出息息相关，后项将其内容概括起来表述为一句话。

（3）详说关系

详说关系是指前项是较为抽象、概括的说法，后项是较为具体、详细的说法。例如：

（75）程序最好能够写在一页纸内，<u>或者说</u>程序行数在50—100的范围内是比较合理的。（郑人杰《实用软件工程》）

（76）作者的情绪还没有很好地融合在要表达的内容当中；<u>或者说</u>，作者所要表达的内容多少还只是出于理智上的肯定，还没有更强烈地通过自己内心熔炉的锻炼。（曾卓《诗人的两翼》）

例（75）中换言后项"行数在50—100的范围内"是对前项"一页纸内"的详细说明。例（76）换言后项是对前项整句进行详细说明。

（4）确说关系

确说关系是指前项是一般性的、不够严格的说法，后项是较为准确的、确切的说法。例如：

（77）因为缺少自豪感，或者说是缺少自命不凡的天性。（余华《命中注定》）

（78）那天下午下课之后她没有早回家，在图书馆偶然翻到一本写英国海军上将蒙巴顿的书。觉到身边不远处有个人在看她，或者说在看她手中的书。（苗长水《等待（长篇小说故事梗概）》）

例（77）换言前项先说"自豪感"，后项则更加准确的解释"自豪感"应该是"自命不凡的天性"。例（78）中换言前项先说"觉到身边不远处有个人在看她"，后项将之描述得更准确一点，是"在看她手中的书"。

2. 非释义关系

就非释义关系来看，"或者说"前后项之间的语义关系包括四种：推论关系、揭示关系、修正关系以及联想关系。

（1）推论关系

推论关系是指前项为前提，后项为结论。例如：

（79）人不猎兽，则人失猎得之乐，兽失逃生之乐；或者说：人无空劳往返之忧，兽无误落陷阱之忧。（苏青《第十一等人》）

（80）我回想起十年前，我头一回看见他的时候，他也是那么一站，一张嘴，一行诗句，一个手势，我就疯了，疯了似的爱上了他，当时不止我一个，我知道在场的姑娘，乃至妇人，几乎都爱上了他，可他后来竟属于了我，或者说我竟属于了他，我真幸福，真幸运！（刘心武《多桅的帆船》）

例（79）中，前后项之间是一种或然性推论关系，换言前项是前提，从这个前提中可以推出很多结论，换言后项是从这个前提中推出的其中一个结论。例（80）中，前后项之间是一种盖然性推论关系，换言前项是前提，从这个前提中只能推出一个结论。

（2）揭示关系

揭示关系是指表象到实质。例如：

（81）这个老头子很会省，或者说，一钱如命。（王小波《寻找无双》）

（82）这50%的年轻人都害怕去医院，或者说有些社恐，怕和医生打交道。（中国新闻网 2022-11-21）

例（81）中换言前项陈述"这个老头子很会省"这个现象或事件，后项则揭示出其本质是爱钱如命。例（82）前项陈述很多年轻人害怕去医院，后项则揭示问题的根源是社恐。

（3）修正关系

修正关系是指后项对前项的内容进行修改、订正。例如：

（83）一个地区，一个部门，如果只抓经济，不抓教育，那里的工作重点就是没有转移好，<u>或者说</u>转移得不完全。（邓小平《把教育工作认真抓起来》）

（84）但是小梅一点不害怕，<u>或者说</u>不晓得害怕，不明白这水草地便是可怕的深渊，会不留痕迹地将人吞没。（叶蔚林《割草的小梅（连载之一）》）

例（83）前项提到工作重点没有转移好，后项修改这种说法，认为是转移得不完全。例（84）前项说小梅一点不害怕，后项对这种说法进行了修正，认为是不晓得害怕。

（4）联想关系

联想关系是指一种依赖语境与说话人的背景知识建立起来的语义相似关系。例如：

（85）心武创作的红楼小说《秦可卿之死》，起初我很不以为然，认为太牵强荒谬——犹如说杨贵妃未死，是偷渡去了日本，<u>或者说</u>玛丽莲·梦露未死，是用另一女尸代替，而她本人已隐居南美某一国去了一样。（刘心武《刘心武和他的红楼情结》）

（86）在太尉府里，姑娘们都用一种训练出来的嗓音说话，那种声音就像小鸟"啾啾"的叫声一样，<u>或者说</u>像鸡脖子被踩住了一样，假如不注意就听不见。（王小波《红拂夜奔》）

该两例中换言前后项之间的语义相似性只能从语境与说话人的背景知识中得知，是靠说话人对相关事件的联想获得的，这种语义相似关系是临时的，需要语境的支持，如例（86）在说话人的背景知识里，小鸟"啾啾"的叫声和鸡脖子被踩住发出的声音是一样的，这种语义相似性是临时的。

### （三）"或者说"换言的语用分析

关于"或者说"的语用功能，国内部分学者也做过研究。如常娜（2009）分别从信息、关联、语篇角度分析"或者说"的语用功能，认为从信息角度看，"或者说"语用功能包括重述旧信息与引出新信息。从关联角度看，主要是明示——推理功能。从语篇角度看，包括四种：1）语篇衔接功能；2）语篇接续功能；3）语篇限定功能；4）语篇预示功能。张炳金（2020）认为"或者说"有延续话题、转换话题、补充信息及修正信息的功能。

从语料检索来看，"或者说"主要用于独白语篇，即前后项都是同一个说话人说的，就"或者说"来看，也涉及语言语境和交际语境。

1. 着眼于语言语境的换言

着眼于语言语境的换言，包括两种情况：一种是适洽文本，另一种是引出主旨。

（1）适洽文本

适洽文本是指换言前项与上文相衔接，换言后项与下文相衔接。也就是说，换言前项是顺着上文讲的，如果说话者下文所说的内容与上文有较大差异，那么说话者就会将相似的意思说得更加与下文内容相关联，这样前后话语的连贯性更强。到例如：

（87）在我看来，所谓的"极端"才是真正的平常，被生活中的平庸和无聊掩盖了的纯粹平常。而我在阅读史铁生近一两年的文字时无意中发现，他如今的写作越来越接近平常的闲聊，或者说是面对自己内心的自言自语了。他似乎正在从各种规范严格的写作形式，比如说"小说""散文"中摆脱出来，就像一个严峻紧张的武士，正在将披挂在自己身上的层层盔甲一件一件拆卸掉。所以他近一两年的作品，也越来越接近心与心直接交谈所具有的诚挚和率真了。（《北京日报》2001-01-07）

（88）宗远兄作文产量不高，二十多年间只得六十万言，又经删简，仅成此一集。照通常的讲法，这就要说是惜墨如金了。从文字上说，惜墨或者说是笔下干净清爽，这诚然是宗远散文的一大特点。《风景》中没有长文章，什么人什么事什么景，他都能用几页稿纸写完，甚至有越写越短的趋势，而余韵随之越来越足。他虽然不画画，但很懂留白的趣味。（《北京日报》2001-02-18）

例（87）换言前项顺着上文陈述他的写作越来越接近平常的闲聊，借助"或者说"引出另一种说法，认为这种闲聊是面对自己内心的自言自语，接下来叙述的内容都是与后项内容相关。例（88）换言前项"惜墨"是顺着上文"惜墨如金"来说的，通过"或者说"进行另一种解说，认为是"笔下干净清爽"，接下来的内容都是与此相关。

（2）引出主旨

所谓引出主旨的换言，是指说话者谋篇布局的技巧，说话人在文章的开篇先介绍一种存在的社会现象，借助换言引出要谈论的主题，起到过渡的作用。例如：

（89）近几年来，已作古多年的丘吉尔突然又引起了医学界的兴趣，或者说当今医学尚未解开丘吉尔的健康长寿之谜。他爱喝酒，到晚年也不加节制。抽烟更凶，几乎是雪茄不离唇。更是一位饕餮公，食不厌精，百无禁忌。一生波澜壮阔，几经磨难，大起大落，紧张繁忙，多才多艺。他的许多习惯和做法是违背现代养身之道的，然而他不仅活到八十多岁，而且健康充实。（蒋子龙《别放弃》）

（90）这几年，迷信、愚昧的暗流悄然泛起，并且带有一些新的特色，或者说，披上了一些新的包装。

一是『商品经济』的包装。有些人以『丰富商品供给』、『开辟致富门路』、『增设旅游景点』、『改善投资环境』为名，生产供冥间享用的电器、家具、香烛纸箔等供品，耗资修建阴曹地府、神魔洞窟，利用现代声光设备、制造阴森可怖的气氛。笔者近年到过几处名胜古迹，那些景点固然有奇山异水、名庙古刹，但烧香拜佛、求签问卦之风也太浓，让人气闷，有碍观瞻。有些人想着歪点子赚愚昧钱，赚客人钱。

二是富裕以后『发展消费』的包装。过去穷，囊中羞涩，阔不起。这几年，农民的口袋开始鼓起来，有了阔的条件，于是，兴建祖宗坟茔、宗庙祠堂，大办红白喜事，以至小孩子开锁、做满月，都要兴师动众，收取彩礼，花愚昧钱，搞愚昧消费。据统计，有的地方，这笔人情开支，已经远远超过了各种非法摊派负担。

三是『文化遗产』的包装。这几年，有的地方，没有什么历史价值的破旧古庙也要修复，没有什么历史地位、没有创造过什么功业的古人也要修建纪念建筑。前些日子，听说西门庆呆（待）过的狮子楼要恢复；近日看到，小白菜的故居已焕然一新。这样的文化遗产如果都要继承起来，具有五千年文明史的中国恐怕无立足之地了。
　　四是『科学』的包装，甚至是未来科学的包装。(《人民日报》1995-02-24）

　　以上两例换言均处在文章开篇位置，开篇的内容均是与社会现象相关，说话人在文章开头换言的目的是开启一个谈论的主题，开启下文。下文又直接与文章主旨相关。
　　（3）改变强调内容
　　文本叙述中，说话人可以用"或者说"改变所说话语的强调内容。从语义内容上看，其用于强调时的特点是，强调部分内容不会扩大也不会缩小原话语内容，只是改变强调部分，从形式上来看，换言前后项在音节长度上相差无几，删去后不影响语义完整性，但是前后项中相关的语义角色或句式存在差异。例如：

　　（91）我终于发现，诗对于我永远是陌生的，或者说，我对诗也永远是陌生的。（曾卓《诗人的两翼》）
　　（92）既然已经被可爱的女人抛弃，或者说既然已经抛弃了所爱的女人，于是只剩他自己。（张贤亮《绿化树》）

　　例（91）中"诗对于我永远是陌生的"与"我对诗也永远是陌生的"都是主谓结构，这两种表述在音节长度上几乎是完全一致的，但是在语义角色上有区别，前项强调的是"诗对于我"，后项强调的是"我对诗"。例（92）中"既然已经被可爱的女人抛弃"与"既然已经抛弃了所爱的女人"，前项是被动句，后项是主动句，区别是选择哪一方作为被强调的对象。
　　2. 着眼于交际语境的换言
　　着眼于交际语境的换言，包括以下四种。
　　（1）着眼于说话人的换言
　　所谓着眼于说话人的换言，是指换言后项的主观性高于前项。包括表现说话人的认识和说话人的立场。
　　1）表现说话人的认识。例如：

　　（93）但我终是答应写一个续篇出来，其目的是想对自己进行一番检验，或者说给自己出一个难题。（尤凤伟《〈石门夜话〉后记》）

（94）不只是建筑、文化，在各个层面，我们家族都和中国有着密切的联系。<u>或者说</u>，我们从来没有离开过中国。（中国新闻网 2019-11-22）

例（93）换言前项是较为客观的陈述，后项是说话人对前项的主观认识，认为写续篇是给自己出难题。例（94）换言前项客观陈述自己家族与中国的关系，后项从中得出自己的认识。

2）表现说话人的立场。例如：

（95）什么样的男人才配得上她，<u>或者说</u>才能降得住她？（蒋子龙《大连的一个精灵》）

（96）现在的青年不好管，向青年干部布置工作也不是轻松的事，他们有自己的主见，<u>或者说</u>是偏见，又不管你是什么领导，什么上级，只管唇枪舌箭乱射一阵。（蒋子龙《赤橙黄绿青蓝紫》）

以上两例中"或者说"引出的后项都是表示一种立场，例（95）换言前项是一种符合社会主流认知的说法，是从一种较为平等的角度谈论男女相配问题，后项说话人则将所谈论的女性对象置于一种被压制的处境，将男性看作压制女性的对象，是站在男性立场看待这个问题。例（96）换言前项说现在的年轻人不好管，有自己的主见，后项将"主见"改为"偏见"，带有明显的贬义倾向，一定程度上表明说话人的负面态度立场。

（2）着眼于听话人的换言

着眼于听话人的换言，是指说话人遵循交际中的礼貌原则，照顾听话人的感受等，重选一种更为贴近听话人的说法，便于听话人理解。例如：

（97）经济学家总爱讲"经邦济世"，似乎当了经济学家就可以为民造福。我总觉得这有点王婆卖瓜的意思，<u>或者说</u>是为自己做广告。（当代/CWAC/CEB0133）

（98）经济学家在解释世界时应该是客观的，即摆脱价值判断（<u>或者说</u>不讲道德）。（当代/CWAC/CEB0133）

例（97）前项用俗语"王婆卖瓜"描述经济学专家的某种做法，后项对这种描述进行更为通俗的解释，即认为经济学家在为自己做广告。例

（98）前项"摆脱价值判断"是较为专业的说法，后项将其改为更大众的说法，即"不讲道德"，更口语更易理解。

（3）着眼于事件当事人的换言

着眼于事件当事人的换言，是指重选一种更为贴近当事人的说法，既可以让听话人保持一种旁观者的姿态，同时还可以将听话人拉进一个虚拟的现实场景中，以增加某种表现力。例如：

（99）从这个案例可以看出，不是所有打着"公园地产"概念的项目都是真的公园地产，或者说你买到的不一定是靠近公园的房子，购买前需要分辩真伪。（中国新闻网 2015-06-09）

（100）谁都不可能摆脱它的影响，关键是，你如何让自己不嫁入你看不上眼的奇葩家庭。或者说，你如何能实现自己关于爱情的种种想象。（中国新闻网 2017-01-27）

以上两例的换言后项中，主语都用了"你"，这个"你"不是指称听话人的，而是泛指的，具体地说，就是指称当事人，即在例（99）中实指购房者，在例（100）实指未婚女性。由前项的一般性的表述，换到将当事人拉到虚拟对话者"你"的地位，使话语增加了现实感。这给听话人带来了不同的话语体验。

（4）着眼于旁观者的换言

着眼于旁观者的换言，是指前项是对文本中人物相关情况的陈述，后项是说话人从旁观者的角度或者说第三者的角度对前项进行解说，以增强表述的客观性。例如：

（101）山岗起床以后先是走到厨房里。那时候两个女人已在里面忙早饭了。她们像往常一样默不作声，仿佛什么也没发生，或者说发生的一切已经十分遥远，远得已经走出了她们的记忆。（余华《现实一种》）

（102）但是分别之中却又刻骨思念，她打电话回去，妈妈总是问，为什么不能回一趟家，飞机才几小时，为什么？婚前一切悬在半空，重要的是没有取得自认为最好的结果，于是又谈何衣锦还乡？婚后则是个翻天覆地的变化，或者说是她如梦初醒，所有关闭的部分突然向她打开，似乎是在一夜之间经过沧海桑田。（唐颖《靡烂（连载之一）》）

以上两例中的"或者说"前面都是文本中人物的相关情况陈述，后项是说话人对其内心世界的明示。例（101）后项是说话人对"她们"内心世界的描述。例（102）后项也是说话人对"她"婚后内心变化的描述。这种描述带有旁观者的客观性。

（5）着眼于说话时代的换言

着眼于说话时代的换言，是指换言后项的说法更加与说话人想表达的时代相吻合。例如：

（103）杨镰研究员认为这里是新疆目前发现的规格最高的墓葬，或者说这应该是"王陵"。（《北京日报》2001-01-06）

（104）看来，戴比·罗的母亲角色是演不长的，或者说她将像个离了婚的女人不能天天与丈夫和孩子待在一起。（王英编译《小杰克逊的"天堂"》）

例（103）前项说的是"墓葬"，后项改换为另一种说法"王陵"，"王陵"是一个具有时代特征的词语。例（104）前项说的是"母亲的角色是演不长的"，后项将这种说法改为更符合当下的说法"离婚"。

## 三 "具体地说"

### （一）"具体地说"的相关用法

现代汉语中，"具体地说"有以下三种用法。

一是充当句法成分。例如：

（105）后来，他更具体地说："归根到底，从远景来看，我们的国家机关是这样一种组织，往后它应当包括千百万人，包括全体劳动者，成为向公社国家过渡的一定阶段，可惜我们距离这种公社国家还很远很远。"（当代/报刊/读书/vol-110）

例中"具体地说"是一个状中结构，前有主语"他"，后接一段引语作宾语。

二是充当插入语。例如：

（106）官方的这份通告具体地说，就合资企业和地面设施来说，

董事长和总经理一职应由中国人担任。(《1994年报刊精选（06）》)

（107）我只是作为导演，来把握一些具体的东西，所以，<u>具体地说</u>，什么内容，什么方向，都是奥申委的决定，我自己所能做的就是把每一个画面拍好，让我们的各个执行导演来处理好节奏以及其他方面的问题。(《北京晚报》2001-07-16)

以上两例中的"具体地说"都是插入语，区别是例（106）中"具体地说"是单句内的插入成分，例（107）中"具体地说"是一个篇章连接成分，但其前后话语没有语义相似性。

三是充当换言标记。例如：

（108）造成北京楼市价格居高不下的原因有很多，主要还是市场不成熟，<u>具体地说</u>还处在一个非正常的市场期，市场化程度不够。(《北京晚报》2001-04-11)

（109）薛嵩率领着这支队伍刚刚到了湘西，就被人闹了一次，打出了满头的青紫块，<u>具体地说</u>，是一些圆圆的大包，全是中指的指节打出来的。(王小波《万寿寺》)

以上两例中的"具体地说"也是处在篇章中，连接两个语段，与例（107）不同的是，其前后话语具有语义相似性，这种用法的"具体地说"就是换言标记。作为换言标记，"具体地说"有一些变体，如"具体说""具体点说""具体一点说""具体说来""具体而言""具言之"等。稍举几例：

（110）中小学生的一个重要任务，就是掌握这些基本技能，<u>具体说</u>，就是学会读、写、算，学会思考、分析问题。(《中国儿童百科全书》)

（111）没错，这确实是一起社会暴力案件。<u>具体一点说</u>，是一起男性在众目睽睽之下殴打女性的暴力事件。(中国新闻网2022-06-13)

（112）据了解，这种合作大多是诗文先行一步，然后寄给漫画家配画。当然，也不排除有时是漫画出来了，再找"说明文"。不过，由于合作双方都是有实力的高手，不存在谁依附谁的问题，<u>具体说来</u>，既不是画家简单地为诗文作图解，也不是文人单纯地为漫

画配说明，而是一种共生的创作。（文敬忠《文坛流行诗配画》）

（113）根据刑法第51条的规定，死刑缓期执行的期间，从判决确定之日起计算。<u>具体而言</u>，从判决或者裁定核准死刑缓期二年执行的法律文书宣告或送达之日起计算。（当代/CWAC/LCT0275）

因"具体地说"最为常见，因而将其看作原型，其余看作其变体形式，下面举例也主要以"具体地说"用例为主，偶有其他用例。

### （二）"具体地说"前后项的语义关系

1. 释义关系

就释义关系来看，"具体地说"前后项之间的语义关系包括五种：解说关系、概说关系、详说关系、确说关系、例说关系。

（1）解说关系

解说关系是指换言前后项之间具有解释说明关系，包括难懂到易懂、专业到通俗的关系。例如：

（114）区委书记侯文海告诉记者，今年他们实施的是"百千万工程"，<u>具体地说</u>，就是要建设100个吨粮村、19个千亩吨粮方、7个万亩吨粮方。（《人民日报》1995-05-30）

（115）这个时代，常常被说成"移动互联网时代"，<u>具体地说</u>，就是"手机时代"。（学习强国2022-06-21）

例（114）前项提到"百千万工程"，后项对这个工程进行解释说明。例（115）前项"移动互联网时代"是一个较为专业的说法，后项将其用更为通俗的方式解说为"手机时代"。

（2）概说关系

概说关系是指前项是较为具体、详细的说法，后项是较为简略、概括的说法。例如：

（116）暂且称之为佛系网上冲浪，其实……自己的生活学习工作都忙不过来的情况下，网上的真真假假，吵吵闹闹，别人的想法看法有什么所谓呢？<u>具体地说</u>，关你啥事，关我啥事。（新浪微博2022-12-07）

（117）何为江南？江南既是一个地理名词，也是一个文艺名词。地理上就是特指长江中下游以南地区，就是长江南边的一些"锦绣之地，温柔之乡"。大约是现在的南京（金陵）、苏州和杭州为主一些地方。<u>具体地说</u>，就是江苏的中部和浙江的北部那些地方。（新浪微博 2022-08-01）

（118）事实上，当我们要求公布历史真相的时候，所谓的"真相"已经被道具化了，它变成了叙事的替代品，<u>具体地说</u>，历史变成了面具。（中国新闻网 2020-07-06）

例（116）前项是说话人陈述自己对网上冲浪的看法，后项是将这种看法进行总结提炼。例（117）前项详细解说江南的地理位置，后项则将其地理位置说得更加概括。例（118）前项陈述历史真相的本质，后项将这种本质说得更为简练。

（3）详说关系

详说关系是指前项是较为抽象、概括的说法，后项是较为具体、详细的说法。例如：

（119）所谓运用经济手段，就是企业环境保护工作要遵循经济规律，讲究社会环境经济效益的管理方法。<u>具体地说</u>就是以工资、福利、奖金、罚款以及经济责任制、经济承包等经济手段为杠杆，组织、调节和影响环境管理对象的活动，提高工作效率，促进环保目标任务的完成和社会环境经济效益的统一。（马忠普等《企业环境管理》）

（120）同时，我也支持她选择金融投资专业。因为我知道，女儿具备了干这一行所需的基本素质。<u>具体地说</u>，是因为她拥有很多人不具备的"拿得起，放得下"的性格特征。（土一族《从普通女孩到银行家》）

例（119）前项是对"运用经济手段"的一般定义，后项是对前项如何运用经济手段的更加细化的说明。例（120）前项提到女儿具备干金融所需的基本素质，后项对这种基本素质展开说明，就是"拿得起，放得下"的性格特征。

（4）确说关系

确说关系是指前项是一般性的、不够严格的说法，后项是较为准确的、确切的说法。例如：

（121）充军到伊犁，<u>具体地说</u>，就是到惠远。伊犁是个大地名。（汪曾祺《天山行色》）

（122）因为我本人是一个内科医生，<u>具体地说</u>就是一个肝病的专科医生。（北京人民广播电台栏目《议政论坛》）

例（121）前项说充军到伊犁，后项将充军的地点说得更为准确，是惠远。并在末尾补充到伊犁是个大地名。因惠远是个镇，隶属伊犁。例（122）前项说"我本人是一个内科医生"，后项将其说得更为准确，"内科医生"更准确的说法是"肝病的专科医生"。

（5）例说关系

例说关系是指前项是一个命题或事件，后项是对此命题或事件的举例说明。例如：

（123）从戏剧这种综合性的艺术样式中可以看到，我们通常使用的"摹仿"和"表现"很难概括多样的艺术追求和风格，而且"摹仿"和"表现"这两个概念经常重叠，并不能代表中国和西方艺术及美学的不同特点。<u>具体地说</u>，以戏曲为例，中国传统艺术的"表现"可以分为三类：强调社会、强调艺术家主观、强调形式美；这三类在西方也都有相对应的形式（尽管程度很不相同）：布莱希特、表现主义阿尔托、芭蕾和歌剧。反过来说，西方艺术中的"摹仿"也有不少可以被看成就是"表现"。（《文汇报》2004-09-19）

（124）"目前针对新闻文档的分析和处理任务，AI 编辑做起来相对得心应手。"韩亚洪介绍，<u>具体地说</u>，比如在一篇很长的报道中，让 AI 编辑把重点摘出来，这是没有问题的。现在是多媒体时代，大量的新闻报道会涉及图片和视频，AI 编辑可以将图片或者视频自动提取出来，再从大篇幅的文字报道中，选取与之相匹配的文字说明，这个工作 AI 是可以比较准确地做到的。（中国新闻网 2020-07-01）

例（123）前项在讲"摹仿"和"表现"这两个概念的关系，后项用具体的例子对这两个概念进行分析。例（124）前项说 AI 编辑具备新闻文档的分析和处理任务的能力，后项就以具体的例子来说明 AI 的这种能力。

2. 非释义关系

"具体地说"前后项之间的非释义关系很少，只有修正关系一种，用例也较少。修正关系是指后项对前项内容进行修改、订正。例如：

（125）新治没有手表。<u>具体地说</u>，他不需要手表。（三岛由纪夫《潮骚》）

例（125）前项说新治没有手表，后项修正这一说法，不是没有，是不需要。

从换言标记"具体地说"前后项的语义关系情况考察来看，其释义关系不仅仅只有详说关系，还有概说关系等，虽然其非释义关系相对比较少，只有修正关系一类，但这写都足以说明作为换言标记，"具体地说"已经仪式化了，与其中的"具体"概念义联系减弱。

### （三）"具体地说"换言的语用分析

一般来看，话语包括基本话语和元话语两个层面。元话语的使用是表现说话人话语主观性的手段，目的是达到更好的语用效果。就考察来看，换言标记"具体地说"主要出现于书面语，有时虽然也出现在对话中，但主要是一些比较正式的采访及访谈节目，所以表达也相对正式。从分析来看，"具体地说"的元话语功能主要表现在语篇组织功能和情态表达功能两个方面。

1. 语篇组织功能

说话人在组织语篇时，由于表述的内容较为复杂或者受到前面话语的制约，难以有序的组织语篇，在这种情况下，说话人就会采取某些手段来保证语篇的连贯，使前后表达有效的接续下去，满足说听双方在信息处理时的需求。

实际上，换言标记就是为信息处理服务的，说话人组织语篇的过程，也是传递信息的过程，当说话人意识到某个表述承载的信息量较大或需要对前面已述信息进行补充，甚至是提炼，而又受到前面话语的制约时，说话人就借助换言标记"具体地说"帮助自己更好的阐述或总结，同时还可以帮助听话人更好地理解。例如：

（126）这类男士在恋爱活动中一般都是处于主动进攻的状态，当他们遇到一位与自己的梦中人非常吻合的女孩，或者当他们心仪已久的女孩子给了他们一丝希望的时候，他们的神经就会被高度地激奋起来，于是不顾一切地投身到恋爱运动之中，不惜血本、不计后果地向目标发起最猛烈的进攻。处于这种境况的恋爱男士，他们的心态总是维持在一种高度兴奋的状态，为了得到恋人的垂青和芳心，他们可以说是倾尽所有在所不惜。<u>具体地说</u>，当恋人看到商场里有一件标价为 8500 元的首饰十分令她心动，而我们的男主人公月薪仅为 750 元，目前银行里的存款也不过只有 10000 元的时候，他仍会毫不犹豫地为恋人买下这件首饰，尽管他们确定恋爱关系尚不足一个月，尽管女孩可能马上又会对专卖店里的另一件价值数千元的时装表示出极大的兴趣。我们的男主人公可考虑不了那么多，只要讨得恋人的欢心，他们都会奋不顾身地去做。（当代/网络语料/网页/C000013）

（127）罗维民一走进监狱办公大楼小会议室的楼道里，就听到了会议室里竟然一片嘈杂声。<u>具体地说</u>，是一片争辩声和吵嚷声。罗维民有些茫然地站在小会议室门口，一时间竟不知道自己究竟该不该走进去。在将近午夜的办公大楼里，这种争辩声和吵嚷声显得格外刺耳而又令人惊愕。在罗维民的记忆里，一个单位的高层领导班子在开会时，能争吵出这么大的声音来，还几乎没有过。（张平《十面埋伏》）

（128）不少读者认为阑尾是多余的人体器官，因为不少科普文章说这是人类没有进化完全的结果，实际上阑尾并不多余，因为它是人体免疫系统的组成部分。<u>具体地说</u>，阑尾属于人体的黏膜免疫系统的一个组成部分。（中国新闻网 2014-04-28）

例（126）前项是在分析不同类型的男士在恋爱过程中的行为表现，由于这种"行为表现"的信息量大，说话人借助"具体地说"作为衔接手段，接下来则列举具体的例子来对这种"行为表现"进行说明。从说话人的角度来看，不仅有效维持了语篇的连贯，还为听话人提供了大量有效信息，从听话人角度来看，更易理解这类男士的恋爱表现了。例（127）前项是按照空间位移叙述当事人的所闻，听见"一片嘈杂声"，后项对这"嘈杂声"进行更为具体的说明，即"一片争辩声和吵嚷声"，同时接续了下文，提供了更多的信息，整个语篇连贯有序。例（128）前项是陈述读者们对阑尾的认知情况，后项从内容上来看是对"具体地说"前面一句话的更为详细的说明，但是如果脱离前项的语段，这种换言也是不成立的，所以从更大的范围看，后项的换言受到前项的制约，说话人借助"具体地说"帮助自己更好的总结，同时还能够促进听话人更好地理解。

2. 情态表达功能

Lyons（1977）认为情态是"说话人对句子所表达的命题或命题所描写的情境的观点或态度"。他还进一步从多个角度对情态的内涵做了说明，认为情态是"说话人的主观态度和观点的语法表现或语句中的那些主观性特征"。换言标记"具体地说"既反映说话人对换言前后项之间的关系的认识，也传递说话人的立场，因此具有明显的主观性，这种主观性表现在以下两个方面。

1）说话人通过后项内容来佐证说话人或事件当事人的认识。例如：

（129）玄宗为什么要将李白逐出朝廷、逐出长安呢？主要原因就是：李白误他的事。<u>具体地说</u>，就是喜欢饮酒的李白泄露了宫廷的秘密。范传正说李白"乘醉出入省中，不能不言温室树"，清人王琦怀疑李白"曾醉中泄漏禁中事机，明皇因是疏之"。（中国新闻网 2012-12-18）

（130）按照刘心武接受记者采访时的解释，他续写《红楼梦》的目的，是"把曹雪芹的原意复原出来"，是"兢兢业业地根据前80回的伏笔续写"，"不是胡来"。<u>具体地说</u>，就是"通过对前80回文本的细读以及探佚研究，力图恢复曹雪芹后28回原笔、原意"。（中国新闻网 2011-03-22）

例（129）前项说话人认为玄宗将李白逐出朝廷的原因是因为李白误玄宗的事。后项给出李白误事的佐证。例（130）前项说话人引述刘心武的原话说续写红楼梦"不是胡来"，后项给出具体的依据来证明这个论断。

2）说话人通过后项引出关于对前项的看法、判断等。例如：

（131）为什么我们看有些作品，觉得写得很"脏"，而有些作品，即使写一些"脏"的东西，给人的感受却是干净的？我们常说这是作家的境界。"境界"一词太抽象，<u>具体地说</u>，其实就是作家对人物是否抱有最基本的尊重。（中青在线 2022-08-06）

（132）我们过去的原则叫什么呢，叫分数相同看志愿，志愿相同看分数，那么实行平行志愿以后呢，志愿是依据，分数是前提。<u>具体地说</u>，按照平行志愿录取方式，录取时，将考生按成绩从高分到低分顺序排队，依次检索考生填报的 A、B、C 等几个平行志愿，如果符合 A 志愿，则被录取，如果分数不够，则继续检索 B 志愿，依次类推，直到被符合条件的学校录取。（中央电视台《新闻30分》）

例（131）前项提到作家的境界，说话人通过后项提出了自己关于何谓"作家境界"的看法。例（132）前项提到"平行志愿"的概念，后项是说话人对"平行志愿"内容的判断。

## 四　相关讨论

本小节主要分析了现代汉语中三个常见的"或言"类换言标记在共时层面上的语义关系和语用情况，其内部存在共性与个性之别：

一是从用法上看，"换句话说"只充当换言标记，"或者说"可以充当选择标记与换言标记两类，"具体地说"则有三种不同功能，既可以充当句法成分，还可以充当详述标记和换言标记。二是从语义关系上看，"换句话说"具备九种语义关系，"或者说"具备八种语义关系，"具体地说"具备六种语义关系。三是从语用分析上看，"换句话说"所在的换言结构的语用功能最为多样。

以上的分析说明，"或言"类换言标记中，"换句话说"的换言标记的身份最为典型。

# 第三节　"系言类"换言标记个案分析

"系言"类换言标记主要有"也就是说""这就是说""那就是说""即""即是说"。下面在分析具体个案时，将"也就是说""这就是说""那就是说"合并讨论。

## 一　"也就是说"

### （一）"也就是说"的相关变体

"也就是说"也可说成"就是""也就是""就是说""这就是说""那就是说"等。例如：

（133）当时不仅是狂乱的球迷，也不仅是场边的教练和场内的球员，甚至连维持球场秩序的一些民警，也都体现出一种超级的争强求胜心理，<u>就是</u>不仅不允许国家队输，也不允许只是踢平，而必须得大胜，并且要立即大胜，因此即使是让香港队员暂时地控制了一会儿球，也认为是奇耻大辱。（刘心武《五·一九长镜头》）

（134）乌世保放出去的第二天早上，<u>也就是</u>他正跟着店主在鬼市上转悠的时刻，九爷府两个差人，一个打着灯笼，一个牵着头骡子，来到刑部大牢，接聂小轩进府。（邓友梅《烟壶》）

（135）所以我就不在这篇文字里再提他的小说，免得再和一名王某绑到一块儿，<u>就是说</u>我不能连累王小波。（王蒙《难得明白》）

（136）我的写作生活一向是有规律的，<u>这就是说</u>，我永远不昼夜不分的赶活，而天天把上半天划作写作的时间，写多写少都不管，反正过午即不再作，夜晚连信也不写。（老舍《火葬》）

（137）没有新表现，明年民众就不给我们家立"积善人家"的宫灯了，<u>那就是说</u>我们家在新的一年里没有行善举，那就有负于众望了。（林希《善人坊——〈府佑大街〉断章（连载之二）》）

因"也就是说"最为常用，下面一律以此指称，将其他表达式看作它的变体，举例也主要采用"也就是说"的例句。

### （二）"也就是说"前后项的语义关系

就"也就是说"来说，盛新华、邱野（2009）总结了八种：解释与被解释、抽象与具体、深奥与浅显、补充与被补充、强调与被强调、限制与被限制、概括与被概括、前提与结论；常娜（2006）总结了三种：推理、解释、定义。但根据语料检索，"也就是说"的实际情况较为复杂，与以上学者们的发现有同有异。我们将"也就是说"前后项的语义关系首先分为释义与非释义两大类。下面分别讨论。

1. 释义关系

释义关系是指换言后项是对前项疑难词语或句义的解释或简化。包括解说关系、概说关系、详说关系、例说关系和确说关系。

（1）解说关系

解说关系是指前后项之间具有解释说明的关系，包括前项为较难懂晦涩的说法，后项是较容易理解的说法；前项是专业性的表述，后项是一般性的表述。例如：

（138）"春三月，此谓发陈。天地俱生，万物以荣。"这是《黄帝内经》中对于春天的论述，<u>也就是说</u>：春季是推陈出新、生命萌发的时令，天地自然生机勃勃，万物欣欣向荣。（人民网 2020-04-05）

（139）研究人员在小鼠视网膜视神经节细胞层发现了由穆勒胶质细胞转分化而来的视神经节细胞，并且这些细胞可以像正常的神经元那样对光刺激产生相应的电信号。<u>这也就是说</u>，经过"基因治疗"后，这些失明的实验小鼠奇迹般地"复明"了。（人民网 2020-04-09）

例（138）前项是文言文，后项是用白话文对其语义进行解释。例（139）前项是专业说法，后项是通俗说法。

（2）概说关系

概说关系是指前项是较为具体、详细的说法，后项是较为简略、概括的说法。例如：

（140）做庄就是操纵股价、操纵市场，而这正是法律所明令禁止的，<u>也就是说</u>，做庄是违法的。（北京日报 2001-02-26）

（141）前几天看了一出林兆华导演的《理查三世》，大有醍醐灌顶、两世为人之感，<u>也就是说</u>，我很受教益。（北京日报 2001-03-04）

例（140）前项是讲什么是做庄，说得较复杂，后项将其总结为一句话。例（141）前项陈述说话人看完《理查三世》的感受，后项将其概括为一句更为简略的话。

（3）详说关系

详说关系是指前项是较为简略、概括的说法，后项是较为具体、详细的说法。例如：

（142）我被取消了身分，<u>也就是说</u>，取消了旧的身分证、信用卡、住房、汽车、两张学术执照。连我的两个博士学位都被取消了。我的一切文件、档案、记录都被销毁——纸张进了粉碎机，磁记录被消了磁。（王小波《未来世界》）

（143）经过一段时间的学习，学生个个呈现出学富五车的模样——<u>也就是说</u>，个个躬腰缩颈，穿棕色西服，怀抱大皮包，眼镜

像是瓶子底，头顶亮光光，苍蝇落上去也要滑倒。（王小波《2015》）

例（142）前项笼统地说"取消了身分"，后项是展开说明取消的具体内容。例（143）前项概说"学生个个呈现出学富五车的模样"，后项展开说明"学富五车的模样"是什么样。

（4）例说关系

例说关系是指后项对前项进行举例说明。例如：

（144）那么运动时达到多少心率或者说强度才能有效减肥呢？通常应在最大心率（MHR/ 为 220 – 你的年龄）的 60%–75%。也就是说比如一位 30 岁的朋友，最大心率为 220-30 = 190。则 190×60% = 114 ~ 190×75% = 145，即心率保持在 114 ~ 145 左右的锻炼才有效并安全。（人民网 2012-05-27）

（145）住房保障部门会有一轮意愿调剂，可以组织轮候配租，也就是说比如原先申请泰雅苑、陆嘉家园，这回没轮上，可以挑选所在区其他剩余房源。（人民网 2013-07-04）

这两例中都是前项陈述一个命题，后项举例对这个命题进行说明。如例（144）前项先陈述运动时达到最大心率（MHR/ 为 220 – 你的年龄）的 60% ~ 75% 才能有效减肥，后项举出详细的例子进行说明。例（145）前项先陈述住房保障部门会有一轮意愿调剂，可以组织轮候配租，后项对这种做法举例进行说明。

（5）确说关系

确说关系是指前项是一般性的、不够严格的说法，后项是说者认为更为准确、贴切的说法。例如：

（146）小姚阿姨说，我舅舅很 cool，也就是说，很性感。（王小波《未来世界》）

（147）在欧美疫情大暴发的背景之下，日本与欧美之间的交流限制实际上是稍微迟了一些的，也就是说日本在外防输入这里反应慢了。（人民网 2020-04-08）

例（146）前项说"cool"，"cool"有很多解释，比如形象、神态等，后项将其对"cool"的理解更细化更准确，就是"性感"。例（147）前项说"日本与欧美之间的交流限制",这种交流限制是一种一般性的说法,后项将这种说法精确化,就是"日本的外防输入"。

2. 非释义关系

非释义关系是指除以上几类释义关系之外的情况,主要有推论关系、揭示关系和修正关系三类。

(1)推论关系

推论关系包括两种情况:一是前项表示前提,后项表示结论;二是前项表示原因,后项表示结果。例如:

(148)截至 2018 年 11 月底,全球共有 228 个国家 8063 个城市中的 2635 万摄像头设备对公网开放访问权限,其中中国共有 165 万,约占 17%。<u>也就是说</u>,在中国,有 165 万个摄像头设备是直接公开在互联网中的,任何人,只要连接到互联网,就都可以随意访问到这些摄像头的设备。(人民网 2020-04-01)

(149)他们患有立体视觉疾病,<u>也就是说</u>,他们看到的世界是平面的。(人民网 2020-04-09)

例(148)前项是说明一个事实,从这个事实中可以推出至少两个结论,后项基于这个事实作出了一个结论。比如还可以推出中国摄像头占比并不算高。例(149)前项是原因,后项是结果。

(2)揭示关系

揭示关系包括以下两种情况:一是前项表示一个行为,后项表示这一行为所达到的目的;二是前项表示事物的表象,后项表示这种表象下的实质。例如:

(150)首先,要从确诊病例的密切接触者中间寻找,给他们做核酸检测。如果有呈现阳性的,他虽然没有症状,但是可以传染给别人了。<u>也就是说</u>,我们一定要追溯这个确诊病例到底是谁传染给他的。(人民网 2020-03-25)

(151)尽管那时的北京城远不能和如今的北京城相比,但毕竟有北京饭店,有王府井大街,有三开门的长型公共汽车,有冰激淋和桔子汽水,<u>也就是说</u>总还有点现代化的气息。(刘心武《七舅舅》)

例(150)前项是陈述要给确诊病例的密切接触者进行核酸检测,后项说明目的是要追溯这个确诊病例到底是谁传染给他的。例（151）前项是描述北京的城市面貌，后项揭示这种面貌的本质是现代化。

（3）修正关系

修正关系是指后项对前项的内容进行修改、订正。例如：

（152）"差十分十一点，不过我的表是机械表，不一定准，稍有点快，<u>也就是说</u>也可能是差十二分……"（毕淑敏《非正式包装》）

（153）什么是DDC，我不知道，但我感兴趣的是他们处理地基用料广泛，凡是无机固体材料，<u>也就是说</u>任何固体垃圾都可使用。（贾平凹《高兴》）

例（152）前项先说差十分到十一点，后项修正这个说法，可能是差十二分到十一点。例（153）前项说无机固体材料可以使用，后项将"无机固体材料"这个说法修正为"固体垃圾"。

### （三）"也就是说"换言的语用分析

常娜（2009）分别从信息、关联、语篇角度分析"也就是说"的语用功能，认为从信息角度看，"也就是说"语用功能包括重述旧信息、引出新信息两种；从关联角度看，主要是明示—推理功能；从语篇角度看，包括语篇衔接、语篇接续、语篇限定、语篇预示四种功能。李宗江（2017，2019）谈到了"就是说""也就是说"换言的语用意图，包括四种：转换话题、诠释语义、展开内容、揭示实质。但李文所讲的这四种，严格讲来，除了转换话题，其他都不是语用问题，而是讲的换言前后项之间的语义关系。

从语料检索来看，"也就是说"主要用于独白语篇，就"也就是说"来看，主要涉及语言语境，因而我们主要从语言语境的角度来讨论说话人通过"也就是说"实现换言的语用目的，具体包括以下五种：适洽文本、呼应主旨、增强文本联系性、强化相关信息、防止歧解等。

1. 适洽文本

适洽文本是指换言前项与上文相衔接，换言后项与下文相衔接。也就是说，换言前项是顺着上文讲的，如果说话者下文所说的内容与上文有较大差异，那么说话者就会将相似的意思说得更加与下文内容相关联。例如：

（154）比起吕擎，阳子也就单纯多了。他年纪尚小，<u>也就是说</u>还称不上中年。这就好。中年人的经历，连同一些可怕的毛病，他暂时还没有。（张炜《你在高原》）

（155）大锛儿身子骨很像他爹，瘦，精壮，只是左右对称，不像他爹那样畸形。大锛儿自小是个大锛儿头，而且是前后锛儿，<u>也就是说</u>他额头和后脑壳都相当凸出，有人说那是聪明人的相貌，可大锛儿自打上学以来就简直没及过几次格。……可大锛儿怎么也熟悉不起那些个表盘。（刘心武《小墩子》）

例（154）前项"年纪小"是顺着上文"阳子也就单纯多了"说的，后项"称不上中年"与上文语义重点不同，且接下来都是与"中年"相关的陈述。例（155）前项是陈述大锛儿形象与他爹很像，后项是为了与接下来的内容实现衔接。

2. 呼应主旨

呼应主旨是指换言前项与上文相衔接，主旨相呼应。也就是说，换言前项是顺着上文讲的，如果说话者下文所说的内容与上文有较大差异但又与主旨一致，那么说话者就会用另一种说法说得更加与主旨内容相关联。例如：

（156）我自己琢磨着，这四十块，我大概只捞回来四分之一，<u>也就是说</u>，其中三十块，合三点七五美元泡了汤。（朱文《我爱美元》）

（157）你背着旅行袋，在街上晃荡，顺便逛逛这座小县城，也还想找到一点提示，一块招牌，一张广告招牌，那怕是一个名字，<u>也就是说</u>只要能见到灵山这两个字，便说明你没有弄错，这番长途跋涉，并没有上当。（高行健《灵山》）

例（156）前项是说人民币，后项将其折算成美元的说法，是为了呼应文章主旨。例（157）前项说到了很多，比如"一点提示，一块招牌，一张广告招牌，那怕是一个名字"，后项只选取了前项的一部分进行换言，即"一个名字"换言成"灵山"，呼应标题。

3. 增强文本联系性

增强文本联系性是指说话人在说出新的信息时，需要系连文本之前的旧信息，从而使文本前后联系紧密，帮助读者理解。例如：

（158）虬髯公在杨素家里当门客时，他还没打过几双麻鞋，<u>也就是说</u>，他的腮帮子还没有后来那么宽大，他只不过是个面颊松弛的人罢了。杨素家里有个石头花园，里面的一切都是石头的……（王小波《红拂夜奔》）

（159）经历会让它们对坏东西的气味产生记忆，从此只要它们碰到这种气味，<u>也就是说</u>碰到李尼玛，撕咬的冲动就会油然而生。巴俄秋珠想象着李尼玛光着身子走在草原上的样子和领地狗一见李尼玛扑上去就咬的情形……（杨志军《藏獒1》）

以上两例中，都是说话人在叙述当前新信息时，意识到为保证理解顺畅，需要交代相关旧信息，于是说话人停下当前叙述，把相关旧信息介绍清楚，用"也就是说"系连新旧信息，这种情况下"也就是说"的换言主要是考虑内容上的衔接。

4. 强化相关信息

文本叙述中，说话人可以用"也就是说"对某部分内容进行强化。从语义内容上看，其用于强化时的特点是强化部分内容不会扩大也不会缩小话语内容，仅仅只是改换了说法，从形式上来看，换言前后项在音节长度上相差无几，删去后不影响语义完整性。例如：

（160）如果每一个角色身上都带了所有角色的信息，<u>也就是说</u>每一个角色都是由所有的角色造就的，那么每一个谜底不仅要引出若干个谜面，而且会引出无限个谜面。（史铁生《小说三篇》）

（161）即使做到这样，你也不能保证，他们的思路同你的思路完全一样，<u>也就是说</u>他们的思想和你的思想一直在同样的轨道上进行。（巴金《随想录》）

例（160）中"每一个角色身上都带了所有角色的信息"与"每一个角色都是由所有的角色造就的"几乎是完全等义。例（161）中"他们的思路同你的思路完全一样"与"他们的思想和你的思想一直在同样的轨道上进行"也几乎是完全等义。

5. 防止歧解

防止歧解是指前项存在多种理解，说话人在不改变前项内容的情况下对其进行语境限制，从而防止听话人可能出现的歧解，提高交际效率。例如：

（162）这一对年轻夫妻最重的事，是要讨父母的欢心，<u>也就是说</u>要做好儿女。（林语堂《京华烟云》）

（163）她是非常非常想嫁给你，<u>也就是说</u>非常非常爱你。（电视剧《北京人在纽约》）

例（162）前项说"这一对年轻夫妻最重的事，是要讨父母的欢心"，讨父母欢心的方式很多，于是说话人对其内容进行限制，认为讨父母欢心最好的做法就是"做好儿女"。例（163）前项说"她是非常非常想嫁给你"，想嫁给一个人的原因有很多，于是说话人对其内容进行限制，告诉对方"她"想嫁给对方是因为爱他而不是别的原因。

## 二 "即是说"

### （一）"即是说"的相关变体

现代汉语中，"即是说"的相关变体有"也即是说""这即是说""那即是说""这也即是说""亦即是说"等。例如：

（164）据报道，王娜娜是通过媒体得知调查结果的。<u>也即是说</u>，调查组并没有与当事人王娜娜保持有效的沟通。（中国新闻网 2016-03-21）

（165）自动化改造可大幅度减少人工提高产能，该条线单班可减少工人 24 人，产能可由 JPH10.8 提升至 JPH15，<u>这即是说</u>，以前，该条线一个小时能焊接装配 10.8 台驾驶室，而现在一个小时可以焊接装配 15 台驾驶室。（中国新闻网 2020-03-31）

（166）生理学角度来看，人体细胞不停代谢更新，身细胞全部更新只需七年，<u>那即是说</u>，每一个七年，你还是你，我还是我，但你不是你，我也不是我了。（新浪微博 2018-11-22）

因"即是说"最为常用，下面一律以此指称，将其他表达式看作它的变体，举例也主要采用"即是说"的例句。

### （二）"即是说"前后项的语义关系

1. 释义关系

就释义关系来看，"即是说"前后项之间的语义关系包括四种：解说关系、概说关系、详说关系、例说关系。

（1）解说关系

解说关系是指前项是难懂的说法，后项是通俗易懂的说法。这里还包括易懂到难懂。例如：

（167）人之将死，其言也善。即是说：人到临死时才能说老实话。（《北京日报》2001-06-25）

（168）毛主席看后，于5月18日在报告的空白处，用铅笔写下了以下批语："卑贱者最聪明！高贵者最愚蠢。此件印发大会各同志阅读。请中央各工业交通部门各自收集材料，编印一本近300年来世界各国（包括中国）科学、技术发明家的简明小传（小册子）。看一看是否能够证明：科学、技术发明大都出于被压迫阶级，即是说，出于那些社会地位较低、学问较少、条件较差、在开始时总是被人看不起甚至受打击、受折磨、受刑戮的那些人……"（中国新闻网2016-06-16）

（169）别人做什么样的承诺，是他的问题。信不信，信多少，是我们自己的问题。即是说，任何选择均应建立在自己对现实的判断，以及对未来的风控之上，而不是任何人给我们的承诺之上。（新浪微博2022-12-03）

（170）柏林定律是指：成功的最大障碍莫过于取得不断的成功。在不断成功之后，人们往往会认为自己已经无所不能。即是说，对于下一步的成功来说，上一步成功往往表现为一种惯性陷阱。（新浪微博2022-01-24）

例（167）换言前项是一句成语，后项是对这个成语进行解释说明。例（168）换言前项"被压迫阶级"是较为专业的说法，后项是从通俗的角度对这个专业用语进行解说。例（169）和（170）换言前项都是相对易懂的说法，后项是更为难懂的说法。

（2）概说关系

概说关系是指前项是较为具体、详细的说法，后项是较为简略、概括的说法。例如：

（171）在典型环境中创造典型人物。恩格斯认为："每个人都是典型，但同时又是一定的单个人，正如老黑格尔所说的，是一个

'这个'。"(《致敏·考茨基》)即是说，艺术典型既具有代表性，又具有独特性。（中青在线 2022-04-17）

（172）《仪凤之门》是叶兆言的新作，其看似以仪凤门作为小说故事发生的背景，但讲述的其实是南京城的近现代史。即是说，这是以一座城门为观察点讲述一个城市的历史。（中青在线 2022-04-17）

例（171）前项引用恩格斯对典型人物的看法，后项是说话人用更为概括的说法进行替换。例（172）前项解释《仪凤之门》这一文学作品的梗概，后项用一句话概括了前项的内容。

（3）详说关系

详说关系是指前项是较为简略、概括的说法，后项是较为具体、详细的说法。例如：

（173）四年级大学生的自我意识虽然仍低于一年级，但这时的自我意识却更多地反映了大学生的真实自我。即是说，尽管大学生的自我意识在一年级时最高，二、三年级最低，但从自我的成熟和发展来看，随着年级的增加，大学生的自我认识却更加客观，更加符合自己的实际情况，即大学生的自我意识的客观性随年级的增加而不断增加。（王登峰、张伯源《大学生心理卫生与咨询》）

（174）所谓"过载开关"，就是用于关闭系统的一个能开能关的起保险作用的小开关。即是说，"长征一号"火箭起飞后，如果能正常飞行，可达到第一宇宙速度，那么这个"过载开关"与卫星上《东方红》乐曲的线路是接通的，卫星按计划高唱《东方红》就是了；但假若火箭起飞后出现故障，不能达到第一宇宙速度，甚至出现别的更为严重的事故，那么这个"过载开关"便处于关闭状态，与卫星上《东方红》乐曲的线路是断开的，即使卫星坠入大海或掉在地上，神圣的《东方红》乐曲也不会唱响。（李鸣生《"东方红一号"卫星发射追记（中）》）

例（173）换言前项概括说明大学生在大学阶段自我意识的情况，后项从更为细致的角度对大学生四年自我意识的情况进行说明。例（174）换言前项先对"过载开关"进行概括的解释，后项则详细展开说明这个"过载开关"的作用。

（4）例说关系

例说关系是指前项是一个命题或事件，后项是对此命题或事件的举例说明。例如：

（175）想上外地牌的广州准车主们，注意啦！以后想上外地牌，请至少提前半年做准备。从今年 5 月 1 日起，广东省仅凭居住证回执再也无法办理机动车上牌，必须要有正式的居住证才行。<u>也即是说</u>，你是广州户口，想上一个汕头车牌，如果没有居住证原件，那么就请先等 6 个月拿到原件再买车吧！（中国新闻网 2017-05-08）

（176）我们本身预计这个范围里面大概有一万人左右，到现在相信他们都估计了，大概有 2000 至 3000 人不在这个小区里面。但其实这个法律已经施行了。<u>即是说</u>，如果过去 14 天里面，曾经在这个围封的范围里面，逗留超过两个小时的人，其实都在这次的公告令概括（范围内）的，如果他们真的走出去，不做检测，最终政府追踪到他们是住在这一个范围里面，其实就已经涉嫌违法了。（中国新闻网 2021-01-24）

例（175）换言前项是陈述广东省办理外地牌照的规定，后项则举了一个具体的例子来解说这个规定。例（176）换言前项陈述一个法律事实，后项举了一个具体的例子来对这个法律进行解说。

2. 非释义关系

就非释义关系来看，"即是说"前后项之间的语义关系包括推论关系和揭示关系。

（1）推论关系

推论关系是指前项表示前提，后项表示结论。例如：

（177）中国目前儿童的入学年龄规定为 6 岁半，<u>也即是说</u>0 至 6.5 岁的学龄前儿童乘坐公共交通工具等应有成年人带领。（中青在线 2019-03-02）

（178）酒吧经理邢先生向香港《忽然一周》记者透露，王菲和李亚鹏将会在这间酒吧开派对，他说："李亚鹏是订了 4 月一个夜晚包场，听说他连 7 年前合作拍《将爱情进行到底》的一班老友，包括王学兵（同为酒吧老板）和不少李亚鹏识于微时的内地艺人都请了，由酒吧晚上 7 点开门包到凌晨，<u>即是说</u>当天酒吧不会做生意。"（中

国新闻网 2005-02-13）

例（177）换言前项陈述中国儿童入学年龄为 6 岁半，从这个前提中可以推出很多结论，后项是其中的一个。例（178）前项说酒吧经理说的关于李亚鹏与王菲开派对的相关信息，后项是从这个开派对的信息中推出的结论。

（2）揭示关系

揭示关系是指前项陈述一个事件或现象，后项表示该事件或现象下的实质。例如：

（179）越来越多成年4观众喜欢动画片，<u>即是说</u>，动画已不再仅是儿童的开心果，同时也是成年人喜闻乐见的一种艺术形式。（中国新闻网 2002-03-25）

（180）再看看证券公司，作为中国资本市场投资主体的证券公司，声名显赫，热潮汹涌，但去年全线亏损，亏损数超过二百亿元，平均每家亏损四亿以上，券商普遍出现生存危机。<u>也即是说</u>：内地还没有真正意义上的基金人、理财人。（中国新闻网 2003-04-01）

例（179）前项陈述成年观众喜欢动画片的这一现象，后项揭示其实质是动画片是成年人喜欢的一种艺术形式。例（180）前项陈述证券公司亏损的现象，后项揭示这一现象反映的本质是内地没有真正意义上的基金人、理财人。

### （三）"即是说"换言的语用分析

"即是说"是一个用于书面语中的换言标记，一般前面引述名人名言、文言成语、专业术语、法律规定、理论等，后项对其进行解释说明；或前项引述一段资料或新闻，后项对这段资料或新闻进行分析、解释；又或前项陈述一段话，后项是说话人从谋篇布局的角度对其进行补充说明等，目的都是为了降低理解难度，帮助听话人理解前项话语。

一是指"即是说"前面引述名人话语、文言成语、专业术语、法律规定等时，后项是对其引述内容进行解释或细化。例如：

（181）恩格斯指出："现代社会主义力图实现的变革，简言之就是无产阶级战胜资产阶级，以及通过消灭一切阶级差别来建立新的社会组织。"<u>即是说</u>，消灭私有制、消灭资产阶级对无产阶级的压迫

是社会主义取代资本主义、实现社会变革的根本任务和标志。（中青在线 2021-09-09）

（182）所谓"七政"，据《索隐》引《尚书大传》，指：春、秋、冬、夏、天文、地理、人道。<u>即是说</u>，自然界天地的运转、四时的变化、五行的分布，以及人间世事吉凶否泰皆由北斗七星所决定。（卿希泰《中国道教》）

（183）世界粮农组织、世界卫生组织及经济合作组织这些国际权威机构都表示，人工移植外来基因可能令生物产生"非预期后果"。<u>即是说</u>我们到现在为止还没有足够的科学手段去评估转基因生活及食品的风险。（中国新闻网 2004-05-21）

（184）《劳动法》第 72 条明确规定："用人单位和劳动者必须依法参加社会保险，缴纳社会保险费。"<u>即是说</u>企业为职工缴纳养老保险费，是国家法律规定的，必须执行。（《人民日报》1995-05-03）

（185）毕生发展是针对阶段发展而提出的。这一理论认为：人的一生从出生直到老年其心理都在不断地产生着变异和发展。早期遗留的问题可以在晚期得到解决。<u>即是说</u>，不仅早期经历的不良影响可以在大学期间得到弥补，即使没能在大学阶段得到解决，所遗留问题仍然可以在以后获得解决。（王登峰、张伯源《大学生心理卫生与咨询》）

例（181）前项是直接引述恩格斯的话语，后项是对这段话语进行解读。例（182）前项是一段文言文，后项用白话文对其进行翻译解说。例（183）前项中有个术语"非预期后果"，后项是对这个术语进行解释说明。例（184）前项引述《劳动法》的法规，后项是对这条法规进行解读。例（185）前项引述相关理论内容，后项对该理论进行解读。这些例中，说话人通过换言都是帮助听话人理解前项内容。

二是换言前项引述一段资料或新闻，后项对这段资料或新闻进行分析、解释。例如：

（186）据流行病学资料，儿童及青少年脊柱侧弯的发病率约为 2%~3%，即每百个人中就有两到三个人患病。在小儿和青少年脊柱侧弯患者中，大于 10° 的，发病率为 0.5%~3%，大于 30° 的，发病率为 0.15%~0.3%。"<u>也即是说</u>，轻度和中度的脊柱侧弯较为常见，严重到需要治疗的患者比较少见。"徐江龙补充道，重度脊柱侧

弯更要尽早治疗，否则可能出现神经压迫甚至导致瘫痪。（中青在线 2022-11-05）

（187）这些天，更具爆炸性的消息来了——国家圈定了广州、深圳等 12 个城市，搞住房租赁试点。即是说，国有企业、政府将强势介入租赁行业、设立"住房租赁交易服务平台"。之前，这些领域是完全市场化的。（中青在线 2017-07-25）

例（186）前项是引述一段关于儿童及青少年脊柱侧弯的发病率的流行病资料信息，后项是对这段资料进行分析、解读。例（187）前项是引述一条新闻，后项是对这条新闻内容所反映的变化进行说明。

三是前项是一段话，后项是说话人从谋篇布局的角度对前项进行补充说明。例如：

（188）如果天色晴朗，各地在日落后三十分钟至六十分钟观测最佳。四月二十六日，广州日落时间是十八时五十二分。即是说，广州在十九时二十二分至五十二分观测最佳。（中国新闻网 2009-04-22）

（189）有趣的是，站在院前的草坪上看去，房子的正面是三层，从侧面看，其一层仿佛是地下室，而且，房子的三楼出了后院。即是说，这所房子是分三段建在倾斜的土坡上的。（翻译作品《生为女人》）

例（188）前项叙述观测日落的各种细节信息，后项根据这些细节信息中得出广州观测日落的最佳时间。例（189）前项详细描述房子的各种情况，后项根据这些情况对房子的布局作进一步总结。

## 三　"即"

### （一）"即"的相关变体

现代汉语中，"即"一般也可说成"也即""即是"。例如：

（190）进入设计阶段，开始着手对软件需求的实施，也即着手解决"怎么做"的问题。（郑人杰《实用软件工程》）

（191）湖中现在已不是一片清水，而是用坝划开的多少块

"地"。"地"外留着几条沟，游艇沿沟而行，<u>即</u>是逛湖。（老舍《大明湖之春》）

因"即"最为常用，下面一律以此指称，将其他表达式看作它的变体，举例也主要采用"即"的例句。

### （二）"即"前后项的语义关系

常娜（2009）讨论过换言标记"即"的语义关系，其认为"即"的深层次语义关系包括推论、解释、定义三大类。实际上，"即"的语义关系也不止这些。

1. 释义关系

就释义关系来看，"即"前后项之间的语义关系包括四种：解说关系、概说关系、详说关系、确说关系。

（1）解说关系

解说关系是指换言前后项之间具有解释说明关系，包括难懂到易懂、专业到通俗的关系。例如：

（192）《经下》篇还说："非诽者悖，说在弗非。"就是说，谴责批评，是悖谬的，理由在于"弗非"，<u>即</u>不谴责。（当代/CWAC/APB0050）

（193）孔，金文，在子上加一符号，指示小儿头角上有孔洞，本义当为囟门，<u>即</u>婴儿头顶骨未合缝处，也称脑门儿。（当代/CWAC/ALB0035）

例（192）换言前项"弗非"属于文言表述，较为难懂，后项用白话文解释为"不谴责"，更容易理解。前后项之间是难懂到易懂的关系。例（193）换言前项"囟门"是一个专业的说法，后项解释为"脑门儿"，通俗易懂。前后项之间是专业到通俗的关系。

"即"所关联的前后项也存在易懂到难懂，通俗到专业的语义关系。例如：

（194）事实上，一部真正意义上的通史，决非只是对史事的客观描述，而是要努力探求历史变迁的内在联系。所以通史不仅指史事在时序上的先后承继、转合变幻，而且还包括历史文化中各重要问题的沿革与变迁的理性诠释，<u>即</u>所谓"通古今之变，成一家之

言"。（当代 /CWAC/AHB0018）

（195）巴西打算一直向西扩张到拿波河，而秘鲁则声称要将领土延伸到埃加湖，<u>即</u>，秘鲁还要向巴西的西部扩大八个多经度。（BCC 语料库）

例（194）前项是较为易懂的说法，后项将前项内容总结为一句古语。例（195）前项是通俗的说法，后项是地理学专业的说法。以上两例中，相较于前项，后项都更为难懂。

（2）概说关系

概说关系是指前项是较为具体、详细的说法，后项是较为简略、概括的说法。例如：

（196）据朋友老董说，纳监的监生除了要向吏部交一笔钱，领取一张"护照"外，还需向国子监交钱领"监照" -- 就是大学毕业证书。照例一张监照，交银一两七钱。国子监旧例，积银二百八十两，算一个"字"，按"千字文"数，有一个字算一个字，平均每年约收入五百字上下。我算了算，每年国子监收入的监照银约有十四万两，<u>即</u>每年有八十二三万不经过入学和考试只花钱向国家买证书而取得大学毕业资格 -- 监生的人。（汪曾祺《国子监》）

（197）教育的民族性一般指一个民族的民族性格、思维方式、价值取向、审美情趣等民族心理结构在教育上的反映。如各民族基础教育大都使用本民族语言教学（因为在语言中凝聚着民族的心理结构），<u>即</u>母语教学。（当代 /CWAC/AEM0016）

例（196）前项根据朋友老董的话详细陈述了监生交钱领"监照"的情况，后项则将前项的内容进行提炼，表述更为概括。例（197）前项提到各民族基础教育采用本民族语言教学，并给出原因，后项从中提炼出更为核心的信息，即母语教学。

（3）详说关系

详说关系是指前项是较为简略、概括的说法，后项是较为具体、详细的说法。例如：

（198）维果茨基认为，儿童有两种发展水平：一是儿童的现有水平，<u>即</u>由一定的已经完成的发展系统所形成的儿童心理机能的发

展水平，如儿童已经完全掌握了某些概念和规则；二是即将达到的发展水平。（当代 /CWAC/AEM0016）

（199）书评可以分为两大类，即书业书评和专业书评。书业书评如图书的内容提要、图书介绍、新书推荐，目的在于指导阅读和促进销售。专业书评大抵不是就书论书，而是在评论本书同时，或援古证今，或博论中外，在评书同时，连带提供有关知识，探讨有关课题，展示学术动态，指陈得失成败。（当代 /CWAC/AHM0032）

例（198）前项提到儿童有两种发展水平，其中之一是儿童的现有水平，后项对儿童的现有水平进行详细的描述。例（199）前项提到书评分为两大类，后项则详细说明是哪两大类。

（4）确说关系

确说关系是指前项是一般性的、不够严格的说法，后项是说者认为更为准确、贴切的说法。例如：

（200）就城里的劳动力（包括那些失业者）来说，无论是男是女，今天更多的不是就业难而是择业难，即，选一份称心如意的工作较难。（BCC 语料库 / 科技文献）

（201）嘉靖初（1522 年），规定入库只用银不用宝钞，即等于正式宣布宝钞作废。（阴法鲁、许树安《中国古代文化史（三）》）

例（200）前项提到如今人们面临的问题不是就业难而是择业难，后项对"择业难"的理解更细致更准确，即真正难的是找到一份称心如意的工作。例（201）前项提到"规定入库只用银不用宝钞"，后项是说话人对这句话的更为贴切的理解。

2. 非释义关系

非释义关系是指除以上几类释义关系之外的情况，主要有推论关系和揭示关系。

（1）推论关系

推论关系主要是指前项为前提，后项为结论。例如：

（202）在心理发展中，遗传和环境作用是相互依存、紧密联系的，即一种因素对心理发展所起的作用同时受另一种因素的制约或影响。（方富熹、方格《儿童的心理世界——论儿童的心理发展与

教育》)

（203）研究发现：5 年级儿童对距离的认知能力很有限，他们对同一区域的两点距离的判断准确性明显高于不同区域的两点距离，即，区域界线影响儿童对两点距离的判断。（BCC 语料库／科技文献）

例（202）换言前项陈述在心理发展中，遗传和环境这两个因素是互相起作用的，后项从这个前提中推出一个关于影响心理发展的因素的更为一般性的结论。例（203）换言后项根据前项研究的结果得出一个与之相关的结论。

（2）揭示关系

揭示关系是指行为到目的的关系。例如：

（204）在会上，韩国总统金大中强调要以大赛为契机，为经济上的重新崛起，为提高作为先进的文化国家的形象，要采取全政府范围内的支援措施。这次会议还将韩国 2002 年世界杯的正式口号确定为"活力韩国"，即为了让海内外人士深刻了解变化中的韩国。（《文汇报》2002-04-04）

（205）自 2005 年起，中国（国家）海洋局宣布：所有远洋船只均要通过军方检测方准许下水，即为了在未来的战时能够迅速地将货轮改装成战船打下坚实的基础。（当代／文学／作家／汉风）

以上两例中，换言前项都是具体行为，后项是这一行为的目的。例（204）换言前项提到会议上韩国确定了 2002 年世界杯的正式口号，后项揭示这一行为的目的是让海内外人士深刻了解变化中的韩国。例（205）换言前项提到中国国家海洋局宣布所有远洋船只均要通过军方检测方准许下水，这一决定的目的是为在未来的战时能够迅速地将货轮改装成战船打下坚实的基础。

### （三）"即"换言的语用分析

常娜（2009）认为，从信息角度看，换言标记"即"的语用功能包括重述旧信息与引出新信息；从关联角度看，具有明示——推理功能；从语篇角度看，具有语篇衔接、语篇接续、语篇限定及语篇预示四种功能。张炳金（2020）认为"即"有延续话题、转换话题、补充信息及修正信息的功能。

根据语料考察，"即"主要出现在书面语中，前项通常涉及名人名言、某个具体词语或专有名词、法律规章或一般叙述等，后项对前项内容进一步阐释和说明，目的都是为了向听话人传递足量信息，以帮助听话人正确理解说话人传达的话语信息。

1. 增强文本可解度

"即"增强文本可解度的表现形式有两种。

一是前项是专有名词或某种说法或法律规章等，后项对其进行解释说明。这种解释比较客观，且具有唯一性。例如：

（206）光瓶酒又称裸瓶酒，即没有任何包装盒、消费者可直接看到瓶中白酒的商品。（中国新闻网 2022-12-07）

（207）湖南省不少地方喝"芝麻豆子茶"，即在茶里放入炒熟且碾碎的芝麻、黄豆、花生，也有放姜的，好像不加盐，茶叶则是整的，并不擂细，而且喝干了茶水还把叶子捞出来放进嘴里嚼嚼吃了，这可以说是擂茶的嫡堂兄弟。（汪曾祺《湘行二记》）

（208）外观设计专利权被授予后，任何单位或者个人未经专利权人许可，都不得实施其专利，即不得为生产经营目的制造或者销售其外观设计专利产品。（当代 /CWAC/LPL0318）

例（206）前项提到"光瓶酒或裸瓶酒"这么一个专有名词，后项是对这个专有名词进行解释。例（207）前项提到一种"茶"叫"芝麻豆子茶"，后项是对这种茶的详细说明。里（208）前项是一条法律条文，后项对其进行解释说明。以上这些例句中，后项对前项的解释具有客观性或唯一性。

二是后项对前项中某个说法进行解释，这种解释对语境或者说话人所处的时代背景知识具有很强的依赖性。例如：

（209）实际上，无论是本次世界杯上官方赞助商海信"中国第一，世界第二"广告语引发的热议，还是广东厨电企业华帝在俄罗斯世界杯期间喊出"法国队夺冠退全款"的豪爽，都指向同一趋势，即中国的消费电子品牌尤其是家电品牌，已成为世界杯营销主力。（中国新闻网 2022-12-07）

（210）该发言人称，五角大楼注意到了梅塔发布的报告，但是对该报告或国防部可能采取的行动没有进一步评论。这一回应并未对相关报告予以否认，基本上验证了之前在学术研究以及政策分析圈子里的一个"公开的秘密"，即美国军方会尝试在网络空间开展具有显著心理战特征的所谓"信息行动"或者"影响力行动"。（中国新闻网 2022-12-07）

（211）期货、期权交易，本来能在一定程度上对冲、平滑波动，但有些企业又不能直接参与期货、期权交易。在这种情况下，推出一年左右的"期货稳价订单"，成为实体企业的一大选择，即：企业在贸易合同中内嵌一笔保价费，由期货公司利用期权对冲风险，有收益则补贴给企业，否则最多亏掉保价费。（中国新闻网 2022-12-07）

例（209）前项提到"同一趋势"，后项对其进行解释说明，这种解释具有时代性。例（210）前项提到"公开的秘密"，后项对其进行详细解说，这种解说依赖于说话人的背景知识。例（211）前项提到"期货稳价订单"，后项对其进行展开说明，这种释义依赖语境。

2. 增强文本适洽度

增强文本适洽度是指换言前项与上文相衔接，换言后项与下文相衔接，帮助文本叙述进行过渡。具体说来，换言前项是顺着上文讲的，如果说话者下文所说的内容与上文有较大差异，那么说话者就会将相似的意思说得更加与下文内容相关联。例如：例如：

（212）他心中突然涌起一股强烈的欲望：由他先来把这篇文章从头至尾读上一遍，而且要到公共场所，即人人都看得见的地方去读，比如咖啡馆就很好。于是开始寻找已有顾客光顾的咖啡馆。（BCC 语料库）

（213）《天下长河》在讲述靳辅、陈潢治河这条主线故事的同时，又设计出两条次要的故事线，即大阿哥胤禔跟太子胤礽争夺皇位，而明珠又跟另一个大臣索额图明争暗斗。这两条次要的故事线交叉在一起——索额图以"太子爷叔姥爷"的身份支持太子，明珠则以"胤禔亲舅舅"的身份支持胤禔，两个大臣的相权之争与两个皇子的皇位之争纠缠起来，剧情推进颇具张力。（中国新闻网 2022-12-08）

例（212）前项"而且要到公共场所"是顺着上文说的，后项"人人都看得见的地方去读，比如咖啡馆就很好。"是对前项进行更为具体的换言，接下来说的是关于咖啡馆的相关内容。例（213）前项"又设计出两条次要的故事线"是顺着上文叙述的内容，后项"大阿哥胤禔跟太子胤礽争夺皇位，而明珠又跟另一个大臣索额图明争暗斗"是对前项内容的展开说明。接下来的内容都是与这两条次要的故事线相关。

## 四　相关讨论

本小节主要分析了现代汉语中三个"系言"类换言标记在共时层面上的语义关系和语用情况，其内部也存在共性与个性之别。

一是从用法上看，"也就是说""即是说"只充当换言标记，"即"虽然有其他用法，但就篇章连接成分的身份而言，也只充当换言标记。二是从语义关系上看，"也就是说"具备八种语义关系，"即是说"具备六种语义关系，"即"也具备六种语义关系。三是从语用分析上看，"也就是说"所在的换言结构的语用功能最为多样。"即是说"与"即"主要用于书面语中，其中"即"通常用于解释说明的语境中，主要目的是降低理解难度。

以上的分析说明，"系言"类换言标记中，"也就是说"的换言标记的身份最为典型。

## 第四节　小　结

本章主要考察了现代汉语中实体构式形式的换言标记。根据形式与功能两个角度，实体构式形式的换言标记可分为"或言"类和"系言"类两类。就"或言"类换言标记而言，本章考察了"换句话说""或者说""具体地说"三个；就"系言"类换言标记而言，本章考察了"也就是说""即是说""即"三个。

从这两类换言标记所标记的语义关系来看，都可区分为释义类与非释义类两类，但在这两类的下属小类上，有所不同。在这些换言标记中，"换句话说"所关联的语义关系种类最为多样，其释义类包括解说关系、概说关系、详说关系、确说关系、例说关系五种语义关系；非释义类包括推论关系（包括因果推论、前提与结论）、揭示关系（行为到目的、表象到实质）、隐现关系、联想关系四种，足以说明该换言标记的典型性。

从功能角度来看，我们区分了换言标记的功能与其所在的换言结构的功能。换言标记的功能就是标记换言关系的话语标记功能。换言结构的语用功能，是指说话人或作者通过换言这一言语行为而实现的语用功能。以"换句话说"为例，我们认为从关联理论的角度说，换言就是说者为了追求话语与语境的最佳关联，通过换言达到更为理想的交际效果。语境包括语言语境和交际语境。语言语境是指书面的上下文，交际语境包括参与说话的人、场所、时间等诸多因素。我们将以下影响交际的因素算作交际语境因素：1）具体的言语参与者，包括说听双方；2）所述事件的当事人；3）与说话有关的空间现场；4）与说话有关的时代因素。从以上的这些主要语境因素出发，我们将换言在语用上分为以下两大类：1）着眼语言语境的换言，包括观照于上下文的换言、观照于文章主旨的换言；2）着眼于交际语境的换言，包括着眼于说话者的换言、着眼于听话者的换言、着眼于事件当事人的换言、着眼于说话场合的换言、着眼于说话时代的换言。

# 第四章　半图式构式形式的换言标记

## 第一节　半图式构式形式的换言标记的分类

李宗江（2017）最先发现现代汉语中存在一类半图式构式形式的换言标记，我们在此基础上，添加了一些，如"按 X 的说法""从 X 的角度说""从 X 的方面说""X 一点说""X 地说"等。从形式上来看，半图式构式形式的换言标记都含有"改换""另外"等意义，从功能角度来看，它们可分为三类：一是"引述"类；二是"视角"类；三是"评价"类。

### 一　"引述"类换言标记构式

"引述"是相对于"陈述"而言，是指引用（别人的话或文字）叙述。引述的内容称为"引语"。引述是人类社会交际中一种普遍的语言现象，很早就受到学者们的广泛关注。Quirk 等（1985）认为最典型的引述包括引述部分与被引述部分，引述部分可以指称作者或说话者，指称听话者或受话人，或者表明说话方式和说话环境。被引述部分的话语又分为直接引语和间接引语两种。直接引语是指作者或说话人所说的或已经说过的确切的话，通常用引号括起来。语义上，直接引语是对所说的话语进行语义上的补充，类似于最重要的注释子句。吴中伟（1996）认为直接引语是指原封不动地引用原话（包括头脑里想的"话"），在书面上，放在引号中。在直接引语里，原话的指别词语和语气都完全不变。

Quirk 等（1985）认为，一般来说，间接引语是用来报告陈述句的，是指说话人用自己的话说出原话者或原作者所说或所写的内容，在不影响报告基本事实的情况下，可以对原来的措词作出修改，因此听者或读者不能恢复原话。由于说者的话语情况可能在某些方面与原话者的话语有所不同，因此需要在措辞上做一些改变，这些差异影响语言指示特征的使用，这些特征与话语的时间和地点以及话语中提到的人有关。语义上，间接引语通常包括释义或总结，与间接引语常连用的动词如"speak""think""believe""feel""imagine""know""mention""realize" "recognize" "suppose" 等。

20 世纪下半叶以来，关于引述的研究从传统句法转向了语用等功能的关注，先后出现了各种理论。Frege（1892）最早提出同一论，该理论的核心思想是"在引语中，词语被用于提及它们自身"（Washington，1992）。也就是说，引号所起的作用只是标记，表明引号内的语言表达式只是被提及，而没有通常被"使用"时的外延或者指称意义。1933 年 Tarski 提出名称论，该理论认为引语是其所指的名称，执行指称功能的是整个引语。描述论是 Geach（1950）在名称论基础上提出的，该理论认为，任何语言都有一组基本单元，比如字母、音位、单词等，既可以逐字母地描述词，也可以是逐字描述被引用的词语。这两种理论可以看作同一论的两派观点，因为两者都认为引号内的词语反指自身，所不同的是名称论认为指称的手段是一个名称，描述论认为指称的手段是一个定指描述。Clark 和 Gerrig（1990）提出展示论，他们认为："引语是一种展示，就像你展示网球的发球、朋友的跛行或者钟摆的摆动，你也可以展示一个人在说话时的作为。"其作用是能够"使他人体验所描绘的对象"。明示论由 Saka（1998，2005）提出，根据这一理论，人们每说出一句话都是在自动明示这句话的各种特征。通常情况下，说话者的意图是使受话者关注命题内容，但在引用的情况下，引号表示说话人所明示的不是词语正常的外延，而是其他特征，这种"其他特征"取决于语境上下文。辛斌（2009）从语义角度将同一论、名称论、描述论统称为提及论，认为引号内的成分只是被提及而不是被使用，提及论认为引号的常规含义构成话语命题内容和真实条件的一部分。从语用角度将展示论和明示论归为一类，认为这两种理论是从言语交际的角度解释引述现象，认知语境和说话者意图在其理论中占有重要地位，并将引语的整体意义分为三个层面，前两个层面分别是词语的使用和提及所产生的意义，第三个层面是言语行为层面，涉及引用者的意图，例如引用者有时只是想表明相关词语是被引用者的原话（例如在许多直接引语的情况下），有时表示引用者支持引语所表达的思想观点（例如在许多间接引语的情况下）。

前面关于引述相关的理论，从语言单位角度来看，涉及语素、词、句子等，从研究角度来看，分语义和语用两个角度，从研究范围来讲，主要还是研究句内引述，如"Alice said 'Life is difficult to understand'"。实际上，篇章范围内也存在各种引述现象，从语篇的角度来看，引述属于互文（intertextuality）的一种。

徐赳赳（2018）介绍互文的概念最早由 Kristeva 在上世纪 60 年代

提出，认为："任何文本的构成都仿佛是一些引文的拼接，任何文本都是对另一个文本的吸收和转换。'互文'概念取代了互主体性概念。诗性语言至少是作为'双重'语言被阅读的。"并认为引述可以看作互文的一种。互文意义具有双重性，一是被引的篇章的内容在原篇章中的意思，二是被引进新篇章后产生的新的意义。徐赳赳（2018）认为分析互文要考虑语境，语境一旦改变，被引进的内容的意思就可能随之改变，间接引语的变化大于直接引语，同时将互文分为显性互文与隐性互文两种，显性互文通常有提示语进行提示，如"按……的说法""据……报道"等，并总结了互文的三大功能，一是构建篇章，包括共建与再创造两个子功能；二是加强主题，包括责任分离、体现意识形态、提供信息三个子功能；三是体现修辞，包括吸引人与拉近距离两个子功能。同时概括了四种互文关系：同一关系、阐述关系、共存关系、背景关系。其中同一关系是指直接引语，阐述关系分为解释关系与重述关系。

沈家煊（1999/2015）指出："'引述'的内容也可以是对方的话所隐含的意思，对方并没有明说出来。并认为引述的用意不在传递某种命题内容，而是表示已听到或听懂对方的话并同时表明一种态度。"从这个角度讲，引述与换言密切相关。

Triki 和 Bahloul（2001）指出纷繁复杂的引述现象是仅靠语法转化所不能够充分解释的，而语用的视角的确是一个很好的补充。引述作为一种语篇行为，总是以某种方式影响着目标受众的观点，利用转述和其中掺杂的评价成分，言说者希望通过话语的重构来达到某种社会目的。

现代汉语中"引述"类换言标记构式是指该构式在起到换言标记功能的同时，还具有引述功能。主要有"用 X 的话说"和"按 X 的说法"。例如：

（1）林海音 1918 年生于日本大阪，三岁回到台湾苗栗县头份镇老家，五岁就又随父母来到北京。此后一住二十六年。用她自己的话说："北京是我住了四分之一世纪的地方。读书、做事、结婚都在那儿。"（鲁客《林海音对北京"城南"一往情深》）

（2）最近铁凝又发表了《孕妇和牛》和《笛声悠扬》，我以为这更加证实了铁凝对生活始终如一的纯朴挚爱和对艺术永不满足的向往追求。用王蒙先生的话说，她是"更老练、更从容不迫、得心应手地谱写了类似《香雪》的旋律。"（何玉茹《铁凝，用心灵体味日子》）

（3）漫画家潘顺祺，他画自己满头浓发，并无笑容，<u>按他的说法</u>："我不善笑，因为我把笑都留给了别人。"（《读者（合订本）》）

（4）但薛定谔却不是单纯的欲望的发泄，他的内心有着强烈的罗曼蒂克式的冲动，<u>按照段正淳的说法</u>，和每个女子在一起时，却都是死心塌地，恨不得把心掏出来，为之谱写了大量的情诗。（曹天元《上帝掷骰子吗？量子物理史话》）

以上例中，"用 X 的话说"和"按 X 的说法"前后所连接的话语都具有语义相似性，其中例（1）和例（3）后项是直接引语，例（2）和例（4）后项是间接引语。

## 二 "视角"类换言标记构式

视角（perspective），即认知视角，借用于艺术概念。本义是"将某物从某一特定的视点呈现于观察者的艺术"。艺术学认为视角是一种呈现技巧（Keim，2002），叙事学把视角定义为叙述时观察故事的角度（申丹，2004）。认知语言学认为"视角是观察一个情景的方式"（Langacker，1987）。虽然不同学科对视角的解读不完全一致，但基本上都认可视角就是观察问题或事物的角度。

语篇总是按照一定的视角展开。van Dijk（2012）认为，语篇可以从不同的视角描写事件、行为和情景。苗兴伟（2017）根据已有研究将语篇中的视角分为时空视角、感知视角、观念视角和移情视角四种类型。时间视角是人们观察事物或者表征世界时对事件发展先后顺序的印象，涉及事件的开始、延续和结束以及事物的发展和变化；空间视角是人们观察事物或者表征世界时所处的具体位置，即采用宏观方式看待事物和世界还是从某个观察者的角度微观地观察世界。感知视角是指事件观察者的视角。观念视角是指建立在个人判断或社会共有的态度与观念基础上的社会认知角度（van Dijk，2008）。移情视角指的是发话者在描述事件时对事件参与者的认同程度（Renkema，2004），体现为发话者描写事物时的观察角度（Kuno，1987）。

视角在语言交际过程中发挥着重要的作用，发话者在传递信息时总是采取一定的视角，并通过在语言系统中的选择将信息传递给受话者。视角是语言使用者选择的结果，在语篇中体现为视角化的语言手段（苗兴伟，2017）。视角化的语言手段主要分为词汇手段与元语言手段，词汇手段可以表示移情，元语言的视角化手段可以强调话语的视角，词汇手段如人身代词，元语言手段如话语标记。

　　语言顺应理论的视角观指的是依据语言适应论展开的语用研究，或者说依据顺应理论，从语用的视角研究语言，毛延生（2014）结合顺应理论的四个分析维度，对语用视角观予以诠释。其认为，1）视角是一种语境化的关系。这里的语境包括两种，一种是交际语境，一种是语言语境。交际语境主要涉及说话人和听话人，在交际语境中，语言使用者都会考虑自身的视角以及对方视角的共性和差异，从而达到有效交际。语言语境就是上下文，其对于语言选择的影响也是多方面的，如衔接手段的选择、话语的序列安排等。相应地，视角的呈现必然依靠语言语境的烘托与彰显。从这个意义上讲，视角是一种以上下文为基础的概念。2）视角存在显性和隐性之分。显性视角比较固定，用来实施某一既定言语行为或者标识话轮转换，如"我觉得"。隐性视角往往隐藏在背景当中，不作为信息焦点被凸显，具体又可以分为两类：第一类往往隐藏在话语背后，包括各种各样的背景假设（如态度等），第二类源自于话语当中既定部分的凸显，而导致其他部分被边缘化，进而实现背景化隐身。3）视角具有复杂性涌现属性。视角的复杂性是指视角从来都不是单一、静止的或者现成的，它们来自话语和语境之间的互动。所谓涌现属性是指多个要素组成系统后，出现了系统组成前单个要素所不具有的性质，这个性质并不存在于任何单个要素当中，而是系统在低层次构成高层次时才表现出来，所以人们形象地称其为"涌现"（Giddens，1977）。视角的涌现性具体表现为视角可以在整个交际活动中不断变化与改变。4）视角允准分层化认知处理。视角允准分层化认知处理是指说话人会区分明确传递的视角信息和隐含视角信息，从而完成视角的分层化处理。交际的过程中，有时候需要说话人明确阐释自己的视角，如"依我来看，从我的角度出发"，这是明确传递的视角信息。隐含视角信息是指传递的可能是一种间接的暗示——与说话人（或主体一方）的视角，如"如果我是你的话"等。这种情况下包含的不止一个视角，并且其中所包含的视角不但更为抽象，而且观指第一个视角，因此其具有"元视角"特点。这些充分表明在实际话语交流过程中出了一个直接得以凸显的视角之外，还存在一个更为抽象并且直接相关的视角——视角允准分层化的认知处理离不开语言使用者对语境与结构的动态的相互适应的元语用意识。

　　在日常语言使用当中，有关视角的术语很多，如视角、观点、方面、角度等等常见于日常话语交际当中（毛延生，2014）。本节拟谈的"视角"类换言标记构式"从 X 的角度说"等是一种凸显换言后项认知视角的半图式构式。根据以上关于视角及其相关理论的分析可知，从视角类型上来看，换言标记构式主要涉及观念视角，从视角化的语言手段来看，属于元语言手段，是一种显性视角。在正式讨论之前，需要解释一下什么是换言视角。语言不仅对命题表示的成分进行编码，同时也表现说话人的态度、评价等情态成分，说话人实现这些需要通过一定的语言手段，换言标记构式"从 X 的角度说"等是一种凸显换言后项认知视角的语言手段。下文在讨论视角类型时，将分析换言视角，包括相同、不同两大类，相同视角属于视角的延伸，是指换言以后视角没有变，不同视角包括相反、相对，这两种视角属于视角的转换，是指换言以后视角发生变化。篇章中，说话人通过换言延伸或转换视角，从而展开话语，完成相应的功能。现代汉语中，"视角"类换言标记构式主要有"从 X 角度说""从 X 方面说""就 X 而言"等。下面稍举几例：

（5）在它的几乎所有条目里，都可以读到撰写人的大量议论，从工具书的角度说，它们有时甚至到了"喧宾夺主"的程度。（《读书》vol-149）

（6）对于普通的市民来说，深圳房价太高了，没人可以进来，还要把城中村拆除，年轻人低成本融入城市的桥梁也断了。从这个方面说，深圳关了城门。（中国新闻网 2016-09-21）

（7）在匆匆流动的人群中我产生了这样的想法：其实人与人之间的交流是被逼出来的，就人的本性而言，人是宁愿独处的。（刘心武《白牙》）

以上三例中，"从工具书的角度说""从这个方面说""就人的本性而言"所关联的前后项之间在语义上具有趋同性，也就是语义相似性。

## 三 "评价"类换言标记构式

功能语言学家 James R. Martin 在 20 世纪 90 年代创立了评价系统的理论框架。Martin（2003）认为"评价理论是关于评价的，即语篇中所协商的各种态度、所涉及的情感的强度以及表明价值和联盟读者的各种方式"。胡壮麟（2005）指出："评价理论讨论的是语篇或说话人表达、协商、自然化特定主体间的关系以及意识形态的语言资源。"评价理论将评价资源分为态度（attitude）、介入（engagement）、级差（graduation）三类，态度又细分为情感、判断和鉴赏，介入细分为自言和他言，级差细分为语势和聚焦。其中态度是评价理论的核心，情感又是态度的核心。评价理论主要通过评价词汇完成评价活动。

Thompson（1996）指出：评价是指说话者对事物（如人、事件、行为、观点等）的看法，通常有好坏之分，也有强弱之别。Thompson 还认为评价具有主观性、价值承载性、比较性，同时具有表达观点、维持关系和组织语篇的功能。评价不只停留在语言的表层意义上，而是通过表层意义看深层的意义取向，就是我们常说的"通过现象看本质"。因此，它是解读性、阐释性的（王振华，2001）。

评价词汇只是在单句内完成评价活动，也就是说，从范围来看，评价理论只谈到句内，没有谈到更大的范围，事实上，评价还可以通过标记性成分完成，这种标记性成分可以称为评价标记，即评价标记所引出的话语成分就是表明说话人的评价，是好是坏，是轻是重等，既可以是句内评价，也可以是超句评价，超句评价的评价标记就是一种话语标记。作为表达评价的标记性成分，还有隐性评价和显性评价之分。隐性评价是指对评价的解读难以从其构成成分的意义直接获得，如实体构式形式"你看你""你说说你"等，半图式构式"（X）真是（的）"（李小军，2011）、"好你个 +X"（李小军，2014）、"还 X 呢"（宗守云，2016）、"还还 VP"（宗守云，2017）、"好你个 N""还 N 呢""V 什么 V""A 什么 A"等（方梅，2017）；显性评价是指评价标记中包含有明示评价的词汇成分，如"问题是""关键是""重要的是"等（李宗江、王慧兰 2011），"A 的是"（李宗江，2012）其中有表示评价的"问题""关键""重要"等词汇成分。本节所讨论的"评价"类换言标记构式，就是通过 X 进行显性评价的一种半图式构式，既有评价功能，又有换言功能。

现代汉语中，常见的"评价"类换言标记构式如"往 X 里说""说得 X 一点""X（一）说"等。例如：

（8）咱中国人有个脾气，就是不认输。<u>往好里说</u>，就是不屈服。（中国新闻网 2010-04-12）

（9）你能感觉到他是在扩大影响——<u>说得好听一点</u>，就是增加他的印象分。（中国新闻网 2011-03-09）

（10）和命运一样，商家赠予的礼物，也在暗中标好了价格，<u>通俗一点说就是</u>，羊毛出在羊身上。（中青在线 2022-03-03）

以上例中，"往好里说""说得好听一点""通俗一点说"所连接的前后话语之间具有语义相似性，说明是个换言标记。

# 第二节 "引述"类换言标记构式个案分析

本节主要考察现代汉语中两个"引述"类换言标记构式："用 X 的话说""按 X 的说法"。

## 一 "用 X 的话说"

关于"用 X 的话说"这个换言标记构式，李宗江（2018）曾做过分析，他也认为其是一个"引述"类（李文称为"引述性"）换言标记构式，从结构特点、语义关系、语用效果、换言与引述几个角度进行了探讨。本节在李文的基础上再从下面几个方面做出深入的分析。

**（一）"用 X 的话说"的不同用法**

"用 X 的话说"是个偏正结构，在现代汉语中，有以下三种用法。
一是作句法成分。例如：

（11）那我就"冒得"办法罗！老迈用湖南话说。（《作家文摘》1997 年）

（12）我们下面做个游戏好不好？这游戏的规则很简单，每人针对元豹说一句说。但不许说别人的说过的话，只许用自己的话说。（王朔《千万别把我当人》）

以上例中的"用 X 的话说"是做一个句子的谓语部分，表示说话的一种方式。它们既没有引述功能，也没有换言标记功能。
二是作引述标记。例如：

（13）叶民主在钢厂保卫科做干事，工作能力用科长的话说是他手下最不强的一个。（方方《埋伏》）

（14）那为什么气色会那么好呢？用中医美容的话说，其实就是"气血充盈"四个字，指气血不但要充足，还要能流动起来，流动的气血便能产生活力和美。（王昕《〈黄帝内经〉中的女人养生养颜经》）

以上例（13）中"用科长的话说"处在一个单句的主语"工作能力"和谓语"是他手下最不强的一个"之间，它的作用是标记其谓语是个引语。例（14）中前一句是一个疑问句，后面说话人"用中医美容的话说"引出一段话来回答这个问题。这两例中的"用 X 的话说"都是个插入语，标示其后是个引语，或者说它们起着引述标记的作用。

三是作引述兼换言标记。例如：

（15）"二元论"的思想方法在中国政治学、社会学中的表现极致就是："不是革命的，就是反革命的"，或者用现在的话说，"不是姓'社'，就是姓'资'。"（《1994 年报刊精选（05）》）

（16）随着市场经济的发展，人才流动已成普遍现象，企业要把人才留住，首先必须把人心"拴"住，用"山塑机"人的话说，就是给他们系上一把情感的钥匙。（《1994 年报刊精选（05）》）

以上两例中，"用 X 的话说"后面都是个引语，因此说它们都有引述标记的功能。但同时，它们不但处于两个句子中间，具有篇章功能，而且所关联的前后两部分在语义上有相似之处。如例（15）中"用现在的话说"前项"不是革命的，就是反革命的"和后项"不是姓'社'，就是姓'资'"仅是一个意思的两种不同说法而已。例（16）中"用'山塑机'人的话说"前项陈述企业留人才应留"人心"，而后项"给他们系上一把情感的钥匙"，前后项讲的也基本上是一个意思。或者说由"用 X 的话说"所关联的前后项之间具有语义相似性，这两例中的"用 X 的话说"都可以替换成"换句话说"，属于换言标记的用法。这就是我们研究的对象。

此构式中的可替换项主要是"X"，同时"用"也可以是"引用""套用""借用""改用"等，"的"有时可以省略，"说"也可以是"来说""讲""来讲"，但由于多数用"用""说"，为了称说方便，我们将此构式统称为"用 X 的话说"。同时作为引述标记，这一构式其后的句子可以是直接引语，也可以是间接引语，多数情况下是间接引语。

**（二）"用 X 的话说"的引述类型**

李宗江（2018）关于结构特点的描写，只是罗列 X 的不同成分，缺乏概括性。我们认为由于"引述"类换言标记构式"用 X 的话说"中有一个可变项 X，这个 X 代表引语的来源，依据 X 的意义，可将引述类型分为以下几类。

1. 人物引述型

这一类的 X 常见的有：名人、人称代词、人名、社会关系、职业人员、特定地域与特定国家的人等。这些指人的名词语可以是定指，也可以是不定指，或者类指。例如：

（17）当我们思知识或谈知识的时候，这个思、谈的本身就是知识。用<u>亚力士多德</u>的话说，它是"思想思想"。（当代/CWAC/APB0050）

（18）我要了解他们吃什么和想什么。用<u>你们</u>的话说，是他们的物质生活和精神生活。（汪曾祺《小说三篇》）

（19）他的确有着非常丰富的经历，但从他身上你看不到当年的任何磨难和沧桑，用<u>他自己</u>的话说，他是七十岁的人，三十岁的心脏。（鲁豫有约《沉浮》）

（20）1987 年以来，他为干部职工解决住房 51 户，而他全家 4 口人至今仍住在 70 年代建的土房内。用<u>刘汉忠自己</u>的话说："对家庭，对亲人，我没有尽到自己的责任，但对党的税收事业，我尽到了自己的心。"（《1994 年报刊精选（01）》）

（21）胜芳码头通往解放区最近最便捷，黑电粒用于服装染料，也可以做导火线的原料，橡皮膏用做救死扶伤，都是解放区急需的物资，但要运往解放区，得突破日本军队的严密封锁，一旦被日兵发现，要杀头的，用<u>王光英</u>的话说是"逮着就要枪毙的"。（《1994 年报刊精选（03）》）

（22）我是我们徐家的败家子，用<u>我爹</u>的话说，我是他的孽子。（余华《活着》）

（23）但也有一些地方和部门行动不力，有的明明有问题也不愿承认；有的强调部门利益，依然我行我素。用<u>有些同志</u>的话说，现在是"中央急，农民盼，有的部门坐着看，少数部门对着干"。（《1994 年报刊精选（01）》）

（24）这个村位于迁西县北部山区，距乡政府 50 多华里，道路崎岖难行，用<u>乡亲们</u>的话说，走这路"狼崽子也得钉掌，小毛驴都要崴脚"。（《1994 年报刊精选（07）》）

（25）医学保证不了人类这个物种的延续和生存。那医学的存在到底是为了什么呢？进化淘汰弱者，医学阻碍进化，医学能做的就是别让进化淘汰你。用<u>医生</u>的话说，就是生命第一。（新浪微博

2019-03-06）

（26）各个事业部拥有自己的拳头产品，能够面对市场及时调整销售战略，用<u>杨元庆总经理</u>的话说即："山不转水转"。(《1994 年报刊精选（04）》)

（27）呵呵，玩上海股的短线资金目光真心短。外高桥才 20 多就敢卖，好好回头去看看 K 线图吧。人家在 2013 年大熊市中能一口气从十来块连板一月变成 60 多，历史上曾经若干次做过中国股市上涨领头羊。才两个板就敢卖，用<u>上海人</u>的话说就是：离刮乡窝头宁，只配切切煎饼夹大葱，市面都否宁见过。( 新浪微博 2019-04-03）

（28）这种小把戏就别和中国玩啦，玩谋略，中国是祖宗！5000 年文明，你美国才 250 文化底蕴，用<u>中国人</u>的话说，叫暴发户！( 新浪微博 2019-05-24）

例（17）中"亚里士多德"是名人。例（18）中"你们"是人称代词。例（19）中"他自己"是"人称代词＋人称代词"。例（20）中"刘汉忠自己"是"人名＋人称代词"。例（21）中"王光英"是人名。例（22）中"我爹"既是亲属称谓也是社会关系。例（23）中"有些同志"是社会关系。例（24）中"乡亲们"是社会阶层。例（25）中"医生"是职业。例（26）中"杨元庆总经理"是"人名＋职位"。例（27）中"上海人"是特定地域的人。例（28）中"中国人"是特定国家的人。

2. 时空引述型

这种情况下的 X 主要是指表示某一特定时间、地点的名词性词语或时间地点结合的短语。有时候也用带有时间含义的指人名词表示时间。例如：

（29）李清照不一样，她把文学创作视为生活中最要紧的事情。用<u>今天</u>的话说，她对于自己创作者的身份是有自信与自觉的。( 人民网 2017-12-01）

（30）小汤长得还是蛮生动的，用<u>过去</u>的话说，叫风韵犹存；用<u>现在</u>的话说，叫资深美女。( 人民网 2015-01-07）

（31）国家和人民希望的首都就是国际一流的和谐之都，因此行政副中心的规划建设要拿出样来，用<u>北京</u>话说就是要有"范儿"。( 人民网 2016-01-24）

（32）我始终相信人与人是有区别的，有的人一生下来就拥有平常人一辈子都不会有的东西，智慧、财富、美貌、健康……我们羡慕别人，殊不知自己也在被别人羡慕着。用<u>前人</u>的话说"当你光着脚时，想想那些没脚的人"。（新浪微博 2015-11-30）

（33）在他自己的经历中，就曾坐过六年半国民党监狱，"文化大革命"中又遭受林彪、江青一伙的残酷迫害，九年身陷囹圄，三年放逐商洛山区。用<u>他在十几年前</u>的话说，"入党 60 多年，1/4 是在监狱中度过的"。（《人民日报》1998 年）

例（29）中"今天"是时间名词。例（30）中有两个换言标记，其中"过去""现在"均是时间名词，以对举的形式出现。除此之外，还有"当下""眼下"等时间名词。例（31）中"北京话"是特定地区的话，此外还有"上海""广州"等等表示地点的名词。例（32）中"前人"虽是指人的名词，但是带有时间含义的名词。例（33）中 X 则是表时间的复杂结构。

3. 属性引述型

这种情况下的 X 为性质形容词，表示引语的属性，可以是单音节，也可以是双音节。如"老""时髦""时兴""流行"等，有时也与表示时间或地点的名词结合起来用。例如：

（34）读书的人都明白，长期跟一流人物、一流文章打交道，是能提升自己的精神境界的。用<u>老</u>话说，这就叫"尚友古人"。（人民网 2015-12-01）

（35）"我不老，还能干活，并且我是真的喜欢这个，自由自在的没有束缚，用<u>流行</u>的话说，我也是自由职业者了！"（人民网 2015-08-15）

（36）是独立办案不满两年的一名青年干警，用<u>当下时兴</u>的话来说是算是公诉科"小鲜肉"一枚。（新浪微博 2017-07-18）

（37）华为 CEO 任正非对尖端人才的挖掘很有国际化大公司的视角，但是这仍然是资本主义国家市场经济高度发展的产物，用<u>国内流行</u>的话说"这不符合中国的国情"。（新浪微博 2019-05-22）

例（34）和（35）中的 X 都是性质形容词，例（36）和（37）中 X 是"时间名词＋形容词""地点名词＋形容词"的形式。

4. 其他引述型

这种情况下的 X 有学科、专业（专业术语）、学派、报刊、书籍、话语、风俗意识、宗教等。例如：

（38）其实不管是男女朋友、婚姻，或者是其他什么关系，基本原理是相通的——两人在关系中，要比在关系外更快乐。用<u>经济学</u>的话说，是双方的效用（utility）都因为进入了这段关系而得到了提升。（新浪微博 2019-05-27）

（39）一个几何概念如果和几何物体所处的空间位置无关，而只和其本身的性态相关，我们就说它是内蕴的。用<u>物理</u>的语言来说，就是几何性质必须和参考系选取无关。（当代 /CWAC/SME0464）

（40）梁培恕说，在他父亲看来，人是互通的，感情是可以交流的，用<u>儒家</u>的话说，正己再正人。（《梁漱溟的"文革"生活：用儒家"功夫"应付红卫兵》人民网 2014-08-18）

（41）然而，在欧元的孕育过程中，德国逐渐给它打上了德国的烙印……用<u>《法兰克福汇报》</u>的话说，"科尔从后门确保了德国对单一货币的影响"……（《人民日报》1998 年）

（42）第一个是"离心力"占支配地位阶段。此时期各大大小小封建领主各自为王，彼此间战乱频繁。……君王只能以土地分封给其功臣和随从。随后必然是后者的日益坐大，离心力增强，于是免不了又是战鼓重擂，新一轮厮杀开始。借用<u>《三国演义》</u>的话说，正是"分久必合，合久必分"。（《读书 /vol-155》）

（43）石季龙死后的墓也被盗了，而且下场很惨。生前盗了那么多的坟墓，死后就难逃一盗，如果用<u>迷信</u>的话来说，石季龙这是遭报应了。（倪方六《中国人盗墓史》）

（44）书有两类：一类教人谋生之技巧乃至各种成功之路术，用<u>佛教</u>的话说叫做"俗谛"；另一类解放人的心智，教人获得精神之自由与开敞，用<u>佛教</u>的话说叫做"真谛"。（新浪微博 2019-11-13）

例（38）中 X "经济学"是学科。例（39）中 X "物理的预言"是学科的专业术语。例（40）中 X "儒家"是学派名。例（41）中 X "法兰克福汇报"是报刊名。例（42）中 X "三国演义"是书籍名。例（43）中 X "迷信"是风俗意识。例（44）中 X "佛教"是宗教名。

### （三）"用 X 的话说"前后项的语义关系

关于"用 X 的话说"前后项之间的语义关系，李宗江（2018）做过详细分析，他分为七种：由不通俗到通俗、从普通到专业、从概括到具体、从结果到原因、从行为到目的、从表象到实质、由庄重到诙谐。李文概括的仍然不够全面，比如只谈"由不通俗到通俗""从普通到专业"，但未提到相反的情形，如"由不通俗到通俗""从专业到普通"。下面我们根据第二章所确定的语义分析系统来分析换言前后项之间的语义关系。

1. 释义关系

"用 X 的话说"前后项之间的释义关系包括以下四种：解说关系、概说关系、详说关系、确说关系。

（1）解说关系

这里的解说关系包括李宗江（2018）所讲的"由不通俗到通俗""从普通到专业"，同时也包括李文所未讲到的"从通俗到不通俗""由专业到普通"。例如：

（45）曾国藩的家风，可以用八个字简单总结：早、扫、考、宝、书、蔬、鱼、猪。这八个字，<u>用现在的话说</u>，就是要求子女黎明早起，洒扫庭除，祭祀祖宗，善待乡亲，发愤读书，下地种菜，参与养鱼和喂猪。（人民网 2019-02-25）

（46）好，我们注意啊，说老子的头是满头白发，然后说他一生出来就没有耳朵，而且还是一眼瞎，这就让我们怀疑，老子小的时候得过一种病，<u>用我们现代医学来说</u>，老子得了一种病，名字叫先天性白化病。（当代/口语/梁冬对话王东岳文字版）

（47）"仁道"是一个国家乃至个人安身立命的基础，生活的原则，无论是富贵还是贫贱，无论是仓促之间，还是颠沛流离之时，都不能违背这个基础和原则。<u>用孟子的话说</u>，"富贵不能淫，贫贱不能移"。（人民网 2012-09-21）

（48）地方经济的发展和国营企业的发展，靠的都是中央财政的投入，<u>用经济学家马洪的话说</u>，是"一个老子，养了成千上百个儿子"。（吴晓波《激荡三十年——中国企业史 1978—2008》）

例（45）中换言前项提到了概括曾国藩家训的八个字，如果不经换言，人们很难准确理解其含义，换言后项引用现在的话将其家训的每一个字的具体含义进行了解释。此例即由不通俗到通俗。例（46）中换言前项是大众说法，后项引用现代医学的专业表达来解释。此例即由普通到专业。例（47）中换言前项用现代语言解释了什么是"仁道"，本来是比较通俗的，但后项换作孔子的说法，反而是变得艰涩了。此例即由通俗到不通俗。例（48）中换言后项虽然是专家的说法，但因为其用的是打比方的讲法，反而是大众更熟悉更好懂的语言。此例即由专业到普通。

（2）概说关系

概说关系是指前项是较为具体、详细的说法，后项是较为简略、概括的说法。李宗江（2018）没有提到前后项之间由具体到概括的概说关系，这可能是因为他按照廖秋忠（1986）的分类，不将这种情况算作是换言关系。按照本书第二章所确定的范围，我们将概说关系也纳入到换言关系中。例如：

（49）夫妻俩以前去过广东、福建等地打工，也在老家种过辣椒，采过茶叶，<u>用他们自己的话说</u>，"什么工作都干过"。（人民网 2019-07-07）

（50）绑笤帚是一个手艺活，手脚脑并用。可对他来说，他只有手和脑。怎么办？把用脚的工艺改为用手。于海江思维灵活，他绑出来的笤帚平添了艺术品味，既美观又实用。为了多卖几个钱，他自己到市场摆地摊销售。寒风刺骨，在路边一卖就是几个小时。<u>用他的话说</u>，一切为了生计。（人民网 2019-07-06）

例（49）中前项先陈述夫妻俩的就业经历，讲具体做了什么事，后项引用当事人的话概括为"什么工作都干过"。例（50）中前项陈述于海江自力更生的详细情况，后项引用当事人的话概括为"这一切都是为了生计"。

（3）详说关系

详说关系是指前项是较为抽象、概括的说法，后项是较为具体、详细的说法。例如：

（51）叶京应该算得上是一个传奇人物，<u>用他自己的话说</u>，他什么都干过，当过兵、做过机关干部，80年代初他又主动辞去公职，背着一个军挎包只身到深圳闯荡，为此，父母曾一度与他断绝了关系。（《北京晚报》2001-05-19）

（52）和王长江走在一起，穿戴非常随便的记者还是显得有些

"扎眼"。用动物园职工的话说，王长江的师傅李珍常穿得像个卖瓜子的，王长江自己则穿得像个蹬三轮的。(《北京晚报》2001-04-08)

例（51）中前项是个概括的说法，讲叶京算一个什么样的人，而后项则引述叶京自己的话对其传奇人生进行详细的描述。例（52）中前项概括指出了两个人的怪异外表，后项则具体形象地描述了二者的穿着。

（4）确说关系

确说关系是指前项是一般性的、不严格的说法，后项是更为准确的、确切的说法。这种关系也是李宗江（2018）所没有提到的。例如：

（53）要养育出身心健康的孩子，你不必非得是完美妈咪。用他的话说，只须当一个'过得去的妈妈'就好了。"（人民网2019-05-30）

（54）DIY意为"自己动手组装电脑"，用发烧友们的话说就是"攒机"。（人民网2018-12-09）

例（53）换言前项说到"你不必非得是完美妈咪"，后项引用当事人的话将其"非完美妈咪"的内涵限定为"过得去的妈妈"。例（54）换言前项解释什么是DIY，换言后项引用发烧友的话将其准确表述为"攒机"。

2. 非释义关系

非释义关系主要有推论关系和揭示关系。

（1）推论关系

这里的推论关系包括两种。

一是由前提到结论。例如：

（55）转眼一年多过去了，孩子长得白白胖胖、精精神神，用奶奶的话说，这孩子跟别的孩子不一样，特殊、不俗。(《北京日报》2001-02-18)

（56）玩笑归玩笑，米拉对自己的身体很在意，杨老在钟表上安了个定时吃药的铃，按时提醒她吃药，用邻居的话说，这老两口儿的爱情真没法比。(《北京晚报》2001-01-07)

例（55）中前提是孩子长得白胖、精神，结论是这孩子跟别的孩子不一样，特殊、不俗。例（56）中前提是米拉的老公对她的身体状况特别在意，安定时吃药的铃，提醒她吃药，结论是这对夫妻的爱情没法比。

二是由原因到结果以及李文提到的由结果到原因。例如：

（57）从 5 岁起就在妈妈怀里看戏的张希斌，这辈子就爱听戏，<u>用她二女儿的话说</u>，一没戏听准打蔫、闹病。（陆艳霞《京城戏姥姥》）

（58）今天，在京城市民家中，家用电器的范围已从传统的冰箱、彩电扩展到现在的微波炉、饮水机、空气净化器等，功能也从过去为生活必需到现在注重生活质量。不少居民，特别是一些年轻夫妇，甚至将传统的燃气灶换成了电炒锅、电火锅等。<u>用他们的话说</u>，一是便宜，二是干净。（张靖《京城用电今非昔比》）

例（57）是原因到结果，因为妈妈爱听戏，所以如果没戏听就打蔫、闹病。例（58）是结果到原因，换言前项先陈述今天的北京市民家中置办了各种家用电器，后项给出原因是因为这些家电便宜又干净。

（2）揭示关系

这里的揭示关系包括两种。

一是李文所讲的从表象到实质。例如：

（59）玩股不玩股的人大都知道，"圈中"人"圈外"人大都知道，对近期股市的评论见仁见智，"好派""屁派"，各不相让。<u>用朱镕基总理在"两会"答中外记者问中的话说</u>，这恰是我们有言论自由的表现。（《北京日报》2001-03-21）

（60）40 岁的双燕来自靖边县环卫所，平时少有机会出门，孩子好不容易长大，又要操心家里的琐事。<u>用她的话说</u>，几乎没为自己活过。（人民网 2019-08-13）

例（59）先陈述关于股市的各种评论，后项指出实质，这是言论自由。例（60）前项陈述双燕的人生轨迹，后项认为她的人生实质上都是为他人而活。

二是李文提到的行为到目的。例如：

（61）李洪志之流煽风于秘室……在天安门广场自焚，都是有计划、有组织、有纲领、有目的的，<u>用他自己的话说</u>，就是为了"把常人社会的形势改变一下"。(《光明日报》2001-02-26)

（62）而北京市演出公司和北京日报报业集团联手推出的"人民大会堂金色大厅系列音乐舞会"，则是在进行了充分的市场调研之后，针对市场的需求和国内的平均消费水平，在总结以往高档舞会的成败经验基础上，面向大众推出的一款"质高价低"的高档舞会。<u>用北京市演出公司经理王跃芬的话说</u>，推出这个系列的舞会的最大目的是普及推广、培育市场。(《北京日报》2001-04-28)

例（61）先陈述李洪志的种种所为，后项道出他所为的目的是"把常人社会的形势改变一下"。例（62）指出而北京市演出公司和北京日报报业集团联手推出的"人民大会堂金色大厅系列音乐舞会"的目的是普及推广、培育市场。

## 二 "按 X 的说法"

### （一）"按 X 的说法"的不同用法

"按 X 的说法"是个介词结构，在现代汉语中，有以下三种用法。一是作句法成分。例如：

（63）爱他就<u>按他的说法</u>做。(老舍《四世同堂》)

（64）你实在要走，就走，我不阻拦，不过得<u>按我的说法</u>走。(尤凤伟《石门夜话》)

在以上两例中，"按他的说法"和"按我的说法"都是在句中作状语，在句中既没有引述功能，也没有换言标记功能。

二是作引述标记。例如：

（65）这种创作手法<u>按李琦先生的说法</u>，是"可以让别人想象得更多一点儿"。(《1994 年报刊精选（11）》)

（66）法国新政府之所以一上台就大张旗鼓地抓移民问题，<u>按内政部长帕斯瓜的说法</u>，原因有两条：一是移民同犯罪有越来越紧密的关系，1/3 的贩毒案归咎于外国人；二是当前经济形势严峻。(《人民日报》1993 年 6 月)

以上例（65）中的"按李琦先生的说法"虽然也是状语，但同时还有引述功能，其后是一个直接引语。例（66）中的"按内政部长帕斯瓜的说法"用于因果复句之间，具有篇章功能，同时其后也是一个引语（间接引语）。这两例中的"按X的说法"都是引述标记，但不是换言标记，因为在例（65）中没有篇章功能，在（66）中虽有篇章功能，但所关联的前后小句没有语义相似性。

三是作引述兼换言标记。例如：

（67）最重的元素，或最复杂的建筑，是不巩固的，它们会分裂，或者<u>按我们的说法</u>，它们是具有放射性的。（翻译作品《物理学的进化》）

（68）阿赫蒂萨里总统最后说："我们两国之间的关系建立在稳固的基础上。<u>按中国人的说法</u>，就是芬中友谊之树根深叶茂。"（《人民日报》1995年7月）

例（67）和例（68）中"按我们的说法""按中国人的说法"后面都是一个引语，因而具有引述功能，是个引述标记。同时其所关联的是两个句子，说法虽不同，但表达的意思差不多，功能类似"换句话说"，起着换言标记的作用。下面要重点探讨的就是这一类作换言标记的情况。

此类构式中的三个主要成分都是不同程度的可变项。"X"是较为自由的可变项，可以被不同的词语代入。"按"和"说法"是两个不自由的可变项，所能代入的词语很少，且必须是它们的同义词，如"按"可替换为同义词"照""按照""依照""仿照"等，"说法"可替换为"讲法"，但由于多数用"按""说法"，为了称说方便，我们将此类构式统称为"按X的说法"，举例也以此为主。同时作为引述兼换言标记的"按X的说法"，其后的引语可以是直接引语，也可以是间接引语，多数情况下是间接引语。

### （二）"按X的说法"的引述类型

一般对引述的分类主要是根据是否有引号分为直接引述和间接引述两类，由于"引述"类换言标记构式"按X的说法"中有一个主要的可变项X，这个X代表引语的来源，因而我们不简单区分直接引述与间接引述，而是依据X的内容来分类。根据语料考察，X主要包括人物、机构、时间、地点、书籍、学科、风俗、观念等，我们根据X将其分为以下几类。

1. 人物引述型

这一类的"X"为指人的名词或代词性词语，常见的有人称代词、人名/名人、表示某一特定领域专业人士、某一职业的人、特定地域与特定国家的人等的名词性词语，另有少量表示亲属、民族、阶层、特殊人群（如囚犯）等概念的名词性词语。例如：

（69）老公特别支持我追星，按照他的说法是我干什么他都支持。（新浪微博 2020-01-03）

（70）全心全意为人民服务是我们党的宗旨，按照马克思的说法，社会主义干部的根本属性是"社会的负责的公仆"。（《人民日报》1998 年）

（71）印度现有人口超过 10 亿，但全国合格的心脏手术医生只有 1045 名，能做复杂心脏手术的正规医疗中心只有 40 个。按照印度专家的说法，这意味着每 100 万印度人中只有 55 人能够得到治疗。（新华社 2004 年 7 月新闻报道）

（72）纵观整个比赛，上海队经验丰富，掌握了场上的主动，按照八一队教练林榆廷的说法是"全面开花"。（新华社 2001 年 2 月新闻报道）

（73）由于浦东正在开发建设之中，在这里购物的人并不多，按上海人的说法是"人气不足"。（《人民日报》1996 年 7 月）

（74）每天跟自己说一句，别急功近利。按中国人的说法，但行好事，莫问前程。按外国人的说法，Do your best, trust God with the rest.（新浪微博 2019-05-11）

（75）她得时时守护着我，按妈的说法，也就是"提醒"着我。（张洁《世界上最疼我的那个人去了》）

（76）他说："11 岁那年做了一个梦，在梦中，有天神告诉我如何说唱《格萨尔王传》。按照藏族的说法，桑珠属于"托梦艺人"，也就是说，他是通过做梦学会说唱《格萨尔王传》的。（新华社 2001 年 7 月新闻报道）

（77）农村专业经济协会在农村土生土长，按照农民的说法，是从土地里长出来的民间组织。（新华社 2004 年 9 月新闻报道）

（78）从剥光衣服到向囚犯身上泼化学液体、针扎战俘伤口、用电线电击生殖器等等残酷手段，可以说无所不用其极。按照囚犯的

说法，美军的某些做法比萨达姆有过之而无不及。（新华社 2004 年 5 月新闻报道）

（79）山西省长治市委、市政府向国内各新闻媒体发出公开信，欢迎各新闻单位到长治采访，多写批评报道，进行舆论监督。按照长治市委书记吕日周的说法，这叫引猫进门抓老鼠。（《人民日报》2000 年）

例（69）"我"是人称代词。例（70）"马克思"是人名，也是名人。例（71）"印度专家"是指医学领域的专家。例（72）"八一队教练"是指从事某一具体职业的人。例（73）"上海人"是特定地域的人。例（74）"中国人"是特定国家的人。例（75）"妈"是亲属称谓。例（76）"藏族"为特定民族的人。例（77）"农民"特指某一阶层的人。例（78）"囚犯"属于特殊人群。例（79）"长治市委书记吕日周"是具体地名与社会职位以及指人名词的组合。

2. 时空引述型

这种情况下的 X 主要为表示时间、地点的名词或时间和地点相结合的名词或名词性短语。例如：

（80）《三国演义》无疑是中国古典小说的杰作，照现在的说法，是顶尖的作品。（《1994 年市场报 B》）

（81）谈到蔬菜交易市场，很有必要介绍一下路易斯先生任职的墨西哥城供应中心。按照我们中国的说法，这个供应中心就是农产品交易市场，经营品种主要有蔬菜、水果、粮食、鲜花，批发兼零售。（《人民日报》1995 年 3 月）

（82）但是专业人员尚且不清楚，却要求"非专业"一定掌握，这已不是要证明什么别的，而是要说责任自负，按照区卫生局的说法，苏华染病，"咎由自取"。（《1994 年报刊精选（09）》）

（83）只知道有许多"先生"，还有许多小姐，或按昆明当时的说法，有很多"摩登"，来来去去。（汪曾祺《鸡毛》）

（84）吴亚彬则表示舅舅陈根长告诉他"姓谢的扣了我俩月工资"，让他去教训教训他。……按他们家乡的说法，"教训教训"的意思就是"打他一顿，让他住院"。（《北京日报》2001-12-27）

（85）张家有四个少爷，张家有一个小少爷叫张达民，他 18 岁，长得非常白净，总是穿得干干净净的，按我们上海那个时候的说法

就是小 K。（淳子《一代影星——阮玲玉》

例（80）"现在"指时间。例（81）"我们中国"指特定国家。例（82）"区卫生局"是机构名称。例（83）"昆明当时"是特定地域与时间名词的组合。例（84）"他们家乡"是人称代词与地点名词的组合。例（85）"我们上海那个时候"是人称代词与地点以及时间词的组合。这一类的 X 虽然是表示时地的名词语，但其在例句中具体的指称并不是时空本身，而是与时空有关的人或人群。

3. 属性引述型

这种情况下的 X 为性质形容词，表示引语的属性或性质，常见的有"时髦""时兴""流行""熟悉"等，而且常与表示时间的名词结合起来用。例如：

（86）我从小性格温和，体质单薄，按时髦的说法具有文人气质。（新浪微博 2019-12-07）

（87）他的"犯罪"事实是委托美国领事馆向美国地质调查所交换地质刊物，按当时时兴的说法叫"里通外国"。（《1994 年报刊精选（11）》）

（88）其实，这位新秀并不年轻，即使按照时下流行的说法，五十三岁也该称为中年作家。（刘碧峰《"新秀"赵金禾》）

（89）通过这种方式，合作社为当地农民注入了三个全新的要素：组织、资源和参与（或者按我们熟悉的说法，叫做"自主权"）。（《读书》/vol-062）

以上诸例中的"时髦""时兴""流行""熟悉"都是表示引语属性的形容词，它们明示换言后项是大家所熟知的说法。

4. 其他引述型

这种情况下的 X 主要指学科、书籍、宗教、文化观念等的名词性词语。例如：

（90）激素水平低，肯定 ED，但是不等于不低就不 ED，如同瞎子是残疾人，不瞎不一定不是残疾人一样。按照逻辑学的说法，这是个大概念小概念的问题，二者不是对等关系，是一个涵盖与被涵盖的关系。（王海鸰《中国式离婚》）

（91）支出增长的原因很多。按照《宋史·食货志》的说法，主要有三个原因……。（当代 / 网络语料 / 网页 /C000023）

（92）我们没有理由报（抱）怨什么，只能坦然面对人生中所发生的一切。按照佛教的说法叫随缘吧！（新浪微博 2019-02-24）

（93）其实在李小龙出生前，原本还有一个哥哥，但是刚生下来，便夭折了。按照中国传统文化里的说法是这个小孩"给鬼魅捉去了，此鬼专捉金童。"（张小蛇《李小龙的功夫人生》）

（94）妈自己也纳闷："我怎么这么沉呢？"连我一共三个人，可还觉得相当吃力。我们都知道，按照民间的说法，病人身体发沉是不吉利的表征。（张洁《世界上最疼我的那个人去了》）

例（90）"逻辑学"是学科名称。例（91）"《宋史·食货志》"为书籍名称。例（92）"佛教"指宗教。例（93）"中国传统文化里"指某一特定的文化领域。例（94）"民间"是指一种风俗意识。

### （三）"按 X 的说法"前后项的语义关系

#### 1. 释义关系

就释义关系来看，"按 X 的说法"前后项之间的语义关系包括四种：解说关系、概说关系、详说关系、确说关系。

（1）解说关系

解说关系是指前项是难懂的说法，后项是通俗易懂的说法。这里还包括易懂到难懂、通俗到专业。例如：

（95）值得注意的是，索迪的贡献集中在 40 岁以前，早期才华横溢而中年以后则才力衰竭，在科学上没什么贡献，按我们的说法是"江郎才尽"。（当代 /CWAC/SCB0400）

（96）如果宇芽有过错，或者按通俗的说法该打，也请通过媒体披露一二，以利于大家平息情绪。（新浪微博 2019-11-28）

（97）近日，我加入了保险培训班才真正理解了保险的现实意义。现在对将来的规划，今天对明天的打算。按中国人的说法：居安思危时就要未雨绸缪。（新浪微博 2015-12-17）

（98）婚礼跟拍是一个记录新人当天重要的事件的视频记录，按专业的说法，就是一部记（纪）录片。（新浪微博 2011-10-29）

例（95）换言前项是陈述索迪的事迹，换言后项引用说话人的说法对索迪的贡献进行简单总结，二者之间是难懂到易懂的关系。例（96）换言前项是相对正式的说法，换言后项说话人转到通俗的说法，二者之间是专业到通俗的关系。例（97）换言前项是一种白话文的说法，换言后项引用中国人熟悉的文言或者说是成语，二者之间是易懂到难懂的关系。例（98）换言前项是一般的说法，换言后项说话人转到专业的说法解释换言前项的内容，二者之间是通俗到专业的关系。

（2）概说关系

概说关系是指前项是较为具体、详细的说法，后项是较为简略、概括的说法。例如：

（99）当兵是死里逃生的飞行员，读大学读的是耶鲁，做商人很快成为富豪，从政做到了总统，做丈夫与妻相濡以沫74年，做朋友有一位交往60年的挚友，做父亲培养了一位总统一位州长。活到94岁，儿孙满堂，一生信奉上帝。<u>按中国人的说法</u>是福禄寿俱全的第一人。（新浪微博 2019-05-25）

（100）酒店建在山坳里。坐南朝北，背靠大山。面朝大海。<u>按中国人的说法</u>风水极好。（新浪微博 2014-02-06）

例（99）换言前项先具体陈述某个飞行员人生各个阶段的轨迹，换言后项引用中国人的说法，将这个飞行员的一生概括起来说这个人是"福禄寿俱全的第一人"。例（100）换言前项先详细陈述酒店的地理位置，换言后项引用中国人的说法总起来说是"风水极好"。

（3）详说关系

详说关系是指前项是较为抽象、概括的说法，后项是较为具体、详细的说法。例如：

（101）我们处在一个商品化的时代，文化也变成了商品。这就出现了一个"文化性合法性"的过程。<u>按美国学者詹明信的说法</u>，这种"文化性合法性"把一切都解释为文化的结果，最终导致一种"文化麻木症"，不知道真的文化是什么，这是一种文化拜物教的表现。（《读书》/vol-122）

（102）萨迪把人的一生均分为三段。<u>按照诗人的说法</u>，第一个30年应该获得知识，第二个30年漫游天下，最后30年从事创作，

以便如他所说，把自己"心灵的压模"留给子孙后代。(《读者（合订本）》)

例（101）换言前项提到"文化性合法性"，换言后项针对这个概念引用美国学者的说法重新进行说明并提供了与其相关的其他信息。例（102）换言前项先总说"萨迪把人的一生均分为三段"，换言后项则引用诗人的说法对这三个阶段作出详细说明。

（4）确说关系

确说关系是指前项是一般性的、不严格的说法，后项是更为准确的、确切的说法。例如：

（103）眼看一场年度"税改大戏"即将上演，它将为美国和全球带来什么？……其对美国经济的积极因素表现为：总体而言，有助于美国经济增长。按照特朗普的说法，税改将助美国经济增速重返3%以上。（人民网 2017-12-01）

（104）大麦网真的是垃圾网站，没有之一。倒数几秒可以开始抢票的时候直接跳转到某宝页面，赶紧连回来已经卖光了，这过程绝对没有 10 秒。按大麦的说法 53 秒票就都抢光了。（新浪微博 2019-05-25）

例（103）换言前项说到美国税改的好处是有利于美国经济增长，换言后项引用特朗普的话，准确地说是经济增速重返 3% 以上。例（104）换言前项先说大麦网售票存在问题，从开卖到售罄的过程没有 10 秒，换言后项引用大麦网的说法，准确地说是 53 秒。

2. 非释义关系

非释义关系主要有推论关系和揭示关系两种。

（1）推论关系

推论关系主要是因果关系。例如：

（105）今年七月十二日入伏，七月二十一日（今天）出伏。今年出伏时间在上午，按民间的说法，就不存在秋老虎了。（新浪微博 2019-08-21）

（106）外国电信企业凭借雄厚的资金实力进入北京的电信市场。北京的地位决定外商进入中国市场首选北京，按外商的说法，进

入北京市场就意味着打开了中国市场的窗口。(《北京晚报》2001-11-13）

例（105）是先因后果，前项先说今年入伏与出伏的时间，后项引用民间的说法，即按照这个时间来看，结果就是没有秋老虎了。例（106）是先果后因，前项先陈述外国电信进入北京的电信市场这一事实，后项解释为什么先进入北京的市场。

（2）揭示关系

揭示关系这里指的是表象到实质的关系。例如：

（107）在上海浦东居住的冯女士，圣诞来临前夕，特意买了棵圣诞树摆设在客厅中央，冯女士和四岁的儿子果果在上面挂上红色小灯笼，还有彩纸包着少许米粒，按冯女士的说法，这代表着"丰衣足食，红红火火"。(新华社 2004 年 12 月新闻报道）

（108）今天是正月十五，又恰逢情人节，按中国人的说法，过了今天就是年过月尽，打算活命。(新浪微博 2014-02-14）

例（107）中换言前项陈述上海浦东冯女士家的圣诞节情景，换言后项引用冯女士自己的说法，重新解读圣诞节在中国的文化内涵，即代表着"丰衣足食，红红火火"。例（108）中换言前项陈述中国的正月十五，换言后项引用中国人自己的说法，正月十五一过就是年过月尽，开始新的奔波了。

## 三 "引述"类换言标记构式换言的语用分析

"引述"类换言标记构式与"换句话说"相比，在语用功能上的最大不同就是构式中的 X 透露了语境信息。"换句话说"等词汇性换言标记的词语本身不包含语境信息，也就是说单纯从词语本身看不出说话者之所以换言的语境关注点，而"引述"类换言标记却可以，正因为如此，这类换言标记的关联性更强。这也就是相比于"换句话说"等词汇性换言标记，"引述"类换言标记构式的独立价值所在。请看以下的比较：

（109）在澳大利亚政府看来，中国公司一旦介入澳大利亚 5G，就会对澳大利亚国家安全构成威胁。以至于澳洲官员这样说：没有任何科技安全控制方案，能够充分减低这些风险。换句话说，澳洲

5G，华为中兴你们得滚蛋。就是这么直白，就是这么坦率，就是这么流氓。（人民网 2018-08-24）

（110）值得注意的是，索迪的贡献集中在 40 岁以前，早期才华横溢而中年以后则才力衰竭，在科学上没什么贡献，<u>按我们的说法</u>是"江郎才尽"。（当代 /CWAC/SCB0400）

以上两句都是着眼于说话者的换言，前项是一般的说法，后项代表说话者个人的理解。但例（109）的换言由"换句话说"标记，如不看换言后项，则无法知道换言的语用倾向，但例（110）的"按照我的讲法"则明示了换言后项的语用倾向，强调了说话者的主观认识。

### （一）人物引述型换言标记构式的语用倾向

"引述"类换言标记构式中的 X 为指人名词性成分时，根据指人名词或代词的不同性质，换言的语用倾向也不相同。

一是当 X 为第一人称代词或指称说话者的名词时，换言是用来强调说话者的认识和情感立场。例如：

（111）吴孟超的话也与此异曲同工："有句话我很欣赏，'赠人玫瑰，手留余香'，用<u>我</u>的话说，就是送人笑脸，彼此温暖，造福于人，幸福于己。"（人民网 2012-03-22）

（112）张公者：浙江农舍埃菲尔铁塔式的建筑也是一种环境污染。余秋雨：这是一种环境污染，按照<u>我</u>的讲法就是视觉噪音。（余秋雨博客）

例（111）换言前项提到典故"赠人玫瑰，手留余香"，换言后项是说话人从自己的立场出发来重新解读这句话的含义，表达自己对这句话的理解与认识。例（112）中换言前项提到浙江农舍埃菲尔铁塔式的建筑是一种环境污染，说话人表达自己对山寨建筑的认识，不仅是环境污染，更是视觉噪音。

二是当 X 为第二人称代词或指称听话者的名词时，换言是用来关照听话者，拉近与听话者距离。例如：

（113）个人感觉最能给人视觉反差，带来最大冲击感的就是摇身一变 hipa 范儿，不管男的女的，以前是多八杆（竿）子打不着的范儿，摇身一变一身街牌一套，你就立马让人耳目一新，用<u>你们的</u>

话说就是 A 爆了，看起来就很厉害很独特很洒脱。（新浪微博 2019-06-29）

（114）亚茹："就是别那么吹，太吹了也。国强，按<u>你们</u>的说法，他得算侃爷了吧？"国强笑："得算。"（王朔《刘慧芳》）

例（113）换言前项先说什么是"hipa 范儿"，换言后项改换成听话者熟悉的用语"A 爆了"。例（114）换言前项亚茹说"他"太能吹了，换言后项改换成听话人国强所熟悉的用语，即会吹牛的人称为"侃爷"。

三是当 X 为第三人称代词或一般的人名时，换言是用来移情于事件当事人。例如：

（115）揭短亮丑是一种勇气，惩治腐败靠的是力度，为了队伍的纯洁性，他顾不得与人积怨，也不怕家丑外扬。用<u>他</u>的话说，没有阵痛，便没有新生命。（《人民日报》1995 年 12 月）

（116）他双目晶亮："人没有背景，很容易卡死你！"按<u>他</u>的说法，张三李四王二麻子都是选拔对象，张三有背景，李四也有背景，平衡之后，很可能就把王二麻子牺牲掉。（戴善奎《背景》）

（117）他不做那 15% 大企业的生意，只做 85% 中小企业的生意。用<u>马云</u>的话说："只抓虾米。"（刘世英《谁认识马云》）

（118）中国的南海地区也蕴藏有丰富的天然气资源，按<u>罗强</u>的说法，是"尚未开发的最大聚宝盆"。（新华社 2003 年 7 月新闻报道）

以上前两例 X 是第三人称代词，后两例中 X 是一般人名。这些例子中换言前项都是说话人先陈述相关情况，接着移情到事件当事人，表明当事人的观点、认识等。

四是当 X 为领袖、名人或某一领域的权威人士时，换言是为了增加话语的理据性和权威性。例如：

（119）假如民进党果真这样却又继续不承认"九二共识"，两岸既有成果将成无根之木，用<u>习近平</u>的话说，"基础不牢，地动山摇。"（人民网 2015-04-08）

（120）不过埋在那树下好像不太可能，因为他俩不是抗日英雄，不是为人民利益而死的，只是一男一女为了相会，一个冻死，一个自杀。<u>按毛主席</u>的说法，他们的死是轻于鸿毛，而不是重于泰山的，怎么够资格埋在那棵树下呢？（艾米《山楂树之恋》）

（121）当我们思知识或谈知识的时候，这个思、谈的本身就是知识。<u>用亚力士多德</u>的话说，它是"思想思想"。（当代/CWAC/APB0050）

（122）在浙江提起律师，人们就会联想到"绍兴师爷"。<u>按鲁迅</u>的说法，师爷，即"幕友""参谋""军师"之谓也。（《人民日报》1994年第3季度）

（123）劳埃德教授也告诫听众，看待古人的研究，不能从现代人的角度。这样人们往往只注意到研究的不精确与出击，而忽视了在当时的历史条件下，古人的研究在哪些方面是具有突破性的，<u>用劳埃德教授</u>的话说："古人并没有想做现代人的事，可他们绝不愚蠢。"（百家讲坛《古希腊与中国古代的疾病历史》）

（124）阿根廷是1991年和1993年美洲杯连续两年的得主。但目前这支队伍组建时间还不长，<u>按教练帕萨雷拉</u>的说法，球队正在相互了解和适应的过程中，尚未形成特色。阿根廷队要实现卫冕困难不少。（《人民日报》1995年7月）

例（119）（120）换言后项分别引用领袖习近平与毛主席的话来增强说话人所说话语的权威性。例（121）（122）换言后项分别引用亚里士多德和鲁迅的话来增强说话人所说话语的可信度。例（123）（124）换言后项分别引用医学领域某一教授、体育领域某一教练的话来增强说话人所说话语的理据性。

### （二）时地引述型换言标记构式的语用倾向

当"引述"类换言标记构式中的X为表示时间或地点的名词时，其时间和地点的所指可能是指向说话时间或地点，也可能是指向上文所述事件发生的时间或地点。但不管是哪种情况，都是为了增加话语的时代感和现场感。例如：

（125）宋之农夫能拔苗在于他是这块地和这块地上苗的主人，<u>用现在</u>的话说，他拥有土地及苗的产权。（当代/CWAC/CEB0133）

（126）雷政委是那个年代典型的政治干部，政治神经很敏感，<u>用当时</u>的话说，就是阶级斗争这根弦绷得很紧。（刘慈欣《三体Ⅰ》）

（127）王莽那段历史怎么回事，就是西域把刘邦的汉国给合并掉了，按<u>现在</u>的说法就是统一祖国。（新浪微博 2019-07-06）

（128）那<u>些</u>说什么996也没关系，只要钱给到位就好的人，按<u>过去</u>的说法就是工贼。（新浪微博 2019-04-21）

（129）二元价值论，即流氓逻辑——对自己及队友是一幅嘴脸，面对别国竞争对手，则是另一幅嘴脸。同样的事情发生在别国队员身上就不可以，发生在他自己及队友身上就是可以原谅的。用<u>中国</u>话说：对别人马列主义，对自己自由主义。（新浪微博 2019-07-28）

（130）如今的北京城里流行着一个老"新"词——"北大荒"。诙谐的北京人用这个原本是个地名的词语来称呼都市单身女性这个特定的群体："北"，生活在北京的；"大"，大龄女青年；"荒"：没有结婚、身边没有固定异性朋友，用<u>北京</u>话说身边"荒"着的。（新华社 2003 年 8 月新闻报道）

（131）如果某个外国企业在某个行业异军突起，按<u>美国</u>的说法就是威胁到了美国的国家安全。（新浪微博 2019-05-27）

（132）买货郎王守本在韩家读小学的时候，家里经常搞修造，按<u>当地</u>的说法叫治乾坤（王守本《买货郎》）

例（125）至（128）中 X 是表示时间的名词，比如"现在""当时""过去"。例（129）至（132）中 X 都是表示地点的名词，比如"中国""北京""美国""当地"，说话人换言后项的话语内容实际上都是指向 X 表示的时间或地点，比如例（125）先说到农夫拔苗的前提是这块地是属于他的，这种情况用现在的话来说就是拥有土地及苗的产权，因为"产权"这个概念在古代是没有的，是现代的产物。又如（130）提到如今的北京流行用"荒"表示单身，所以一个人单身可以说"荒着呢"，这是贴近北京生活的说法。

### （三）属性引述型换言标记构式的语用倾向

"引述"类换言标记构式中的 X 有少数形容词，如"时兴""时髦""熟悉""流行"等，这些形容词都是表示引语的属性的，其共同的语义特征就是表示引语是为社会大众所熟知的，用这类引语作为换言也是说者为了贴近受众，便于听者或读者理解。例如：

（133）《说不尽的外交》以讲故事的形式谈外交，夹叙夹议，语言力求通俗，内容力求实在，用时兴的话说，就是要"接地气"，让人读得下去。（人民网 2013-12-10）

（134）导演冯小刚说话一向很冲，用时髦的话说就是有点"任性"。（人民网 2015-03-12）

（135）所谓系统整合，……它指社会系统各部门（或各子系统）之间在功能上的相互适应、相互弥补、相互合作和相互促进的程度。用艾利阿斯的话说，就是功能互赖性（functional interdependence）。用我们熟悉的话说，就是社会各部门之间的比例（或关系）适当，结构合理，以及总体效益（或功能）的优化程度。（《读书》/vol-177）

（136）傣女天性柔顺，即使财权在握也不滥用，大有孟光"举案齐眉"的风采，按时髦的说法是"服务意识"比较强。（《人民日报》1996 年 8 月）

（137）他说，市场经济条件下个人追求一定的物质条件是正当的，按流行的说法就是"没有钱是万万不能的"。（《1994 年报刊精选（04）》）

（138）在育碧财报电话会议上，育碧方面透露腾讯将在中国市场重新发布（Relaunch）其旗下的几部作品，针对《彩虹六号：围攻》的相关工作则已在进行中。按照我们习惯的说法，也就是腾讯将代理《彩虹六号：围攻》国服，并引进育碧的更多作品。（新浪微博 2018-05-18）

例（133）中换言前项是一种客观陈述，带有书面色彩，换言后项说话人引用一种大众都熟知的说法"接地气"，扩大了听众的范围，更加贴近听众的实际。例（134）说冯小刚说话很"冲"，说话人改为大家更为熟悉的"任性"。例（135）中说话人用我们熟悉的话来解释什么是系统整合。例（136）中用服务业中"'服务意识'比较强"这种说法来解释傣女的特点。例（137）中换言前项是一种专业的说法，后项换言到大众的说法，加强听者的理解。例（138）中换言前项也是一种客观陈述，换言后项说话人用自己的理解重新表述了一遍。

### （四）其他引述型换言标记构式的语用倾向

除以上几种引述外，其他的成分作 X 主要是表示某些特定专业、行业、学科或知识领域的名词。这种情况与属性引述型的情况正相反，换言后项恰恰是一般受众所不熟悉的。换言由一般性的话语换言到专业性的话语，这种换言可能有两种语用目的：一种是面对某一特定专业、行业、阶层、学科或知识领域的人士说话，说他们所熟悉的话，也是为了贴近听话者或读者。例如：

（139）来听听本专业人士的讲解……首先，妹子很美，我尤其喜欢后面两位白衣美女，用<u>行话</u>来说就是：盘亮、条顺。（人民网2015-08-14）

（140）感到自己受冷淡的孩子常采用不好的行为或态度想来引起家长或别人的注意，……有经验的家长在这种情况下故意不去理睬孩子，而在孩子讲道理、表现好的时候及时对他注意和关心，那么孩子的攻击行为就会弱化，或用<u>心理学</u>的术语来说，孩子的攻击行为就会得到阴性强化。（方富熹、方格《儿童的心理世界 -- 论儿童的心理发展与教育》）

（141）目前，北京市电话网程控化比重已达99%，长途电话网、国际电话网的程控化程度已达100%，纵观当今世界发达国家大都市的技术装备水平，亦不过如此。而5月8日北京电话升8位后，按照<u>国际邮电界</u>的说法，已经达到了电话资源的最高阶段。（《人民日报》1996年5月）

（142）可是，对感觉能力发育的研究却开始提供一些坚实的事实了，它们代替了思辨，对心理学中这样一个古老的中心议题提供了答案：有多少是天性，是多少是教育使然？（按照<u>发展心理学</u>的说法，有多少是成熟本身造成的，有多少是学习得来的？）（翻译作品《普通心理学》）

例（139）中的"行话"是针对游戏领域中受众而言的，这种说法更加贴近这类听者的说法。例（140）和（142）"心理学"主要是针对心理学专业或者懂心理学的人而言。例（141）换言后项也主要是针对"国际邮电界"这一专业领域的人士而言。总之，这种由普通表述到专业表述，他们的受众是有针对性的。

第二种情况就是为前面的一般性说法找到一种专业化的严格表述，以增加理据性和可信度，这种情况可以称为"示证"功能。例如：

（143）那么如果一个老年朋友变得心情郁郁寡欢，变得心情紧

张焦虑，变得长时间地陷入郁闷状态，用我们专业的话来说，一个人有了心理障碍了。（杨凤池《谁知老年心》）

（144）一个就是如果是为了国家政治利益和社会公共利益的需要而公开他人的个人隐私的行为，那么这样的话是可以免责的。用我们侵权法上的专业术语来说叫"阻却违法事由"。（姚辉《话说隐私权》）

（145）从遗传学的观点来看，一个成年的个体在关心自己父母双亡的幼弟时，应和关心自己子女一样。对它来说，小弟弟和子女的亲缘关系指数是完全一样的，即 1/2。按照基因选择的说法，种群中操纵个体表现大姐姐利他行为的基因和操纵个体表现父母利他行为的基因应有同等的繁殖机会。（翻译作品《自私的基因》）

（146）孙中山晚年同中国共产党密切合作，并且重新解释了他的三民主义，按《新民主主义论》的说法，就是把它发展为"联俄、联共、扶助农工三大政策"的新三民主义。（《人民日报》1998 年）

例（143）换言前项先陈述某种状态，后项从专业角度证明这种状态属于什么。例（144）换言前项先陈述某一个事实，后项用侵权法上的专业术语来证明。例（145）换言前项先陈述某个事实，后项从基因选择的角度用专业的知识来证明前项。例（146）换言前项陈述孙中山重新解释了其三民主义，后项从专著中找到根据，证明前项。总之，目的都是为了增加说话人的话语理据性和可信度。

## 四　小　结

本节主要从"引述"类换言标记构式"用 X 的话说""按 X 的说法"的相关情况、引述类型、换言前后项的语义关系以及"引述"类换言标记构式所带来的语用倾向四个大的方面对这两个构式进行讨论分析。

从与构式相关情况来看，二者都兼任句法与非句法两种功能，其非句法功能是指引述标记与换言标记两种，我们研究的是这两个构式的换言标记功能。

从构件角度来看，这两个构式都是由常项与变项两个部分组成，常项部分有些成分也可以被替换，从进入两个构式中的 X 的成分来看，都可分为四个类型：人物引述型、时空引述型、属性引述型、其他引述型。人物引述型主要是指 X 表示各种指人的名词语、代词；时空引述型主要是指 X 表示各种指时间、空间的名词语；属性引述型主要是指 X 表示引语属性的性质形容词；其他引述型主要是指 X 表示学科、书籍、宗教等的名词语。

从换言前后项的语义关系来看，都包括解说关系、概说关系、详说关系、确说关系、推论关系、揭示关系六种。差别在于前者的推论关系包括因果关系与条件关系，后者的推论关系只包括因果关系；前者的揭示关系包括从表象到实质、行为到目的，后者只包括从表象到实质。

"引述"类换言标记构式与"换句话说"在语用功能上的最大不同就是构式中的 X 透露了语境信息，正因为如此，这类换言标记与语境的关联性更强。这也就是相比于"换句话说"等词项类换言标记，"引述"类换言标记构式的独立价值所在。从语用倾向来看，分类如下。

一是人物引述型换言标记构式的语用倾向：1）当 X 为第一人称代词或指称说话者的名词时，换言是用来强调说话者的认识和情感立场；2）当 X 为第二人称代词或指称听话者的名词时，换言是用来关照听话者，拉近与听话者距离；3）当 X 为第三人称代词或一般的人名时，换言是用来移情于事件当事人；4）当 X 为领袖、名人或某一领域的权威人士时，换言是为了"拉大旗做虎皮"，以增加话语的理据性和权威性。

二是时地引述型换言标记构式的语用指向：增加话语的时代感和现场感。

三是属性引述型换言标记构式的语用指向：说者为了贴近受众，便于听者或读者理解。

四是其他引述型换言标记构式的语用指向：这种情况的换言可能有两种语用目的，一种是面对某一特定专业、行业、阶层、学科或知识领域的人士说话，说他们所熟悉的话，也是为了贴近听话者或读者。另一种是为前面的一般性说法找到一种专业化的严格表述，以增加理据性和可信度，我们称为"示证"功能。

## 第三节　"视角"类换言标记构式个案分析

本节主要考察现代汉语中三个"视角"类换言标记构式，分别是"从 X 的角度说""从 X 的方面说""就 X 而言"。由于"就 X 而言"与前两个在形式和功能上差异较为明显，因而我们将前两个合在一起讨论，"就 X 而言"单独讨论。

# 一　"从 X 的角度说"

## （一）"从 X 的角度说"的不同用法

"从 X 的角度说"是个偏正短语，在现代汉语中，有以下三种用法。一是作句法成分。例如：

（147）他还从一个读者的角度说："不要只告诉我马戏场的侏儒一周挣多少钱。要告诉我他在这个为身材高大的人而建立的世界里生活是多么艰难——他怎么才能够得着信箱去寄信，他怎样跨上公共汽车的第一个高台阶。"（《读书》/vol-047）

（148）湖北省武汉市武昌区的一位居民从消费者的角度说："湖北省有很多城市发了粮本，但是老百姓基本不用。……"（《人民日报》1995 年 5 月）

在以上的例子里，"从个人的角度说""从语言角度说"都是一个句子的一部分，其中"说"是谓语，"从 X 的角度"是状语。在这里它们并不是一个表示认知视角的标记性成分。

二是作视角标记。例如：

（149）从政治的角度说，许多西方国家在创作自由、保障人权的口号下，放任一切腐朽没落的文化垃圾合法存在、自由发展。（《人民日报》1994 年第 3 季度）

（150）从文化的角度来说，今天真不是中国情人节，从商业的角度来说，这个创意值得肯定，起码收到了经济回报，从大众的角度上，给自己一个娱乐的理由其实不错，从我个人的角度说，只能建议揣着明白装糊涂。（新浪微博 2012-08-23）

例（149）中"从政治的角度说"并不关联上文，因而没有篇章功能。例（150）"从商业的角度来说""从我个人的角度说"虽然关联上下文，具有篇章功能，但它所关联的上下文之间没有语义相似性。在这两例中，"从 X 的角度说"的共同点是都表示认知视角，这种用法我们称为"视角标记"。

三是作视角兼换言标记。例如：

（151）你和亚平，满登对的。我说句实话，你家也不过是小家碧玉，他家又不是什么官宦门第，<u>从门当户对的角度说</u>，你们很匹配。（六六《双面胶》）

（152）管理作为一种活动，一定是在一个特定组织、特定时空环境下发生发展直至结束，<u>从时间的角度来看</u>，管理实在是一个动态的过程，因为时空环境不是静止的。（当代 /CWAC/CMT0202）

例（151）的"从门当户对的角度说"也是视角标记，具有篇章衔接功能，其所关联的前后句子间意义有相似性，认知取向一致，因而这个构式既是视角标记，同时具有换言标记的作用。例（152）中"从时间的角度来看"关联了一个语段，前后项都是在讲什么是管理，具有语义相似性，也是一个视角兼换言标记。

类似例（151）（152）中这种视角兼换言标记是本节的研究对象。无论视角标记还是视角兼换言标记，"从 X 的角度说"都常配对出现在一段话语中，表示视角的变化。

"从 X 的角度说"中的主要变项是 X，可以被不同的词语开放式代入。同时"角度"也可以用"视角"替换或省去，其中的"说"也可以用"讲""看"等动词替换，在这里"说""讲""看"的语义中和，都是表示认知义，而不是言语动词和视觉动词。其中"从 X 的角度说"最为常用，我们将"从 X 的角度说 / 讲 / 看"和"从 X 的视角说 / 讲 / 看"看作"从 X 的角度说"的不同变体形式。下面一律以"从 X 的角度说"来称说，举例也以此变体为主。

### （二）"从 X 的角度说"的视角类型

苗兴伟（2017）将视角分为四类，他的分类主要是从认知语义角度出发，我们从逻辑角度将视角分为两类。就"从 X 的角度说"来看，由于"从"是一个表示起点的介词，与"说"相联系表示认识的起点，即从某个视角看问题，这种概念义也保留在充当换言标记构式的"从 X 的角度说"上，其中 X 代表具体的视角，根据进入 X 的成分，可将视角分为两类：相同与不同；不同的视角又分为两类：一是相反视角，二是相对视角。

1. 相同视角

这种情况是指当 X 为"这""这个""以上""上述"等具有回指功能的代词或名词或形容词时，由于其共同的回指功能，换言前后项视角一致。例如：

（153）倘若子女养成了依赖父母的习惯，一旦老人离去，那他们往后的日子可就没法过了。从这个角度来看，老人过分关照子女，对后辈来说，不是爱，而是害。（闻卓《给老爸老妈的 100 个长寿秘诀》）

（154）从人类的生理机制来看，人的眼睛只能从一定的角度看到一定范围内的光色，耳朵也只能听到一定频率范围内的声音，而记忆和分析，是基于神经元细胞的协同模糊记忆，人的大脑，先天就难以适应精确精准的计算和分析，从以上角度来看，但凡是人的主观意识判断，可能有90%以上的情况都是处于错误认知的状态。（新浪微博 2019-02-21）

（155）同时，教师具有事业单位编制，属于类公职人员，公职人员不得经商，这是有明文规定的。从上述角度，晋江市教育局发文禁止教职工做微商，有理有据。（人民网 2017-03-30）

上述例中"这个"是指示代词，"以上"为名词，"上述"为形容词。
2. 不同视角
这种情况又分两类：一是相反视角，二是相对视角。
（1）相反视角
这种情况是指当 X 为"好—坏""积极—消极"等反义对举形式出现的形容词时，换言前后项视角相反。例如：

（156）（A）他们一边插科打诨，一边参与主线叙述，贝儿通过和他们的交谈得知了城堡的秘密。这可以说是整部影片最好看的部分。（B）从好的角度说，最新版《美女与野兽》忠实于 1991 年迪士尼版动画电影；（C）从不好的角度说，忠于经典也成了枷锁。一句话，没太大意思。（人民网 2017-03-20）

（157）（A）可是，在中国生活了一年的今天，包括小王的问候在内，我逐渐喜欢上了中国人打招呼的方式。虽然觉得中国人的好奇心比日本人强（露骨？），不过，我认为这种热情的问候方式也挺好的。（B）从消极的角度说是"没有隐私"，可是，（C）从积极的角度看，则可以说是"人和人的联系比较强"。（人民网 2009-12-15）

以上两例都包含了双重换言。句 A 与句 B、C 之间是第一重换言，句 B 和句 C 之间是第二重换言，这第二重换言是从两个相反的角度说的。

（2）相对视角

相对视角就是指后项的认知视角与前项视角有差别，但不是完全相反的。表达相对视角的"从 X 的角度说"，其中的 X 多为名词性成分，主要包括表示以下几种意义的名词性词语。

一是指人名词或代词。例如：

（158）我一看就有些起火，什么意思嘛！消费者难道什么都在乎，就是不在乎票价吗？不然为什么什么都告诉了，就是单单不告诉票价？从观众角度说，他们第一关心展什么，第二位关心的就是票价了。（《北京日报》2001-01-20）

（159）李忠认为：水景住宅的出现是一种必然。从买房人的角度说，人们在解决了基本的住宅面积问题后，开始追求住宅品质了，除了看重房子本身，也开始注重环境等附加因素。几年前，深圳开发商做了一个调查，把地段、价格、房子质量、景观等因素让大家根据关注程度排顺序，结果买房人把景观排在了第十。几个月前，北京做了一个调查，79% 的购房者认为"水景是高尚住宅的必备条件。从开发商的角度说，开发商做水景住宅除适应市场外，还有水景的特殊之处。绿地、花园等景观只有做好了，人们才能体会到，而水景在效果图中就能体现出来，而且非常能打动人。（《北京晚报》2001-07-12）

（160）他心里说："不能是日本人干的！从日本人那方面说，他们给他的太太带来官职，地位，金钱，势力。给招弟带来风头荣誉。从他自己这方面说，他对日本人可以说是仁至义尽：……"（老舍《四世同堂》）

以上例中的"观众""买房人""开发商""日本人"都是名词，"他自己""我"是代词。

二是表示理论、学科、专业等意义的名词，这种 X 最为多见。例如：

（161）资本也是活的价值，尽管其"活"性较钱低，但它是能够生产价值的价值。而财富既包括流动性的，也包括不流动的价值，即死的有价物，一般的财富并不一定能产生财富。从<u>契约理论</u>的角度讲，财富往往是物、是"东西"，货币是把"东西"卖掉之后的价值载体，而资本更多是"东西"的"产权证"，它是广义的货币，是与具体的"东西"相对应的产权。（当代 /CWAC/CFB0150）

（162）除了农村自然生态环境较好以外，农活在他们的长寿中起到了关键作用。从<u>运动学</u>的角度看，农民插秧割麦、身挑肩扛、快步疾走这些日常的生活行为，在适量的范围内都是促进健康的良药。（新华社 2004 年 10 月新闻报道）

（163）要正确地评价达尔文的进化理论，必须用历史的眼光不存偏见地对待它。从<u>科学史、人类思想史</u>的角度来说，达尔文给我们带来了一个新世界观，一个锐利的思想武器……（当代 /CWAC/SBT0399）

以上例中的"契约论"是一种理论，"运动学"是一门学科，"科学史""人类思想史"是一种专业。

三是表示转换视角的标记性词语，如"另一个""不同""新""更高"等。例如：

（164）前几天，我跟柳柳说，你之所以不变，而我总是随风倒，是因为我没有灵魂，从<u>另一个</u>角度说，就是没有自己的主观意识。（新浪微博 2019-07-23）

（165）难道这样就不暴力吗？将心比心，打篮球肯定有对抗性，场上能顾及那么多人吗？从<u>不同</u>的角度说，谁都有道理，但自己说出口的话会不会伤害到别人呢？（新浪微博 2012-04-26）

（166）大金融和大科技属于既有方向，大重组却是突发状况，从<u>新</u>的角度来看，大重组对新资金更有吸引力。（新浪微博 2019-06-21）

（167）这个打印机只是临时在这里，从<u>更高</u>的角度看，我们不都是临时存在吗？（新浪微博 2019-07-30）

另外，还有部分动词性成分也可以进入"相对视角"中的 X，这类词语往往是一个动词或以动词为中心的短语，代表人类具体的社会活动。虽然是动词性成分，但当它们作 X 时，并不表示陈述，而是表示指称。

例如：

（168）我国的资产市场（这里指股市和房地产）还刚刚起步，从<u>管理</u>的角度来说，对这一市场运行的特点、规律性等等的认识尚需要一个过程。（《1994年报刊精选（10）》）

（169）一般说来，男性，尤其老年男性的脸比较粗糙，纹儿较深，有些还留有胡子，或戴着眼镜，这样的形象在图案上线条表现非常丰富。从<u>造币</u>的角度考虑，线条越是繁多复杂，对防伪就越有利。（《人民日报》2000年）

（170）"四两拨千斤"，从<u>办企业</u>的角度来说，即以最少的投资获得最大的经济效益。（《人民日报》1994年第2季度）

（171）应该说，中英文电脑学习机有其值得肯定之处。从<u>打字</u>的角度看，其过程可以使孩子们熟悉汉语拼音，练习指法，加强对汉语词组的……（《1994年市场报B》）

以上例中的X"管理""造币""办企业""打字"都是动词性成分。

### （三）"从X的角度说"前后项的语义关系

1. 释义关系

就释义关系来看，"从X的角度说"换言前后项的语义关系包括三种：解说关系、概说关系、详说关系。

（1）解说关系

解说关系是指换言前后项之间具有解释说明关系，包括难懂到易懂、专业到通俗之间的关系。还包括易懂到难懂、通俗到专业的关系。例如：

（172）"四两拨千斤"，<u>从办企业的角度来说</u>，即以最少的投资获得最大的经济效益。（《人民日报》1994年第2季度）

（173）像牛排这样的东西，越熟杂环胺的含量就越高。所以，<u>从致癌物的角度来说</u>，五分熟的牛排就比七分熟的要健康。（云无心《吃的真相2》）

（174）三清是一男二女，那个男的就是玄天上帝，也叫天公。西方社会称之为上帝or真主。<u>从佛教的角度看</u>，那个男的就是毗卢遮那佛。（新浪微博2019-09-24）

（175）兄弟分家，<u>从现代民法的角度看</u>是遗产继承行为，其本

质却是两个或多个新生的家庭财产权利主体诞生的过程。（当代 /
CWAC/AHJ0030）

例（172）中换言前项"四两拨千斤"是一个武术技法术语，属道家
哲学，换言后项从信息学角度对这个俗语进行解说，由难懂到易懂。例
（173）中换言前项"杂环胺"是一个专业术语，换言后项将其通俗地表述
成"五分熟的牛排就比七分熟的要健康"，由专业到通俗。例（174）中
换言前项是从西方社会角度解释"三清是一男二女"中"一男"是"真主
or 上帝"，换言后项从佛教的角度解释"一男"是"毗卢遮那佛"，"上帝"
是一个常见的称呼，但如果不了解佛教，就不知道"毗卢遮那佛"指的是
哪一位，由易懂到难懂。例（175）中换言前项"兄弟分家"是一种大众
说法，换言后项是从法律角度对其进行专业表述，由通俗到专业。

（2）概说关系

概说关系是指前项是较为具体、详细的说法，后项是较为简略、概
括的说法。例如：

（176）19 世纪末之前的传统管理还没有摆脱小生产经营方式的
影响，仍然靠个人的经验进行生产和管理，管理方式是家长式的；
工人则凭自己的经验来操作，没有统一的操作规程。工人和管理人
员的培养，也只是靠师傅传授自己的经验，没有统一的标准和要求。
从管理科学的角度来说，基本上是处于积累实践经验的阶段。（当
代 /CWAC/CMB0187）

（177）当然，翻拍本身并无不可。经典有值得被不断回望的价
值，我们的文化名著、历史故事、神话传奇中也有值得被不断挖掘
的资源。但好的翻拍应该是"以古人之规矩，开自己之生面"，创作
者应随着时代生活进行新的创造，赋予作品新的内涵，让经典作品
不断与当下进行对话，与一代一代的受众产生新的心灵碰撞、情感
共鸣。从这个角度来说，翻拍本身是重现经典甚至再造经典的过程。
（人民网 2019-08-07）

例（176）后项是对前项关于到底什么对控制尿酸有较好的作用进行
概括总结。例（177）后项是对前项关于翻拍经典的总结。

（3）详说关系

详说关系是指前项是较为抽象、概括的说法，后项是较为具体、详

细的说法。例如：

（178）显而易见，以上我国史学界曾经提出过的关于史与论的两个口号，就口号提出的背景看，都是有它的合理性一面，而且有一定的道理，也都产生过一定的积极影响，但是它们又都带有片面性，<u>从认识论的角度看</u>，前者有教条主义的倾向，后者则有着经验主义的弊端。（当代 /CWAC/AHT0034）

（179）由此可见，信息社会对教育的培养目标、培养内容和培养方式都有了新的要求。<u>从广义的角度而言</u>，可以要求培养目标是德智体全面发展的、具有高度创新能力和很强信息能力包括信息获取能力、分析能力与加工能力的新型人才。（当代 /CWAC/AET0017）

例（178）换言前项中提到"史与论的两个口号提出的背景具有片面性"，后项从认识论的角度将这种片面性展开来说明。例（179）换言前项概括提到信息社会对教育的新要求，后项对这些新要求的具体内容进行展开描述。

2. 非释义关系

非释义关系包括推论关系和揭示关系两种。

（1）推论关系

这里指由前提到结论。例如：

（180）他们都是站在各自学科领域最前沿的人，<u>从学科的角度看</u>，我认为他们的思想是当代前沿的先进思想。（《人民日报》1994年第 2 季度）

（181）近些年来，许多国家都在寻求治理垃圾的有效途径，特别是欧美一些发达国家，已经将垃圾治理纳入市政管理的重要内容。<u>从资源学的角度</u>，垃圾也是一种资源，而且是一种不断增长的资源。（新华社 2001 年 9 月新闻报道）

例（180）中换言前项提到一些站在各自学科领域最前沿的人，换言后项在这个前提下推断出这些人的思想应该就是当代前沿的先进思想。例（181）中换言前项提到许多国家将垃圾治理纳入市政管理的重要内容，换言后项由此推断出垃圾也是一种资源。

（2）揭示关系

这里是指由表象到实质。例如：

（182）终清之世，福建海商以及整个东南海商再也未能形成一支强大的海商武装力量。<u>从国际贸易的角度看</u>，这也是中国海商逐渐失去东南海上贸易控制权的重要标志之一。（当代 /CWAC/ AHJ0028）

（183）然而最值得注意的趋势是"锦绣中华"微缩景区公园在美国抢滩登陆，首战告捷，<u>从文化传播的角度看</u>，这标志着我国旅游企业在主要客源国建起了一座长期性的旅游宣传阵地。（《1994 年报刊精选（03）》）

例（182）从国际贸易的角度说明海商武装力量的强弱本质上是反映海上贸易控制权的大小。例（183）从文化传播的角度说明"'锦绣中华'微缩景区公园在美国抢滩登陆"实质上反映的是中国旅游企业在美国建立了一座长期性的旅游宣传阵地。

## 二　"从 X 的方面说"

### （一）"从 X 的方面说"的不同用法

"从 X 的方面说"是个偏正短语，这个短语就功能说有以下三种情况。

第一种情况，是个句法成分，其中的"说"或"看"作谓语，前面是介词短语作状语。例如：

（184）伊利英说："怎么说好呢？我深为抱憾。<u>从一方面说</u>我是自做自受，我受到处理后，所有其他人却事不关己……"（《作家文摘 1997C》）

（185）其次是信息技术与生物工程技术的兼容。这种兼容可<u>从两方面看</u>。（《人民日报》1995 年 8 月）

例（184）中"从某些方面说"是一个状中结构，例（185）中"从两个方面看（问题）"也是个状中短语。这两例中的"从 X 的方面说（看）"都是作句法成分。

第二种情况，是个视角标记，在句中是插入语，或篇章连接成分。例如：

（186）"柳屯的"，<u>从一方面说</u>，是他的宝贝。（老舍《柳屯的》）

（187）到这儿来领女人的，只须花两块钱的手续费和找一个妥实的铺保就够了。这是个便宜。<u>从男人方面看</u>；据我想，这是个笑话。（老舍《月牙儿》）

以上的例（186）中，"从一方面说"处在主语和谓语中间，不是篇章连接成分。在例（187）中，它虽然处在篇章结构中，但其前后句之间没有语义相似关系。在这两例中，"从一方面说""从男人方面看"都只是一个单纯的视角标记，一般将其看作插入语，不是换言标记。

第三种情况，是个视角兼换言标记。例如：

（188）旅行便成了一个"放大镜"与"显微镜"，帮人们察觉很多平时生活很难发现的问题，从而检验两个人是否适合继续在一起。如果一对情侣能够默契地应对好旅行中的分歧，那么他们就能够应对好生活中的问题。<u>从这个方面说</u>，旅行是检验爱情的重要标准之一，这是有一定道理的。（人民网 2018-09-21）

（189）分期付款的好处很多。<u>从大的方面说</u>，它有利于疏导商品流通，扩大销售，回笼货币，减少购买力集中冲击市场的危险；有利于优化产业结构，推动生产发展。<u>从小的方面说</u>，分期付款所购商品，以定合同时价格为准，消费者日后可避免物价上涨的风险；它有助于消费者灵活而有计划地安排支出，……（《人民日报》1995 年 6 月）

例（188）中"从这个方面说"具有篇章功能，前项主要说明旅行能够帮助人们察觉很多平时生活很难发现的问题，从而检验情侣是否适合继续在一起，后项指出旅行是检验爱情的重要标准之一，前后项之间具有语义相似性。例（189）中"从大的方面说""从小的方面说"也有篇章功能，后项是从"大""小"两个视角来详细说明前项"分期付款的好处很多"，前后项之间也存在语义相似性，所以这两例都具有换言标记的功能。

作为"视角"类换言标记，"从 X 方面说"与一般的词汇性换言标记不同，可以在一个语段中上下文搭配出现两个，如例（189）的"从大的方面说"和"从小的方面"说，表示两次变换角度，两次换言。

本节只研究具有换言标记功能的"从 X 的方面说"，而不涉及单纯的视角标记和作为句法成分的情况。这个构式中主要变项为 X，其中"说"可以是"看"等，它们的语义中和，都表示认知义，而不是言语动词和视觉动词。

### （二）"从 X 的方面说"的视角类型

就"从 X 的方面说"来说，由于"从"是一个表示起点的介词，与"说"相联系表示认识的起点，即从某个视角看问题，这种概念义保留在充当换言标记构式的"从 X 的方面说上，其中 X 代表具体的视角，根据进入 X 的成分，可将视角分为两类：相同与不同；不同的视角又分为两类：一是相反的视角，二是相对的视角。

1. 相同视角

这种情况是指当 X 为"这（个）""各个"等指示代词以及名词"以上"，形容词"上述"时，由于它们的回指功能，换言前后项视角一致。例如：

（190）官司不在钱多少，丘建东"一块二"的官司，伸张了正义，堵住了公用电话亭不按规定乱收费的歪风，为广大消费者维护了共有的合法权益。从这方面看，这场官司的真正价值是无法用金钱来衡量的。（《人民日报》1996 年 8 月）

（191）蒋介石周围的一切都显得井井有条，包括他的衣着，办公室和他的家庭，都是如此。从各个方面来说，蒋介石都是一位讲风纪、有条理的人。（翻译作品《领袖们》）

（192）可以说，在很大程度上改变了公众对流行乐的认知，也改变了流行乐创作人的公众形象——经典流行音乐作品不是快餐，更不是鸡汤，是可以登入大雅之堂的，更重要的是，将引导流行音乐人的创作方向，从以上方面来说，这个突破意义非凡，很值得肯定，大赞！（新浪微博 2016-10-14）

（193）从研发和发行来看，手游研发风险高，发行需要投入的资金也不少，属于"烧钱"业务；而触控科技的 Cocos 引擎也长期处于大规模投入期，同时面临变现难题，从上述方面来看，对资金需求并不算小。（人民网 2014-04-15）

以上诸例中，"这""各个"为指示代词，"以上"为名词，"上述"为形容词。

2. 不同视角

这种情况又分两类：一是相反视角，二是相对视角。

（1）相反视角

这种情况是指当 X 为"好""坏""积极""消极"等反义对举形式出现的形容词时，换言前后项视角相反。例如：

（194）（A）国考中作弊，（B）从小的方面讲有损考试的公平正义，（C）从大的方面讲就是"犯罪"。（人民网 2015-03-17）

（195）（A）头疼很常见，几乎每个人都有过，因为头部是血管和神经分布最密集、最丰富的区域，而且头部的颅外血管和神经都比较浅，（B）从好的方面讲，头部的感觉和感知力，是全身最敏锐的，（C）从不好的方面讲，因为敏感，所以更容易受影响，也最容易发生疼痛。（人民网 2017-03-29）

以上两例都包含了双重换言。句 A 与句 B、句 C 之间是第一层次的换言，是相同的视角。除了如上这层换言关系外，句 B 和句 C 之间，还有一重换言关系，这第二重换言是从两个相反的角度说的，如例（194）"小"和"大"是两个相反的角度，例（195）"好"和"不好"是两个相反的角度。

（2）相对视角

这种情况是指当 X 为表示行业、学科等名词性成分时，换言前后项视角相对。例如：

（196）可见，要使马克思主义在人们中间具有吸引力，提起干部学习马克思主义理论的兴趣，不是短时期可以做到的事情，需要中国马克思主义者在各个方面进行极大的努力。从马克思主义理论界方面来说，则需要大力提高理论研究和理论教育的水平。（《读书》/vol-128）

（197）简言之，仿生学就是模仿生物的科学。……从生物学的角度来说，仿生学属于"应用生物学"的一个分支；从工程技术方面来看，仿生学根据对生物系统的研究，为设计和建造新的技术设备提供了新原理、新方法和新途径。（当代 /CWAC/SBE0384）

例（196）X 为"马克思主义理论界"，与换言前项视角不一致，因而是一个相对视角。例（197）X 分别为"生物学"和"工程技术"，也是两个相对视角。

另外，还有少量动词性成分也可以进入"相对视角"中的 X，多以并列形式出现，表示双重换言。例如：

（198）客观地看长篇小说现状，可以说充满了一种过渡性特征：从创作方面看，不少人普遍意识到长篇文体的重要，却还没能做到有力而独到的把握；创作中都力求打破传统范式，但走向哪里又游移未定；从出版方面看，国家出版机构依仗名号吸引作者，非官方出书渠道施用高酬抓取书稿……（《人民日报》1995 年 12 月）

（199）这种认识上的变化，是改革开放新形势"催生"出来的。从改革方面来说，目前，相当一批国有中小企业进行了产权制度改革，成为市场经济条件下依法纳税、自主经营实体，政府不再是这些企业的"顶头上司"；从开放方面来说，越来越多的外商在内地投资兴业，这些企业最关心我们的投资环境和服务方式。（《人民日报》1998 年）

"创作""出版"是两个相对视角，"改革""开放"也是两个相对视角。

### （三）"从 X 的方面说"前后项的语义关系

1. 释义关系

就释义关系而言，"从 X 的方面说"换言前后项的语义关系包括三种：解说关系、概说关系、详说关系。

（1）解说关系

解说关系主要是指难懂到易懂；也包括易懂到难懂、通俗到专业。例如：

（200）这种社会结构的最大职能便是有效地防止和阻止人上升为人，从另一方面说，就是有效地培养和造就奴才和奴性。（《读书》/vol-117）

（201）自我审查意识过严就过严吧，从某个方面讲这还能叫慎独。（新浪微博 2020-02-07）

（202）运营是建立在产品之上的行为，不可能成为商业的根本和驱动。如果一味强调、放大运营的神奇，就如同空中楼阁、豆腐渣工程一样，会死的（得）很难看。<u>从哲学方面说</u>，就是主观唯心主义。（新浪微博 2017-08-24）

例（200）中后项是对前项的解释说明，由难懂到易懂。例（201）中前项是白话文，后项是文言文，由易懂到难懂。例（202）中后项从哲学方面对前项的内容进行解释说明，由通俗到专业。

（2）概说关系

概说关系是指前项是较为具体、详细的说法，后项是较为简略、概括的说法。例如：

（203）前两届亚欧会议无疑使得双方对各种问题的不同立场在这里得以充分阐述，亚欧之间的分歧在缩小、理解在加强，会谈倡议正在得以实施。<u>从这一方面来说</u>，亚欧会议是成功的。（人民网 2000-10-19）

（204）但是，中国国土辽阔，经济发展不平衡，尤其是中西部地区，经济发展比较缓慢，地区差别很大。另外，中国还有国有企业、金融机构的大量不良资产等问题。中国加入世界贸易组织不久，农业问题和就业问题都没有得到根本性解决，<u>从这些方面来看</u>，中国经济还有许多弱点。（新华社 2003 年 9 月新闻报道）

例（203）前项具体陈述亚欧会议中各种表示会议顺利的表现，后项从更高层次概括说明亚欧会议是成功的。例（204）前项具体说明中国经济发展不平衡的各种表现，后项从更高层次概括说明中国经济还有许多弱点。

（3）详说关系

详说关系是指前项是较为抽象、概括的说法，后项是较为具体、详细的说法。例如：

（205）所以关于这个作者问题，我的基本看法就是，施耐庵是主要的作者，罗贯中是他的合作者。<u>从狭义的方面来说</u>，我们可以承认作者是施耐庵。<u>从广义的方面来说</u>，应该说《水浒传》是他们两个人共同创作的。（刘世德《〈水浒传〉的作者》）

（206）巴以总理相继访美有其复杂的背景。<u>从巴勒斯坦方面来</u><u>说</u>，尽管"路线图"计划已经启动，巴各派别单方面宣布停火 3 个月，以军撤出部分巴勒斯坦城市，但是，巴以双方在以方释放在押巴勒斯坦人、解禁阿拉法特、停止修建隔离墙以及以军撤出更多巴城市和巴方解除激进组织武装等问题上相持不下。……<u>从以色列方</u><u>面来看</u>，沙龙原定今年 9 月访问白宫，现提前到了阿巴斯访美 4 天之后。虽然以色列在巴以局势中处于相对强势，但也面临着要求其按照"路线图"计划继续与巴方和谈的强大国际压力。……（新华社 2003 年 7 月新闻报道）

例（205）换言前项说话人先做出一个关于《水浒传》作者的断言，后项分别从"广义""狭义"两个视角对其断言进行解释，给出理由。例（206）换言前项先做出"巴以总理相继访美有其复杂的背景"的断言，后项分别从巴勒斯坦和以色列两个视角对这个断言进行细致说明。

2. 非释义关系

非释义关系包括推论关系与揭示关系两种。

（1）推论关系

推论关系这里指由前提到结论。例如：

（207）国际法的历史是随着国家和各种国际法的学说而不断演变和发展的。<u>从这个方面说</u>，它是有别于国际私法和宪法的。（当代/CWAC/LIE0295）

（208）吹笛拉琴，声音的高低强弱可以千变万化，但是音质不变，始终是笛子、胡琴的声音，因为发音体和共鸣器没有改变。人类发乐音时，发音体是声带，共鸣器由咽腔、鼻腔、口腔组成，能够变出好多种形状，因此能够发出"啊""伊""乌""于"等许多不同音质的乐音来。<u>从这方面看</u>，人类发音器官的功能比乐器高明得多。（当代/CWAC/ALT0049）

例（207）前提是国际法的历史是不断演变的，后项据此得出一个结论。例（208）前提是由于乐器的发音体和共鸣器无法改变，而人类发音体和共鸣器可以改变，因而后项据此得出一个结论。

（2）揭示关系

揭示关系这里是指从表象到实质。例如：

（209）美国有人声称，人民币汇率"自由浮动"将有助于保护美国就业机会。格林斯潘就此指出，那些人假定的前提是，其他国家不会取代中国向美国出口商品。如果中国停止向美国出口，其他国家就会取而代之。<u>从这方面来说</u>，这不是中国的问题，而是一个国际竞争的基本问题。（新华社 2004 年 2 月新闻报道）

（210）我们要认识一个事实，那就是鉴于华人华侨的爱国之心，他们在世界各地发展的好坏，也直接关系到他们是否能够更好地为中国大陆效劳。<u>从这个方面说</u>，善待华人华侨，对于中国政府来说，也就是善待自己。（杨恒均博客）

例（209）前项陈述即使中国停止向美国出口商品，其他国家也会取而代之，并不能缓解美国就业问题，后项则指出这个问题的本质是一个国际竞争的基本问题。例（210）前项陈述华人华侨在世界各地发展与大陆的关系，后项指出这一事实的本质是华人华侨与中国是命运共同体。

## 三 "从 X 的角度说"与"从 X 的方面说"的语用分析

"从 X 的角度说"与"从 X 的方面说"这两个换言标记构式，主要见于书面语中，特别是议论性文体，用来表达说话者对某一问题或事件的主观看法。无论是相同的视角还是不同的视角，话都是说话者自己说的，表达说话者自己的观点。说话者认为前项的表述还不能充分地表达自己的看法，所以通过视角的延伸和转换做出展开的论证或描述。因此在语用上，从语篇功能来说，"从 X 的角度说"与"从 X 的方面说"主要是实现语篇衔接功能。从话题功能来说，因为前项和后项具有语义相似性，表达的事件或道理是相类似的，转换角度不一定改变话题，因而其主要是延续话题的功能，而不是转换话题的功能。从与"换句话说"这种词汇性换言标记的比较来说，半图式构式形式的换言标记本身包含有语用信息，为读者提示理解方向。例如"换句话说""换言之"只是明示了下文表达方式的变化，但是哪一方面的变化，变化的依据是什么？这种词汇式换言标记中没有提示。而构式性换言标记则不同，如"引述"类换言标记中包含了交际语境的相关信息，提示了新的表达方式的直接来源。如果说"引述"类换言标记中，主要是包含了交际语境的相关信息，如说话者、听话者、事件当事人、时间、地点等；那么"视角"类换言标记构式就主要是包含了语言语境的相关信息，其主要是换言后项知识来源的信息（当 X 为指人名词以及学科、专业、行业和理论的名词时）和知识评价的信息（当 X 为形容词时）。也就是说，"视角"类换言标记构式与"引述"类换言标记构式，都是对换言后项提供了相关的语境信息，为下文的理解指示了关联方向。

从说话者通过换言而实现的语用目的来说，说话者之所以要运用"视角"类换言标记构式对前项所说进行重述，是为了优化自己的表达，增加知识含量，开阔认知视野，并从而更有说服力和可信度。通过语境中视角的延伸与转换的考察，我们觉得从表达上看说话者主要实现的语用目的包括以下几点。

### （一）视角的延伸

视角的延伸是指当 X 为定指代词性成分"这""这个""这些"和名词"以上"等时，由于其前指的功能，换言前后项的视角经常保持一致，从语料考察来看，这类换言是为了凸显说话人的认识、情感立场等。例如：

（211）把一幅图画给孩子看，要求他把每个部位都看到。结果我们会发现，他比大人用的时间多。这种扫描能力和注意的范围，即注意的广度有关。……如果利用联想赋于它一定的意义，那么注意广度也会因之增大的。从这个角度来说，成人的注意广度由于联想丰富在实际上要比儿童大得多。（方富熹、方格《儿童的心理世界——论儿童的心理发展与教育》）

（212）现代心理学主要是西方心理学，中国的心理学也是再吸收、借鉴西方心理学，而西方心理学是从西方哲学发展而来，在西方心理学的发展过程中又受到哲学的不同程度的影响；同时，哲学是一切人文科学、自然科学的高度抽象，它来源于人文科学和自然科学，同时又对它们起作用。所以，从以上两个方面来讲，某些西方心理学中的知识点因为哲学的高度抽象化原因难以让人理解。（新浪微博 2018-10-22）

（213）这本书出版后，我桌子上来自各国的信件成堆，很多读者说看了这本书以后，知道中国人民对我们的关怀照料，深为感动。很多信写得极为动人。因此从这方面说，这本书是增进了中国和西方人的友谊和了解，我感到非常高兴。（《读书》/vol-005）

（214）假期是在不受外界打扰的情况下，用整块儿的时间阅读或者搞研究的日子。假期是在祖国大好河山充斥在拥挤与喧嚣的情况下，自己独自躲在一个空寂的角落享受内心平静的日子。假期是厌倦了寻常食物的情况下，下厨筹备一顿精致美餐的日子。从<u>以上</u>角度看，假期实在是太美好了。（新浪微博 2014-04-30）

例（211）（212）中换言是为了凸显说话人的认识。例（211）换言前项陈述儿童与成人在面对同一幅画时记住其内容的时间不一，后项承接这个视角，凸显说话人对这个实验的认识。例（212）中换言前项先陈述西方心理学与哲学的相关知识，后项凸显说话人对这两个学科的认识。例（213）（214）换言是为了凸显说话人的情感立场。（213）换言前项陈述很多读者读完这本书后给"我"写信，让"我"感动，后项承接同一个视角凸显"我"认为这本书展现了其价值，非常高兴。例（214）换言前项从三个角度陈述假期是什么，换言后项总结成假期实在是太美好了，凸显说话人的情感立场。

**（二）视角的转换**

包括两个方面，一是相反的视角，二是相对的视角。

1. 相反视角

相反视角是指当 X 为反义形式的性质形容词"好""坏"、"积极""消极"等时，常常是双重换言，后项表示说话人从相反的视角对换言前项进行评价。例如：

（215）我这几天一直在学习哇唧唧哇相关。我发现此公司有一个不好评价的特点，就是毫不压抑艺人的天性。从<u>好</u>的角度讲你可以说是小爱豆们在挖机历尽千帆归来还是那个少年，从<u>不好</u>的角度讲就是丝毫没有教小爱豆们经营自己的培训。（新浪微博 2019-07-28）

（216）以前可以理解可以包容的东西，现在不能有一丝瑕疵了，但凡有一点不顺眼，是个人都有发言权都敢喷敢怼了。从<u>好</u>的方面来说，是个性解放是促进发展，从<u>坏</u>的角度来说是自由空间缩窄，包容度被破坏。（新浪微博 2019-08-02）

（217）《读书》已经三岁多了。虽然只是幼儿园小班的年龄，却也有点"老气横秋"。它一出生时有些毛孩子气，现在是仿佛"规行矩步"的老夫子了。从<u>好</u>的方面说是成熟，从<u>差</u>的方面说是老化。

（《读书》/vol-046）

（218）乖孩子的本质是孩子能自觉服从社会规则。从<u>积极</u>方面说，乖孩子比较机灵，擅讨大人欢心；从<u>消极</u>方面说，乖孩子缺乏探索和创造精神。（新浪微博 2016-02-17）

例（215）中说话人分别从"好""不好"两个相反的视角对哇唧唧哇这个公司的特点进行评价。例（216）中说话人分别从"好""坏"两个视角对关于包容的改变进行评价，此例中"从好的方面来说""从坏的角度来说"配合使用。例（217）中说话人分别从"好""坏"两个相反的视角对《读书》的发展进行评价。例（218）中说话人从"积极""消极"两个相反的视角来对乖孩子进行评价。

2. 相对视角

一是当 X 为指人名词或代词时，是为了转换认知立场。即同一件事情，从不同的认知主体或不同的认知角度来看，就会代表不同的立场。例如：

（219）心理咨询是一系列的心理活动的过程。从<u>咨询者</u>的角度看，帮助来访者更好地理解自己，更有效地生活，其中包含有一系列的心理活动在内。从<u>来访者</u>的角度看，在咨询过程中需要接受新的信息，学习新的行为，学会调整情绪以及解决问题的技能，作出某种决定，这都涉及一系列的心理活动。（当代 /CWAC/APB0081）

（220）他心里说："不能是日本人干的！从<u>日本人</u>那方面说，他们给他的太太带来官职，地位，金钱，势力。给招弟带来风头荣誉。从<u>他自己</u>这方面说，他对日本人可以说是仁至义尽：……"（老舍《四世同堂》）

例（219）换言前项陈述"心理咨询是一系列的心理活动的过程"，后项分别从"咨询者""来访者"两个不同的认知主体来看待同一件事情。例（220）换言前项给出一个结论，后项分别从"日本人""他自己"这两个认知主体给出相应的理由来支持这个结论。

二是当 X 表示理论、学科、专业等意义的名词时，换言是为了寻求学理支持。例如：

（221）所谓"主文化必须旗帜鲜明"，是指主文化必须强调自己的存在，并旗帜鲜明地表明自己提倡什么、允许什么、限制什么、反对什么，在大是大非面前，坚持原则，毫不含糊，不能对那些错误的、违法的东西不管不问。从<u>社会学</u>的角度看，就是以主文化和主旋律武装、引导、塑造和鼓舞人。(《人民日报》1994 年第 2 季度)

（222）这篇报道以令人信服的事实说明，企业治理污染不只是投入，也有产出；不仅有社会效益，也可以有丰厚的经济回报。从<u>哲学</u>的角度看，污水之"污"，既是害，也有宝，通过科学治理，完全可以变害为利，变废为宝。(《人民日报》1998 年)

（223）有一坚白石，用眼看，则只"得其所白"，只得一白石；用手摸，则只"得其所坚"，只得一坚石。感觉白时不能感觉坚，感觉坚时不能感觉白。所以，从<u>知识论</u>方面说，只有"白石"或"坚石"，没有"坚白石"。( 当代 /CWAC/APB0050 )

以上三例都是一段议论性文字。例（221）换言前项讲社会主文化的功能是什么，后项从社会学的角度来做出进一步的阐述，使一种政治性的解读有了学理的支持，从而增强了说服力。例（222）换言前项通过一个企业的例子说明治污不只是投入，也有回报的观点，后项中引入的哲学的对立统一观进行论证，使议论更加严密，结论更为可信。例（223）换言前项陈述公孙龙关于"离坚白"的解释，说话人将其总结为从"知识论"这个视角来证明只有"白石"或"坚石"，没有"坚白石"这个结论。

三是标记转换视角的"另一个""更高"等词语，或是表示认识的拓展，或是提升认知层次。例如：

（224）许海峰在谈到"老枪"与"新秀"的关系时指出，射击运动员的运动生涯往往很长，这在国际上也是一种规律，瑞典的一位射手曾打过七届奥运会。王义夫状态一直稳定，多次参赛，但从<u>另一</u>方面也说明，中国在王义夫所在的项目上后继乏人。( 新华社 2003 年 7 月新闻报道 )

（225）管理学研究水平的提高是一个长期积累的过程，这需要宽松的研究环境，合理的人员培育机制以及规范的成果发表市场相互支持，缺一不可。当然，这些方面的完善都不是一蹴而就的，而是一个渐进的过程。从<u>更高</u>的角度上，研究与教学两个层面又存在一定的联系，虽然在短期内可能会有所偏重，但是就长期而言，要使中国管理学科的发展产生质的飞跃就需要这两个层面的均衡发展。

（当代 /CWAC/CMJ0197）

例（224）前项是从正面认识王义夫多次参赛的意义，后项从反面认识王义夫多次参赛这一事件说明中国在相关项目上后继乏人。例（225）换言前项讲管理学研究水平的提高与相关因素的关系，并指出是个渐进的过程，后项从一个更高的层次，从教学与研究的联系上作进一步说明。

另外，当两个"从 X 的角度说"在上下文配对出现，实现双重换言时，可以通过换言显示出不同的理论或不同的认知主体等对某一问题的不同或共性认知。例如：

（226）世界上没有真、善、美的永恒标准，也没有适应这些永恒标准的永恒的教育；世界上同样没有永恒不变的人的本质，教育就是人的发展、人的生长和人的经验的不断改造。正因为此，杜威才要求教育家们反对"一般的和终极的教育目的"。从社会学的角度看，实用主义教育极为重视教育目的社会适应性。从心理学的角度看，实用主义教育还十分重视教育目的心理适应性，即教育必须适应儿童的心理现状与心理需要。（当代 /CWAC/AEM0016）

（227）计划经济体制形成的政企不分的弊病，是造成"婆媳"争吵的根本原因。政企分开难在哪里？党的十四届三中全会的《决定》从理论上提出了解决这个问题的思路。从企业的角度说，就是建立现代企业制度，明确企业法人财产权。从政府的角度说，就是实现政府的社会经济管理职能与国有资产所有者职能分开……（《人民日报》1995 年 1 月）

（228）从工资制过渡到分享制的最大障碍就是宏微观损益的不对称性。从工人方面看，工人对劳动的报酬制度的选择只重视报酬数额的大小和稳定性，而不管是采取什么样的报酬制度，更不注重给宏观造成的影响。从厂商方面来看，厂商也只仅仅重视报酬数额的大小。（《读书》/vol-117）

（229）值得一提的是，六国古文还有各自的特点。从结体方面看，韩、赵、魏三晋文字和西周春秋金文差距不如楚、燕、齐的厉害。从风格方面看，三晋文字字体端庄整饬，用笔纤巧细腻。（当代 /CWAC/ALB0035）

例（226）是不同的学科理论对实用主义教育的趋同认知，例（227）

是两个不同的认知主体对政企分开的趋同认知。例（228）中换言前项先陈述从工资制过渡到分享制的最大障碍就是宏微观损益的不对称性，换言后项从"工人""厂商"两个视角分别论述宏微观损益的不对称性在这两个认知主体中的差异。例（229）换言前项先总说六国古文有各自的特点，换言后项从"结体""风格"两个视角解释这种特点的不同表现。

## 四　"就 X 而言"

### （一）"就 X 而言"的不同用法

现代汉语中，"就 X 而言"① 有以下三种用法。

一是充当句法成分。例如：

（230）哎，我跟你说啊，今后你们不定怎么吃惊呢，还单<u>就我们这电冰箱而言</u>。（王朔、冯小刚等《编辑部的故事》）

（231）印象中他的藏书足可媲美于一所名牌中学的图书馆，这还只是<u>就数量而言</u>。（刘心武《松本清张一去不返》）

以上两例中的"就我们这电冰箱而言""就数量而言"都是状中结构，"就数量"是介词短语，"而言"是谓语，属于句内表述成分。

二是充当视角标记。例如：

（232）她的特别，<u>就她个人而言</u>，是自然的。（刘心武《曹叔》）

（233）因此，在某种意义上来说，当好周恩来的保健医生是一件很不容易的事情。<u>就本人而言</u>，我只能说是在照料周恩来的医疗保健工作上尽了一点心出了一点力。（张佐良《周恩来的最后十年》）

这两例中的"就 X 而言"在句法上具有非强制性，其出现与否不影响句子的真值意义，它们不是句法成分，而是插入语，表示认知视角，我们称作"视角标记"。这个视角标记可以用于句内，如例（232）"就她个人而言"是单句内的视角标记；也可以用于篇章中，例（233）"就本人而言"作为视角标记，关联了前后两个句子，具有篇章连接功能。

三是充当视角兼换言标记。例如：

---

① "就 X 而言"也可以说成"就 X 来说"，这里统一以"就 X 而言"来指称该构式。

（234）作为世界上人口最多的国家，中国拥有世界上各级教师的 1/5、科技人员的 1/12。<u>就文化和传播而言</u>，全世界每出版 12 本书就有一本是在中国，每 15 张日报就有一张在这个国家印刷，每 10 家电台中也有一家在这个国家。（《人民日报》1993 年）

（235）倪家只有一子单传，名文若，他就是唐纳的舅父。我的胞姊志芳嫁给倪文若，就成为唐纳的舅母。所以，<u>就亲戚关系而言</u>，唐纳应该叫我舅表叔。（《作家文摘》1997 年）

例中"就文化和传播而言""就亲戚关系而言"都是篇章中的视角标记，与例（4）不同的是，这两例中视角标记前后的话语之间具有语义相似性，功能类似换言标记。

### （二）"就 X 而言"的视角类型

视角型换言标记构式"就 X 而言"由常项"就……而言"与变项 X 构成，其中 X 是核心语块，由于受到常项的制约，能进入 X 的主要为体词性成分。根据这些成分，"就 X 而言"的视角类型可以分为以下五种。

1. 主体视角

主体视角是指说话人在换言的同时，还通过 X 明示换言后项的认知主体。例如：

（236）在解释自己为何还不戴口罩时，特朗普表示自己保持了安全距离，"<u>就我</u>而言，我和任何人都离得不近"。（中国新闻网 2020-05-15）

（237）【A380 一去不复还】稍早前在汉莎二季度业绩电话会议上，汉莎航空首席执行官 Carsten Spohr 表示："A380 显然不会再回到汉莎服役"。<u>就他</u>而言，A380 在汉莎的生涯已经终结。（新浪微博 2021-08-07）

以上例中通过"我""他"引入后项所得结论的认知主体，表示换言前后项来源于同一个认知主体。

2. 对象视角

对象视角是指说话人在换言的同时，还提示后项是说话人针对 X 进行的换言。例如：

（238）即随着市场经济的发展，消费者的文化素养、消费品位已不断提高，就大多数消费者而言，消费已不仅仅是一种商品买卖，同时也是一种精神的满足和文化的享受。(《1994 年报刊精选( 11 )》)

（239）要全心全意为人民服务，很大程度上要靠大规模的经济建设来实现，就政府而言，主要是把精力放在经济工作上，全心全意组织人民群众搞好经济建设。(《人民日报》1995 年)

例中"就大多数消费者而言""就政府而言"就是对象视角，提示后项是针对该对象进行的换言。

3. 依据视角

依据视角是指说话人在换言的同时，还提示后项是说话人依据 X 进行的换言。例如：

（240）因为他说的一口美妙的普通话，就口音来说毫无疑问是中国人。(王小波《绿毛水怪》)

（241）集贸市场现已成为流通领域的一支生力军，一些大型集贸市场，在区域商品流通乃至区域经济中已占有举足轻重的地位。然而，从总体上看，它们主要是一种规模型的初上的成熟，就市场"概念"而言，仍处于规模型的初级市场发展阶级。(《1994 年报刊精选（10）》)

例（240）"口音"表示事实依据。例（241）"市场'概念'"表示理论依据。

4. 范围视角

范围视角是指说话人在换言的同时，还提示后项是说话人立足 X 这一特定范围进行的换言。例如：

（242）党中央提出的坚持区域经济协调发展，逐步缩小地区发展差距的方针，是一个环环相扣、相互联系的系统工程。就全国范围而言，我们要在继续优先发展东部地区的前提下，大力支持中西部地区经济发展，逐步解决中西部与东部地区的发展差距问题，促进中西部与东部地区经济的协调发展，实现共同富裕。(《人民日报》1996 年)

（243）这个观念的形成，原因是多方面的，就经济方面而言，主要是长期的单一的计划经济体制造成的。(《人民日报》1993 年)

例（242）"全国范围"表示地域范围。例（243）"经济方面"表示领域范围。

5. 时间视角

时间视角是指说话人通过 X 表明换言的时间，提示后项是说话人立足 X 这一特定时间进行的换言。例如：

（244）而签证中心乱象之所以存在，主要源于信息不对称和监管资源投入的不匹配。就当下而言，大部分人对出境签证中心的性质、功能和运作模式，依然是一头雾水；其得到什么样的授权，权利和义务的边界在哪里等问题，也让人弄不清楚。（中国新闻网 2019-07-02）

（245）通航业发展要迈入快车道，就必须打破目前的僵局状态，在低空开放方面取得实质性突破。就眼下而言，推进空域管理体制改革，加强在通航飞行和空域审批方面的军民融合与协调，当是紧要之务。（中国新闻网 2018-06-29）

例中"当下""眼下"都是表示时间，表明说话人立足这一时间对前项进行换言。

### （三）"就 X 而言"前后项的语义关系

1. 释义关系

就释义关系而言，"就 X 而言"前后项的语义关系包括四种：解说关系、概说关系、详说关系、确说关系。

（1）解说关系

解说关系是指前后项之间具有解释说明的关系，包括前项为较难懂晦涩的说法，后项是较容易理解的说法。例如：

（246）文化史，即以人类文化为研究对象的历史研究分支，它是历史学和文化学交叉的综合性学科。就其狭义而言，文化史曾与学术思想史或典籍文化史同义，如蔡尚思所著《中国文化史要论》。（当代 /CWAC/AHE0023）

（247）物权请求权的概念和特征。就狭义而言，物权请求权是指基于物权而产生的请求权；就广义而言，物权的请求权除了即于物权而产生的请求权以外，还包括占有人的占有保护请求权。（当代 /CWAC/LRB0360）

例（246）前项是阐释"文化史"的一般定义，后项是换言到狭义的角度再次对"文化史"的含义进行阐释，并给出具体例子。例（247）前项是阐释什么是"物权请求权"，后项从广义的角度再次进行阐释。

（2）概说关系

概说关系是指前项是较为具体、详细的说法，后项是较为简略、概括的说法。例如：

（248）人具有其本质规定性，成为人是人的终极追求。人的本质规定也就是他的实践性，以实践的方式存在是人的类特性，这是不变的。就此而言，成为一个实践的人就是人的终极追求。（当代/CWAC/AEJ0013）

（249）从上述道德的本意来看，道德就是要人按照人的本然存在方式去存在，而人的本然就是人自己，人不是神，不是物，人只能成为人。为此，道德就是要人循着做成一个人的目的去生活，就此而言，道德就是成人之道。（当代/CWAC/AEJ0013）

例（248）前项陈述人的本质规定性是实践性，后项将前项这段话概括为一句话。例（249）前项是讲道德的本意是什么，后项将其总结为一句话。相较于前项而言，后项更简略易懂。

（3）详说关系

详说关系是指前项是较为抽象、概括的说法，后项是较为具体、详细的说法。例如：

（250）人性永远处于历史的变动之中，永远处于生成之中。就每个个体而言，成为一个人的过程也不会是封闭的、完成的，而是永远开放、不断生成的，在这个过程中，人总是要去不断超越和扬弃已经形成了的种种给定性，赋予自己以新的形象、新的意义和价值。（当代/CWAC/AEJ0013）

（251）配偶权，应理解为男女双方基于婚姻关系所享有的配偶身份权。就其性质而言，配偶权是绝对权，即权利主体是夫妻双方；义务主体是配偶以外的任何人。就其内容而言，配偶权应集中体现为配偶权益，如忠实义务、同居义务、扶助义务、家事代理权、住所决定权及共同生育权等。（当代/CWAC/LFJ0281）

例（250）前项是总说人性的特点，后项则转到每个个体的角度，更为详细的解说人性的特点。例（251）前项是对"配偶权"的一般定义，后项是从其性质与内容两个角度更为详细的解释什么是"配偶权"。

（4）确说关系

确说关系是指前项是一般性的、不严格的说法，后项是更为准确的、确切的说法。例如：

> （252）如果考虑到公务员的货币与非货币收入，公务员的收入并不低。就整体而言，公务员属于中等收入阶层。（当代/CWAC/CEB0133）
>
> （253）一个人一天要吃不少东西，就大类而言，有饭、菜、汤、水果等。（中央电视台《大话养生》）

例（252）前项陈述公务员的收入并不低，后项将这种不低进行了更为准确的限定，即公务员属于中等收入阶层。例（253）前项陈述一个人一天要吃不少东西，这是一般的说法，后项则更为细致与准确的说明这些东西是什么。

2. 非释义关系

非释义关系包括推论关系一种。推论关系是指前项为前提，后项为结论。例如：

> （254）社会主义市场经济的基本法则是市场竞争，市场竞争通过实行优胜劣汰原则，内在要求把竞争者的潜力、能力充分正确地发挥出来，就此而言，市场竞争是一种能力竞争，市场经济也是一种能力经济。（《人民日报》1996年4月）
>
> （255）顾名思义，"动物权"就是动物的生存权，保护"动物权"就是要使人类保护动物，停止随意虐待和捕杀之。就此而言，应该说"动物权"是具有积极意义的。（《人民日报》1993年8月）

例（254）前项陈述市场竞争的运作原理，后项从这个原理中推出一个与市场竞争有关的结论。例（255）前项陈述"动物权"以及保护"动物权"的本质，后项推出了与"动物权"有关的认识。

（四）"就X而言"换言的语用分析

从语料检索来看，视角型换言标记构式"就X而言"主要用于书面语中，书面语是一种事先组织好的话语，说话人在书面语中进行换言，这是为什么？我们认为，书面语中说话人使用不同类型的视角进行换言，有其特定的语用意图：一是表现说话人的主观认识、看法等；二是增强话语的可解度、可信度等。前者是以说话人的立场为主，体现话语的主观性；后者是以听话人的立场为主，体现话语的交互主观性。

1. "就 X 而言"与话语的主观性

主观性（subjectivity）是指说话人在说出一段话的同时表明自己对这段话的立场、态度和感情，从而在话语中留下自我的印记。（沈家煊，2001）。换言标记构式"就 X 而言"在关联前后项的过程中表明说话人立足哪一视角进行换言，并从该视角引入其对换言前项所陈述的某一问题或事件等的认识、判断等。这种主观性可以从以下两个方面来分析，一是换言前后项的主观性差异，二是"就 X 而言"的语境分布。

（1）换言前后项的主观性差异

换言前后项的主观性差异是指"就 X 而言"引入的后项主观性总是高于前项。例如：

（256）【A380 一去不复还】稍早前在汉莎二季度业绩电话会议上，汉莎航空首席执行官 Carsten Spohr 表示："A380 显然不会再回到汉莎服役"。就他而言，A380 在汉莎的生涯已经终结。（新浪微博 2021-08-07）

（257）企业要生存发展，唯一的出路是深化改革。就我公司而言，我们在寄希望于国家为企业营造良好的外部环境的同时，更要苦练内功，促进企业自我完善。（《人民日报》1995 年）

（258）专家指出，与其他投资对象比较起来，银行存款、债券利率低，股票、期货、黄金、外币变数多、风险大，而字画却是稳定增值，只涨不跌，就获利观点而言，字画才是最具潜力的投资。（1994 年《报刊精选（11）》）

（259）李岚清在讲话中指出，在肯定成绩的同时，我们对解决教师住房问题面临的压力和紧迫感，要有充分的认识和清醒的估计。就全国而言，教师住房问题不但远未得到根本解决，而且仍然是当前一个突出问题。（《人民日报》1994 年）

（260）办好自己的事，往大里说，就是要建成社会主义现代化强国，实现中华民族伟大复兴；就当前而言，就是要坚持稳中求进工作总基调，坚持新发展理念，坚持推动高质量发展，坚持以供给

侧结构性改革为主线……（中国新闻网 2019-02-27）

例（256）"就我而言"是主体视角，换言前项是认知主体原话，说话人通过认知主体进行换言，后项是说话人对认知主体原话的主观解读。例（257）"我公司"是对象视角，换言前项是陈述企业生存发展的一般性的解决方法，后项是说话人转到自己的公司进行个体分析。例（258）"就获利观点而言"是依据视角，换言前项客观陈述专家关于投资对象的收益情况，后项是说话人从获利观点的角度对字画收益情况进行的主观判断。例（259）"就全国而言"是范围视角，换言前项是"李岚清"的讲话内容，后项是对教师住房问题的评估。例（260）"就当前而言"是时间视角，后项是说话人对前项"办好自己的事"的主观认识。

从以上诸例中可以看到，尽管视角类型各异，但从"就 X 而言"的前后项主观性比较来看，后项都高于前项，它们都表现了说话人的话语主观性。

（2）"就 X 而言"的语境分布

在各种视角类型中，虽然"就 X 而言"引入的后项都表现了一定的主观性，但最能体现说话人话语主观性的，还是以下两种语用环境。

一是推测性的语用环境。例如：

（261）灵寿县有 30 万人，年财政收入 1470 万元，就其人口而言，日子应该过得去。（《1994 年报刊精选（01）》）

（262）难道作家的创作劳动，倒可以不付报酬了吗？当然不。不付是不公平的，少付是残酷的。物质生存与精神生存向来就有深刻的冲突，就创作的本义而言，金钱与艺术确乎水火不容。（雷达《假若曹雪芹有稿费》）

例（261）换言前项是前提，说话人客观陈述灵寿县的人口与年财政收入情况，从这个前提中可以推出很多结论，说话人立足"其人口"对前项进行换言，换言后项是从这个前提中推出的其中一个结论，这个结论本身表明了说话人的主观认识，其中有表示推测的情态副词"应该"。例（262）说话人立足"创作的本义"对前项进行换言，其中有表示推测的情态副词"确乎"。

二是对比性的语用环境。例如：

（263）（A）蓝色的海面上，此时停泊着一艘美国的密苏里号战舰。此刻，就在这艘战舰上，日本正式签署了投降书。（B）<u>就世界而言</u>，一场国际反法西斯战争终以胜利告终；（C）<u>就中国而言</u>，一场艰苦卓绝的抗日战争亦告结束。（陈廷一《宋氏家族全传》）

（264）医生只是随便作了一些检查，就告诉病人没病，病人自己可能一时心欢，却蕴蓄着危险的后患。<u>就医院来说</u>，这是对病人不负责任的做法。（郑人杰《实用软件工程》）

例（263）是一个总分式双重换言句，A 与 B 是第一重换言，A 与 C 是第二重换言，第一重换言前后代表相反的两种立场，对于日本而言，是失败，对于世界而言，是一场国际反法西斯战争的胜利，对于中国而言，是一场抗日战争的胜利。例（264）换言前后是从病人与医院两个角度来看待同一件事，医生随便检查告诉病人没有病，这一行为对于病人而言，是好事，但是对于医院来说，是不负责任的行为。

在这两种语用环境中，"就 X 而言"所在的语境之所以更能体现说话人的话语主观性，关键在于换言后项有表示推测义的副词或换言前后项存在对立面的比较。

2. "就 X 而言"与话语的交互主观性

在话语表达中，说话人之所以会从不同视角进行换言，有时是因为其当前所形成的叙述受到听话人的影响，当说话人为使听话人明白其换言是基于哪一主体、哪一对象、哪一依据、哪一范围、哪一时间而进行时，就会对这些视角要素加以明示，这种情况下就涉及交互主观性。交互主观性（inter-subjectivity）是说话人对听话人"自我"关注的明确表达（Traugott，2003），也就是"表达的是说话人所关注到的听话人的态度或视角"（丁健，2019）。从语料调查中可以看到，换言标记构式"就 X 而言"的交互主观性主要体现在说话人考虑听话人的立场来增强话语可信度和可解度等。

（1）增强话语可信度

话语交际中，要使话语表达获得比较高的信度，说话人应注意话语的来源和理据性。在"就 X 而言"表示的视角类型中，主体视角前后项都是同一个人所说的话，依据视角着力表现话语的理据性，因此，说话人常常通过这两类视角的换言来增强话语的可信度。例如：

（265）在解释自己为何还不戴口罩时，特朗普表示自己保持了安全距离，"<u>就我而言</u>，我和任何人都离得不近"。（中国新闻网2020-05-15）

（266）市场竞争通过实行优胜劣汰原则，内在要求把竞争者的潜力、能力充分正确地发挥出来，<u>就此而言</u>，市场竞争是一种能力竞争，市场经济也是一种能力经济。（《人民日报》1996年）

例（265）前项是说话人转述特朗普的话，说话人立足"我"（指特朗普）这一主体视角利用认知主体的原话对前项进行换言，来佐证说话人的转述内容。整个换言过程中说话人构建了"旁观者"的身份，凸显话语的真实性，增强了话语的可信度。例（266）前项是说话人陈述市场竞争的运用原理，后项依据此原理对市场竞争的内涵表达主观认识，使得说话人的主观认识有了科学依据，从而增强了话语的可信度。

（2）提高话语可解度

话语交际中，要使话语表达能够被充分理解，说话人就应该提供更多的相关信息。在"就 X 而言"所表示的视角类型中，对象视角、范围视角与时间视角类换言通常用来提高话语的可解度。例如：

（267）1955年周恩来总理在亚非会议上明确提出："求同存异"，<u>就国家关系而言</u>，即是把社会制度和意识形态的差异和矛盾放在一边，在和平共处五项原则的基础上寻求共同点。（《人民日报》1995年）

（268）对国有企业来说，企业破产的原因是复杂的，<u>就企业外部原因而言</u>，有在计划经济体制下，企业投入少、上缴多、缺乏补偿机制的原因；有企业长期办社会、负担重的原因；还有政企不分，政府决策失误的原因和税制、价格等国家宏观政策调整造成企业效益下降等愿意因。<u>就企业内部原因而言</u>，多数企业效益低下，资不抵债状况往往是在几届经营者的任期内所形成的，许多问题的责任难以查清。（《1994年报刊精选（08）》）

（269）保尔森期待看到美中在贸易领域开展更多合作，并共同推进一些机制性变革。但<u>就目前而言</u>，首先应该关注的问题是共同努力应对新冠疫情危机。（中国新闻网2022-02-11）

例（267）前项陈述周恩来总理在亚非会议上明确提出"求同存异"这一原则，说话人立足"国家关系"这一对象视角进行换言，后项是对前项的解释说明。"求同存异"在不同社会关系中有不同的理解，说话人为使听话人明白其是立足哪一种社会关系来进行的换言，就通过视角进行明示，从而帮助听话人提高对换言前项理解的准确度。例（268）前项先概说国有企业破产的原因是复杂的，说话人立足"内因""外因"两个范围视角进行双重换言，后项从内外两个原因对前项所说的复杂原因进行展开说明，对于听话人而言就起到了提高话语可解度的语用效果。例（269）前项陈述美中两国拟共同推进一些机制性变革，说话人立足"目前"这一时间视角进行换言，后项是对这种机制性变革的举例说明。两个国家在不同的时间段共同推进的机制性变革是有所不同的，为使听话人明白这种变革是发生在哪一时间段内，就通过时间视角进行换言，从而帮助听话人提高对换言前项理解的准确度。

从语境分布看，说话人通常在示证性或论证性的语用环境通过换言来增强话语的可信度，如例（265）和（266）；或是在解释性以及举例性的语用环境中通过换言来增强话语的可解度，如例（267）（268）和（269），无论哪一种语用环境，都体现了较强的交互主观性。

# 五　小　结

就"视角"类换言标记构式而言，本章主要从相关情况、视角类型、换言前后项的语义关系以及"视角"类换言标记构式及其换言结构的语用分析四个大的角度对这三个换言标记构式进行讨论分析。

从与构式相关情况来看，"从X的角度说""从X的方面说"与"就X而言"既充当句法成分，也充当非句法成分，当其充当非句法成分时，是一个视角标记，当其连接两个具有语义相似性的语段时，就是一个"视角"类的换言标记构式。

从构件角度来看，这三个构式都是由常项与变项两个部分组成，常项部分有些成分也可以被替换。从视角类型上来看，根据进入X的成分，"从X的角度说""从X的方面说"这两个构式可将视角分为两大类：相同与不相同；不同的视角又分为两类：一是相反的视角，二是相对的视角。"就X而言"则分为五类：主体视角、对象视角、依据视角、范围视角、时间视角。就视角类型来说，"从X的角度说"与"从X的方面说"趋向一致，区别在两类构式的不同视角中X对相关成分的选择性大小上，从整体上来看，"从 X 的角度说"相对视角是最为常见的，而"从 X 的方面说"相反视角更为常见。

从三个构式所连接的前后项之间的语义关系来看，有同有异，具体说来，"从 X 的角度说"与"从 X 的方面说"所连接的前后项之间语义关系都包括：解说关系、概说关系、详说关系、推论关系、揭示关系五种。区别是"从 X 的角度说"的推论关系主要是由前提到结论；"从 X 的方面说"的推论关系主要是因果关系。"就 X 而言"所连接的前后项之间语义关系包括：解说关系、概说关系、详说关系、确说关系、推论关系五种。

从"视角"类换言标记构式及其换言结构的语用分析来看，关于换言标记构式本身，从语篇功能来看，这三个换言标记构式主要是实现语篇衔接功能以及换言功能；从话题功能来说，因为前项和后项具有语义相似性，表达的事件或道理是相类似的或同指的，转换角度不一定改变话题，因而其主要是延续话题的功能，而不是转换话题的功能（虽然没有讨论"就 X 而言"的话题功能，但从其用例中可知情况也是如此）。从换言结构的语用目的来看，这三个换言标记构式主要是包含了语言语境的相关信息，其主要是换言后项知识来源的信息（当 X 为指人名词以及学科、专业、行业和理论的名词时）和知识评价的信息（当 X 为形容词时）。也就是说，"视角"类换言标记构式与"引述"类换言标记构式，都是对换言后项提供了相关的语境信息，为下文的理解指示了关联方向。

从说话人通过换言而实现的语用目的来说，就"从 X 的角度说"与"从 X 的方面说"而言，这两个换言标记构式主要是从视角的延伸与转换两个大的角度对前项所说进行重述，视角延伸时，换言是为了凸显说话人的认识、情感立场等；视角转换时，包括相反与相对两种，相反视角的换言表示说话人从相反的视角对换言结构前项进行评价，相对视角的换言主要包括：转换认知立场；寻求学理支持；表示认识的拓展或是提升认知层次；实现双重换言时，可以通过换言显示出不同的理论或不同的认知主体等对某一问题的不同或共性认知。就"就 X 而言"，换言的目的一是表现说话人的主观认识、看法等，二是增强话语的可解度、可信度等。前者是以说话人的立场为主，体现话语的主观性；后者是以听话人的立场为主，体现话语的交互主观性。主观性体现在其在关联前后项的过程中表明说话人立足哪一视角进行换言，交互主观性主要体现在说话人考虑听话人的立场来进行换言。

## 第四节 "评价"类换言标记构式个案分析

本节主要考察现代汉语中三个"评价"类换言标记构式，分别是"往X里说""说得X一点""X（一）点说"。由于"X（一）点说"与前两个在X的分类上差异较为明显，因而我们将前两个合在一起讨论，"X（一）点说"单独讨论。

### 一 "往X里说"

#### （一）"往X里说"的不同用法

"往X里说"是个偏正短语，作为一个构式，"往X里说"具有不同的用法，主要分为以下三种。

一是做句法成分。例如：

（270）这两种人对中国人自然没有好感，回国来说中国事儿，自然不会<u>往好里说</u>。（老舍《二马》）

（271）这个问题还可以再<u>往深里说</u>。（韩少功《〈马桥词典〉后记》）

以上两例中的"往好里说""往深里说"都是一个单句内的成分，是谓语部分，（270）中有主语"这两种人"，（271）中有主语"这个问题"。所以说它们都是充当句法成分的。

二是做评价标记。例如：

（272）30年前，马泰最火的时候，一年演出过399场戏，在评剧舞台上塑造了上百个人物形象。用他的话，<u>往大里说</u>演过皇上，<u>往小里说</u>演过普通工人。（《北京晚报》2001-06-24）

（273）小吕是个小工，<u>往小里说</u>还是个孩子。（汪曾祺《看水》）

在例（272）中，"往大里说"中"大"语义指向"皇上"，"往小里说"中"小"语义指向"普通工人"。在例（273）中，"往小里说"中的"小"指向后面的"孩子"。在如上的两例中，它们都是插入语，在句中表示对其命题或命题中某个成分的主观评价。

三是做评价兼换言标记。例如：

（274）工匠精神是从善、立品，崇尚择善而行、独善其身的人格品质。<u>往小里说</u>，工匠精神是一种专业态度、职业素养，<u>往大里说</u>，工匠精神是一种促进企业发展、社会进步的价值创造能力（人民网 2018-07-09）

（275）春晚、小品，是个嘛玩意，都是供人一乐的"笑料"而已。<u>往雅了说</u>，叫愉悦身心；<u>往俗了说</u>，叫哈哈一笑。（人民网 2013-02-18）

例（274）"往小里说""往大里说"处在篇章连接成分的位置，前项先解释工匠精神是什么，后项分别从"小""大"两个方面重新解释工匠精神，换言前后项具有语义相似性。例（275）"往雅了说""往俗了说"也处在篇章连接成分的位置，该例包含两个层次的换言：前项与后两项是第一层次的换言，共同讨论春晚、小品的作用，后两项之间是第二层次的换言，分别从"雅""俗"两个角度对春晚、小品的作用进行评价，前后项之间也具有语义相似性。以上这种"往 X 里说"既有评价标记功能，又有换言标记功能。这是我们要研究的对象。

### （二）"往 X 里说"构件解析

#### 1. 常项分析

构式"往 X 里说"主要变项为 X，同时其他构件也有可变性，如介词"往"也可以用"从""照"替换。"里"由于读轻声，也可写作"了"或"的"。"说"可以是"讲"，也可见到个别其他动词的例子。例如：

（276）健美与否，不是只与个人相关的小事。<u>从大了说</u>，它还影响着一个民族的整体形象。（《北京晚报》2001-03-07）

（277）在笔者印象里，音乐界向来存在两个圈子，一称"严肃（高雅）音乐"，一称"通俗（流行）音乐"……形容二者关系，<u>往重了说</u>，"冰炭不同器"；<u>照轻了讲</u>，"老死不相往来"。（《人民日报》1993 年）

（278）不过，看到厕所里的卫生纸一点点的被浪费，<u>往小的说</u>那是没素质，往大的说那叫浪费国家资源。（人民网 2012-07-05）

（279）之所以有这种不成文的规定，我想<u>往好里说</u>是在学术上避免近亲繁殖，往坏里想是在人事上防止党同伐异。（网络语料 / C000023）

（280）总的来说，这帮人如果用一句话来概括，那就是"愈堕落愈快乐"，<u>往好了说</u>就是追求自由、淡泊名利，<u>往坏了整</u>就是自甘堕落，天生是贼。（当代／网络语料／无厘头水浒故事：完全强盗手册）

（281）人说：天上的九头鸟，地下的湖北佬。<u>往褒里引申</u>是湖北人精明，<u>往贬里说</u>是他们厉害。（蒋子丹《方方，不像个九头鸟》）

（282）一掀盖，只只鸭肝对切矗立，排列得整整齐齐。<u>往大里形容</u>，很像曲阜孔庙的碑林；<u>往小里说</u>，很像一匣鸡血寿山石印章。（《读书》／vol-183）

例（276）中的"从大了说"和例（277）中的"往重里说""照轻了讲"，介词"从"为起点介词，介词"往""照"为方向介词，由于方向介词常常与终点有关，因此可以将介词"从"与"往""照"理解为反义介词，这种反义本质上是视点问题，由于视点的变化，相反义可以中和，作换言标记时，不区别意义。后者的"说""讲""引申""想""整"等原本是不同意义的动词，但在些构式中语义中和，原来对立的意义消失，如例（279）"往好里说""往坏里想"，一般情况下，心中所想都要通过言语表达，因此这种情况下"说""想"两个动词的概念域得到中和，不过有时动词义在其标记的换言关系结构上还有所滞留，如例（282）的"形容"一词，指对事物的形象或性质加以描述，"往大里形容"前后所连接的话语成分都是具有形态的事物。这些动词在此构式中，不但语义模糊，而且都具有一定程度的去范畴化特征，如一般不能表述主语，不能带时体成分等。

尽管存在如上举例中的复杂情况，但此构式以"往X里说"最为常见，所以下面以此来指称，举例也主要用"往X里说"的例子。

2. 变项分析

构式"往X里说"的主要变项为X，能进入X的成分主要是性质形容词，这些性质形容词都能用来描写说话的内容或方式，其语义都是指向换言标记构式之后的整个句子或语段，多以反义形式对举出现，如"好—坏（糟）""大—小""轻—重""深—浅""雅—俗""实—虚""高—低""粗—细""明—暗""高雅—粗俗""简单—复杂""高尚—低下""进步—落后""正面—负面""积极—消极""好听—难听"等等。例如：

（283）但不幸的是，尽管接受过这些教育，他们同意别人把他们知之甚少的一些物质注入体内，没有对此加以探究，并且瞒着队医和澳大利亚反兴奋剂机构。往<u>好</u>了说，他们没有问该问的问题，往<u>坏</u>了说，他们是这种秘密和隐瞒文化的共谋。（人民网2016-01-12）

（284）诚信，乃人之处身立世之本，往<u>小</u>了说，它就是快乐的通行证、是幸福的身份证；往<u>大</u>了说，它就是构筑社会繁荣稳定的基本条件，也是国家强盛不衰的基石。（人民网2014-08-07）

（285）其次，门岗"吃空饷"找人顶岗，长期不被发现，直接原因就是监管出了问题。往<u>轻</u>了说是监管人员失职；往<u>重</u>了说是监管人员渎职（人民网2015-05-11）

（286）学生与院校"八字不合"，往<u>浅</u>了说是教学方式的问题，往<u>深</u>了说是文化理念的差异。（人民网2016-07-28）

有时X虽然不是成对出现的，只出现一个，但与其相关的另一句话以另一种形式表达与其相反或相对的意思。例如：

（287）法文里权力（pouvoir）和知识（savoir）分享词根voir，意为"看见或知道"。它像条心理纽带，把权力知识结为一体。往好里说，知识就是力量，劳心者治人，知识越多越自由。<u>反过来</u>，强者亦可根据自身需要或好恶，去规划真理面目……（《读书》/vol-182）

例（287）中的下一句"反过来"与上一句的"往好里说"代表着社会评价相反的两个事件，"反过来"虽与"往好里说"在形式上不构成照应式，但从内容上表达了与其相反或相对的意思。

有的"往X里说"在语篇中不是正反义配对出现，只出现其中一个。能不对举用于"往X里说"中的形容词有"白""详细""真切""客气"等。例如：

（288）这令我想起了都市市民的"爱"鸟。那动机之中，总少不了功利的成分，往<u>白</u>里说，往往视鸟为赏玩之物。（《人民日报》1995年）

（289）"这个战术并不新奇，可是在咱们团里，还是第一次使

用。……"……往详细里说，团长的意思是这样：以前，我们惯用"头尖腰粗尾巴长"的兵力使用方法。（老舍《无名高地有了名》）

（290）其实我们的天赐并没白活；再往真切里说点，一切生命向来没有白活的时候。（老舍《牛天赐传》）

（291）有人觉得这标志着工作成绩；有人觉得争来一"市"乃是造福桑梓，改换门庭；往实了说，确有许多人惦着那随"市"而来的诸多优越待遇。（《1994年报刊精选（11）》）

此外，虽然有的充当 X 的成分不是性质形容词，但在进入 X 后，可以认为词性临时发生转类，如"褒""贬"，原本是动词，进入 X 后，在具体语境中语义相当于性质形容词"好""坏"。请看下例：

（292）每天看微博，除了可以看到社会消息，八卦，各类生活总结，人生感悟，更多的是各类名人之间的掐架，天天掐，掐不停。往褒里说是牙尖嘴利，勇于批判，往贬里说尖酸刻薄，心眼狭小。（新浪微博 2011-05-06）

### （三）"往 X 里说"前后项的语义关系

#### 1. 释义关系

就释义关系来看，"往 X 里说"所关联的前后项之间的语义关系主要表现为以下三种：解说关系、概说关系、详说关系。

（1）解说关系

解说关系是指前项是难懂的说法，后项是通俗易懂的说法。例如：

（293）神易大学的校舍按着《易经》上的蒙卦建筑的。立意是："非我求童蒙，童蒙求我。"往粗浅里说：来这里念书的要遵守一切规则，有这样决心的，来！不愿受这样拘束的，走！（老舍《赵子曰》）

（294）CLA 概念车最早在 2012 北京车展亮相，是以奔驰 MFA 前轮驱动平台为基础打造，和早先发布的全新 A 级属于同平台车型。往简单了说我们可以把 CLA 理解成 A 级的三厢版。（人民网 2013-01-23）

例（293）前项"非我求童蒙，童蒙求我"是文言，"往粗浅里说"引出一种与前项意思差不多的白话文的说法，通俗易懂。例（294）中前项是对 CLA 概念的复杂解释，"往简单了说"引出一种更为简单的解释。

（2）概说关系

概说关系是指前项是较为具体、详细的说法，后项是较为简略、概括的说法。例如：

（295）你所承受的苦与累，劳与怨，仇与恨，都应该算你工资的一部分。这部分薪水，就是要你去克服你的负面情绪，<u>往白了说</u>，就是花钱买你心情。（搜狐新闻 2015-08-06）

（296）现在很多商家将某一食品的公众化属性注册为商标，并将商标作为产品外包装的核心名称进行使用，一定程度会使消费者对产品的真实属性产生错误认识，<u>往严重了说</u>，就是欺骗。（人民网 2018-10-31）

例（295）前项先具体说"你"的各种身体与心理上的感受是"你"工资的一部分，换言后项将这种种感受总结为心情。例（296）前项详细陈述商家在注册商标时不诚实的做法，换言后项将这种行为概括为欺骗。

（3）详说关系

详说关系是指前项是较为抽象、概括的说法，后项是较为具体、详细的说法。例如：

（297）对于着急买房结婚的刚需一族来说，购房的首要任务是寻找合适的房源，但选房需要具备一定的购房常识。……如果<u>往详细了说</u>，购房者慎重选择一个项目，就是你准备购买什么样的房子，首先应该考虑它本身所处的地理位置、户型以及周边的环境，非常重要的一点是应该对开发商的资信进行了解，就是说在购房前购房者应该对选择的物业项目有一些最基本的了解。（人民网 2015-03-12）

（298）这种更新，需要破除很多"不适应"、改变很多"不习惯"，需要革除陋习偏见、需要突破陈旧思维。<u>往具体里说</u>，今天的经济发展再不能粗投乱放，而必须实现动力转换；今天的公共决策再不能一意孤行，而需要充分听取民意；今天的民生供给再不能自说自话，而应当懂得需求"痛点"；今天的基层治理再不能单边起舞，应当善于群策群力；今天的文化传播再不能生拉硬拽，而应当润物无声……（人民网 2017-10-22）

例（297）前项先说明购房需要具备一定的购房常识，后项详细说明购房常识包括地理位置、户型、环境等具体内容。例（298）前项先抽象说明更新需要破除很多"不适应"、改变很多"不习惯"，需要革除陋习偏见、需要突破陈旧思维，后项将这种抽象的说法具体化到经济、公共决策、民生供给、基层治理、文化传播等方面。

2. 非释义关系

非释义关系包括推论关系和揭示关系。

（1）推论关系

这里是指由结果到原因。例如：

（299）华人的身份从没让我想要庆祝，<u>往好里说</u>，它让我受尽奚落；<u>往坏里说</u>，它带来仇恨。（人民网 2018-03-16）

（300）学生数量可以一蹴而就，但实际承载能力却只能按部就班，缺少应有的人性化思考，如今的"床位满了"的情况还会屡见不鲜。出现"床位满了"，<u>往小了说</u>是一所学校的招生失误，<u>往大了说</u>就是招生预期和实际数量的失衡。（人民网 2016-08-24）

例（299）换言前项先陈述一个事实：华人的身份从没让我想要庆祝，后项分别从"好""坏"两个方面陈述原因。例（300）换言前项先陈述一个现象：学生招生数量与实际承载能力不协调导致出现"床位满了"，后项分别从"小""大"两个角度陈述导致这种现象出现的原因。

（2）揭示关系

这里是指由表象到实质。例如：

（301）孩子在幼儿园阶段学习小学阶段的知识，到时候就能轻松对付课内学习，也就可以比其他同学抢先一步。更重要的是，许多民办小学在招生时，也会明里暗里考察小孩掌握的知识，而那些提前学的孩子更有被录取的优势。<u>往根本了说</u>，幼儿"小学化"是幼升小的压力传导所致。（人民网 2018-07-16）

（302）以前我们捧着手机是在刷微博，而今拿着手机更多时刻是在玩游戏，简单来说这是用户需求的转移，<u>往深了说</u>则是一场移动社交的变革。（人民网 2017-02-23）

例（301）前项陈述孩子在幼儿园阶段学习小学阶段的知识以及许多

小学招生时考察小孩知识掌握情况这一现象，换言后项则从本质上指出之所以出现这些情况是因为幼升小的压力传导所致。例（302）前项陈述以前拿手机刷微博，而今拿手机玩游戏这一现象，换言后项指出这一现象的本质是一场移动社交的变革。

## 二　"说得 X 一点"

### （一）"说得 X 一点"的不同用法

构式"说得 X 一点儿"从结构上说是个动补短语，从用法上说，分为以下三种情况。

一是作句法成分。例如：

（303）那您说得详细一点，究竟是怎么回事？（翻译作品《法医宿舍的枪声》）

（304）你说你觉得……你能说得更具体点吗？（当代 /CWAC/APB0081）

例（303）中"说得详细一点"，例（304）中"说得更具体点"都是句法成分，在句中作谓语。

二是作评价标记。例如：

（305）张艺谋的电影，说得通俗一点，或者说形象一点，就是一件非常艳丽的服装。（丁亚平《中国当代电影史》）

（306）但《富爸爸，穷爸爸》却给孩子灌输一些"金钱至上"，"读书无用"等错误的观念。说得严重点，这些观念也许会影响一个孩子的一生。（当代 /CWAC/CEB0133）

例（305）中"说得通俗一点""说形象一点"用于单句之内。例（306）中"说得严重一点"关联两个句子，但这两个句子没有语义相似性。以上两例中的"说得 X 一点"只是评价标记，而不是换言标记。

三是评价兼换言标记。例如：

（307）工资指货币收入，说得通俗一点就是打在工资条上的收入。（当代 /CWAC/CEB0133）

（308）财神爷弄出了点乱子，不能打，不敢骂，大事化了，小事化了，要不然财神爷不高兴，自己钱包也受影响。<u>说得好听点</u>，当地政府利益和肇事企业利益捆绑在了一起；<u>说得难听点</u>，当地政府则是被污染企业给绑架了。（人民网 2012-04-24）

例（307）中"说得通俗一点"连接两个句子，后句是对前句的另一种表达。例（308）中"说得好听点""说得难听点"中 X 以反义形式配对出现，将前面话语成分改换了一种说法。后两例中"说得 X 一点"起到换言标记的作用。我们所要讨论的就是这种具有换言标记作用的"说得 X 一点"。

### （二）"说得 X 一点"中构件 X 的解析与构式变体

#### 1. 构件 X 的解析

从词的类别上来看，进入 X 的成分主要是性质形容词，也包括一部分形容词性的结构，偶有动词。

单个性质形容词有：好、坏、轻、重、雅、俗、惨、白、高雅、通俗、平俗、粗俗、刻薄、大气、客气、明白、好听、中听、难听、老实、露骨、夸张、体面、不敬、入耳、严重、柔和、委婉、婉转、残忍、谨慎、阔气、可爱、苛刻、复杂、简单、冷酷、自私、坦率、文绉绉、完整、具体、形象、简单、简明、确切、切实、准确、精确、恰当、直白、坦白、离谱、洋气、直接、直截、客观、干脆、漂亮、诗意、笼统、玄乎、冠冕堂皇、冠冕、极端、实际、严格、高深、深入、麻烦、过火等。例如：

（309）于是恍然：适才又在"好的故事"那滔滔流变、生生不已的长河中浸泡过一次。说得<u>洋气</u>一点，是又从"施洗者"曹雪芹手里领受过一次"洗礼"了。（《读书》/vol-160）

（310）1984 年，为了全身心地追求艺术，伦杰贤不甘束缚自动离开了工厂，放弃了一切待遇，家里只靠爱人一个人的收入，说得<u>惨</u>点，是一种饥一顿饱一顿的境况。（《1994 年报刊精选（05）》）

形容词性的结构，主要是指在形容词前加程度副词或否定副词的偏正结构。如"更坦白""更明确""更重""更坦白""更详细""更深入""更具体""比较具体""稍为具体""稍微客气""稍稍严重""不好""不客气""不好听""不谦虚"等。例如：

（311）他是领工资的雇员，无权参与"上级"的大计。说得<u>更明白</u>一点，他是有血肉的一架翻译机器或电脑。（《读书》/vol-011）

（312）后来那一段，他既代表了政府又代表了工商界，暗骨子里鼓励大家提反对意见，说得<u>不客气</u>一点，其实是煽动工商界的抗拒情绪。（周而复《上海的早晨》）

"更明白"是形容说话的内容，"不客气"形容说话的方式。加上程度副词或否定副词后语气更加强烈。

除此之外，还有个别动词，如"挖苦"。例如：

（313）领导人在这种场合，实际上充当了"撑门面""跑龙套"的角色，说得<u>挖苦</u>一点，有时只是起了人家的"道具"作用。（《人民日报》1996年）

"挖苦"是动词，表示说话的方式。

### 2. 构式变体

董秀芳（2007）指出"话语标记的语形可以不稳定"。也就是说话语标记经常存在变体形式。作为换言标记构式，"说得 X 一点"也有一些功能相似的变体形式，具体说来有"说得 X 一些""说得 X 些""讲得 X 一点""讲得 X 点""讲得 X 点儿""讲得 X 些"等。例如：

（314）问题是谁有资格得到这些闲职，即社会凭什么标准选拔这批人？按照柯林斯的说法，在过去是凭公开的等级身份，而在现今社会上是凭文凭（证书）。<u>说得露骨一些</u>，人们花钱上学校并不真是为了学什么，而是为了买一个更好的社会地位——一个闲散职业。（《读书》/vol-157）

（315）按职称分：高级工程师、工程师、助理工程师、技术员、实习生及技术工种中的技术工人。<u>说得笼统些</u>，分高级技术骨干、中级技术骨干及技能方面的低级技术骨干。（曾鹏飞《技术贸易实务》）

（316）这就是为什么我们的基本路线是一个"中心"两个"基本点"，并在此基础上形成我们党对内对外一系列方针政策，这是从大处讲。<u>讲得具体一点</u>，如果情绪不顺，心气不齐，不是奋发向上、政通人和，还能干成什么事呢？（《人民日报》2000 年）

（317）朱榴亭说："照说，这只是一面之缘。<u>讲得难听点</u>，从此也就很难再会了。"（人民网 2012-11-26）

（318）事实上，之所以文博机构不进场参加拍卖，非要"拍后先得"，并不是技术上有何障碍，<u>讲得直白点儿</u>就是为了贪图便宜。（人民网 2013-06-09）

（319）说白了，无非要子孙们看清人头，搞好关系，懂得营生，过好日脚。<u>讲得时髦些</u>，即为"学会生存"。（《作家文摘 1993A》）

有时在"说得 X 一点"前还可以加上连接词"或""或者""如果""若"等，也可以在后面加上助词"的话"。例如：

（320）书写的是高速公路，<u>说得更准确些</u>，是写修路的人，<u>再说得精确些</u>，是重点写围绕着这条史无前例的高速公路的孕育、诞生而起着决定作用的一群人。（《1994 年报刊精选（07）》）

（321）就是说好诗主要是不愉快，烦恼或者穷愁的表现，<u>或者说得更直接一点</u>，是一种发泄，是对自己的愁苦、烦恼不顺畅的心绪一种发泄。（刘扬忠《从〈诗可以怨〉看钱钟书》）

（322）事实上，中国足协在去年同布鲁诺签订的也是一份"1+3"的工作合同，即 1 年后中国足协可以选择不与他续约。<u>如果说得再直白点</u>，就是布鲁诺一旦不能率队获得巴西里约奥运会的参赛席位，中国足协将随时与他解约！（人民网 2016-03-09）

（323）情怀是什么？按照《现代汉语词典》的解释，情怀是含有某种感情的心境。<u>如果说得再通俗一点的话</u>，情怀就是一种发自内心的执着追求。（人民网 2018-11-22）

（324）我们那个地方把过年敬供的神位通称为"爷爷"，<u>如果再说得细一些</u>，那些男神就是"爷爷"，女神就是"娘娘"。（人民网 2016-02-02）

也可在其后加上语气词"吧""呢"，这些构式共现时有时还可以省略前面的言说动词或者后面的数量结构。例如：

（325）您这算犯什么罪？如果您这算犯罪，那么师傅，您这是

情侣休闲屋！不但文明，而且积德！<u>说得难听点吧</u>，您这也算建了个收费厕所吧。（莫言《师傅越来越幽默》）

（326）我看，主要是为两个字，两个字呀。<u>说得好听一点呢</u>，是为了'进步'……当然了，情义也是有的，不能说没有。（李佩甫《羊的门》）

（327）说到这里你也许猜到了，他和小王发生了些事情，<u>说得明确些</u>，两个人产生了感情。<u>更通俗些</u>：爱上了。（洪峰《夏天的故事》）

（328）厂都将不厂了，还委任的什么厂长呢？<u>说得体面点儿</u>，是"代理"厂长。<u>说得不敬</u>，其实不过是短期的"维持会长"。（梁晓声《钳工王》）

以上这些变体形式虽有细微差异，但实际上都是同义形式，并不影响它们作为换言标记的基本功能和所连接的前后项的语义关系。因以变体"说得 X 一点"为最常用，所以本节用它来指称这个构式。

### （三）"说得 X 一点"前后项的语义关系

#### 1. 释义关系

就释义关系来看，"说得 X 一点"换言前后项的语义关系包括五种：解说关系、概说关系、详说关系、确说关系、例说关系。

#### （1）解说关系

解说关系是指前项是难懂的说法，后项是通俗易懂的说法。例如：

（329）所谓"钝感力"就是"拥有迟钝而坚强的神经，不会因为一些琐碎小事而产生情绪的波动。"……<u>说得明白一点</u>，钝感力就是指没心没肺，这一类人他们大都很幸福。（人民网 2013-09-10）

（330）简单地说，合资经营就是把我们的钱包放在一起，合资共同办个企业，要赚一起赚，要赔一起赔，是一种互利的合作方式。若要再<u>说得通俗一点</u>，合资经营就好比"结婚"，建立一个共同的"家庭"。（吴晓波《激荡三十年——中国企业史 1978—2008》）

例（329）前项解释什么是"钝感力"，后项又从更加通俗易懂的角度对"钝感力"进行重新解释。例（330）中前项是以专业方式解释"合资经营"，后项是以通俗方式解释"合资经营"。这里的"说得 X 一点"中

"X"主要有"明白""直白""通俗""平俗""俗""形象""直接""直截""简单""坦率""冠冕堂皇""更明白""更通俗"等。

（2）概说关系

概说关系是指前项是较为具体、详细的说法，后项是较为简略、概括的说法。例如：

（331）蒋介石是个典型的"知其不可而为之"的人，他明知以自己当时的地位和名望去攀求宋家小姐确是有点儿离谱，可是他认定的事，就一定要实现，无论这中间有多少艰难险阻，他是到了"黄河"也不肯"死心"的。蒋介石性格上的这种特点是贯穿于他生命的给终的，说得好听一点，叫作"坚忍不拔"，说得难听但却更准确一点，应当叫作"顽固不化"。（陈廷《蒋氏家族全传》）

（332）"如果把刚入营的新兵比作一张白纸，新训就是要为他'染色'，这种色就应该是标准的海军蓝。"该基地领导告诉记者，推行舰艇化管理模式不仅是称呼和氛围上的转变，更深的用意是让新兵适应海军舰艇上的生活习性，习惯舰艇部署操演，掌握值更值勤方法，"说得简单点，是从'新兵训练'向'水兵训练'的转变。"（人民网 2016-11-16）

例（331）前项详细地描述蒋介石的性格，后项则是从不同的评价立场对蒋介石的性格特点进行总结。例（332）前项详细具体地说明新兵新训的意义，后项用一句话概括了新兵新训的意义。这里的"说得 X 一点"中 X 主要有"简单""简明""笼统""更简单"等。

（3）详说关系

详说关系是指前项是较为抽象、概括的说法，后项是较为具体、详细的说法。例如：

（333）十年前写小说，为的是对小说这种形式的痴迷，说得具体一点，是对小说的语言表现力而不是对小说的故事构成产生痴迷。（何立伟《写作的变化》）

（334）《环太平洋》的剧情用一句话来说就是机甲奥特曼打败大怪兽。说得详细点就是太平洋的海底不断出现怪物来侵袭地球，人类制造出类似奥特曼一样功能的机甲战士去 PK 怪兽，最后，机甲战士像圣斗士星矢一样用天马流星拳加亮剑打败了怪兽，顺便把怪

兽来地球的大门给封死了。（人民网 2013-08-05）

例（333）后项是对前项中小说的形式进行具体说明。例（334）后项是将前项中一句话概括的剧情展开来说，是一种更为详细的说法。这里的"说得 X 一点"中"X"主要有"具体""详细""完整"等。

（4）确说关系

确说关系是指前项是一般性的、不严格的说法，后项是更为准确的、确切的说法。例如：

（335）这场北京大水，成就了一种"北京精神"，说得确切点应该叫"公民精神"。（人民网 2012-07-27）

（336）有论者认为，社会主义是短缺经济。说得准确点，苏联式社会主义才是短缺经济。（人民网 2011-08-25）

例（335）前项提到一种"北京精神"，后项则更为准确的补充这种精神应该叫"公民精神"。例（336）前项提到社会主义是短缺经济，后项更为准确的补充是苏联式社会主义是短缺经济。这里的"说得 X 一点"中的 X 主要有"确切""切实""准确""精确""简明""明白""更准确""更精确"等。

（5）例说关系

例说关系是指前项是一个命题或事件，后项是对此命题或事件的举例说明。例如：

（337）第三个问题比较重要的是什么呢？就是对待客人要注意前后顺序……假定你这个单位搞商业性节日，你请了一些明星，这两个明星是同等水准的，同等到什么程度呢？比如我说得俗点，……那英和田震，赵薇和章子怡，水准不相上下，我现在让你介绍她们两个人，跟别人介绍你怎么介绍？（金正昆《金正昆谈礼仪之节庆礼仪》）

（338）我们杭州人用这个"作"字是用得很多的，还有上海人，上海人也是用得非常多。这个词就是单用在女人身上的，或者是小孩。我们说得具体一点，比如说你每次到她家去，你都会发现她们家的家具又搬过地方，她隔两礼拜她不调整一下她难受。（张抗抗《写作与生活的关系》）

例（337）举出如何介绍明星的出场顺序的例子来说明对待客人要注意前后顺序的问题。例（338）举出具体的例子来说明"作"是什么意思。这里的换言后项中通常有举例连接词"比如"等。

2. 非释义关系

非释义关系包括推论关系和揭示关系。

（1）推论关系

推论关系在这里是指由前提到结论。例如：

（339）对我来说，昆曲是舞蹈，更是生活的一部分。<u>说得夸张一点</u>，正是因为舞蹈，我才能活着。（人民网 2013-04-03）

（340）中国国家政治的最高会议，这么大规模的汇集、讨论每年也仅有这么的十来天时间。<u>说得夸张一点</u>，两会的每一分钟都是格外珍贵的政治资源。（人民网 2012-03-12）

例（339）中前项说在说话人眼里，"昆曲是舞蹈，是生活的一部分"，后项据此得出一个结论。例（340）中前项先陈述两会的开会时间，后项据此得出一个结论。

（2）揭示关系

揭示关系主要是指由表象到实质。例如：

（341）问题是谁有资格得到这些闲职，即社会凭什么标准选拔这批人？按照柯林斯的说法，在过去是凭公开的等级身份，而在现今社会上是凭文凭（证书）。<u>说得露骨一些</u>，人们花钱上学校并不真是为了学什么，而是为了买一个更好的社会地位———一个闲散职业。（《读书》/vol-157）

（342）痛苦、愤怒的本质是什么？就是自己的要求无法得到满足，<u>说得再直白一点</u>，就是自己和自己过不去。（新浪微博 2020-03-23）

例（341）前项先陈述如今的一个社会现象，即现今社会上是凭文凭（证书）得到这些闲职，后项揭示闲职的本质是社会地位。例（342）前项是解释痛苦和愤怒的本质是要求无法得到满足，后项从更深的层次揭示本质，即自己和自己过不去。

## 三　"往 X 里说"与"说得 X 一点"换言的语用分析

### （一）"往 X 里说"与"说得 X 一点"的语用功能

就两个"评价"类换言标记构式的语用功能来说，除了篇章连接功能外，本小节主要讨论其以下两个共同的功能，即评价提示功能和语义关系提示功能。

1. 评价提示功能

上文已经说到，这两个换言标记构式都具有评价标记功能。语言中的评价，其主体是说话人，所以评价属于语言主观性的范畴。评价提示功能是指 X 明示了评价内容或方式。例如：

（343）"我命由我不由天！是魔是仙，我自己说了才算！"哪吒这话说得多好，一下子成了励志鸡汤。可转头一想，哪吒说这话没错，人家好歹是"神二代"，往差里说也是"将二代"。（新浪微博 2019-08-01）

（344）有一种人，越是做不到的事对他们越有吸引力。决心和信念是他们最强大的武器。说得客气点，这种人叫怪人，说得不好听，那就是疯子。（央视网《朗读者》）

例（343）中的"差"明示了说话人对其后内容的评价，认为哪吒是"神二代"，差一点也是"将二代"。例（344）中"客气""不好听"是一种说话方式，"说得客气点""说得不好听"明示了说话人的说话方式。这里的评价都是说话人的评价。但评价标记"说得 X 一点"的评价主体也可以是非说话人，至少表面上是这样，因为有时构式上带有其他评价主体的相关信息。例如：

（345）村戏是一种乡土戏。文化人说得雅一点，称之为"文曲戏"，乡里人说得俗一点，称之为"调儿"。（《人民日报》1998 年）

此例中的"文化人""乡里人"就是评价主体，成了"说"的主语。但实际上这里的评价也不是客观评价，仍然是主观评价，只不过是说话人借用"文化人"或"乡里人"的说法而已。

作为换言标记，这种构式与"引述"类换言标记构式、"视角"类换言标记构式及词汇性的换言标记的最大区别，就是构式本身包含有说话者的主观评价信息。准确地说是通过其中 X 的概念语义明示其后命题具有某种评价倾向。并非所有的换言标记都天然地具有评价功能，以最典型的词项式换言标记“换句话说”为例，由其所连接的前后项之间虽然有时也具有主观评价性的差异，但在换言标记本身没有提示评价的成分，其主观性体现在换言前后项表达的比较之中，包含在换言后项的具有褒贬色彩的评价性词语之中。例如：

（346）薛嵩因此错过了逮住奸细的机会。但红线也没有下水去摸黄鳝，蹋低下头去看自己腿上被蚂蟥叮破的伤口，又发现自己的臀位很高——换句话说，就是腿长。（王晓波《万寿寺》）

（347）金一趟每逢初一十五在后院烧香祷告，那心愿完完全全是为了求个吉利，才好动手制作再造金丹。换句话说，制作金丹是为了普济众生，此时心中一丝杂念也不准萌发，要进入忘我、无我的境界，揉出来的金丹才有神效。（陈建功、赵大年《皇城根》）

（348）对日抗战时，（谷正文）是山东地区游击队司令，国民党迁台后，专门负责抓共谍，换句话说，谷正文是位神秘加上几分恐怖的“特务”。（张平宜《特务头子“活阎王”》）

例（346）中，“臀位很高”和“腿长”是一个意思的不同说法，代表社会的共同认知，具有客观性，没有说话者的主观评价色彩。但（347）中，是说金一趟制作金丹前要烧香祷告，对这一行为，从金一趟来说完全是为了求个吉利，而“换句话说”后的句子中，说话者对这一行为作了拔高的理解，这就具有了正面评价色彩。例（348）中，换言前项是对谷正文所从事的职业的客观表述，但在后项中通过“恐怖”“特务”等包含贬义的词，表达了说话者对此人职业的负面评价。但这两例中的主观评价，无论是正面的还是负面的，都与换言标记“换句话说”无关。如果将（347）中的“换句话说”换作“往崇高里说”“说得崇高一点”；将（348）的“换句话说”换作“说得可怕点”，那么话说到换言标记，就可以知道后项的评价倾向了，因为其中的形容词“崇高”“可怕”做出了提示。所以我们将这两个换言标记构式的这种功能称为评价提示功能。

2. 语义关系提示功能

所谓语义关系提示功能，是指在评价式换言标记本身，通过其中的 X，可以获知换言前后项语义关系的信息。如我们在两个评价性换言标记构式的语义关系分析中，归纳了若干种释义关系，如解说关系、概说关系、详说关系、确说关系、例说关系等。其中前四种都可以通过"说得 X 一点""往 X 里说"得到提示，如"说得明白一点""往明白里说"，"说得通俗一点""往通俗里说"等提示解说关系；"说得概括一点""往概括里说"，"说得笼统一点""往笼统里说"提示概说关系；"说得详细一点""往详细里说"，"说得具体一点""往具体里说"等提示"详说关系"；"说得准确一点""往准确里说"，"说得确切一点""往确切里说"等提示确说关系。显然这些语义关系提示功能与 X 的概念义直接相关。

　　这种语义关系提示功能是和评价功能结合在一起的。就这两个换言标记构式关联的前后项来说，其评价包括两个方面：一是相比前项来说后项在表达方式体现的差异上做出的评价，提示这类评价的换言标记构式中的 X 就同时提示了换言前后项的语义关系的类型，如"往简单里说""往复杂里说""往清楚了说""说得简单点""说得复杂点"等。二是相比于前项来说后项在表达内容上体现的差异做出的评价，提示这类评价的换言标记构式中的 X 并不提示换言前后项的语义关系类型，如"往好里说""往坏里说"，"往轻了说""往重了说"，"往大了说""往小了说"，"说得好听点""说得严重点""说得高尚点""说得夸张点"等等。

　　构式语法认为，构式中有些词语是特别侧重的，这些角色或者在语义上是突出的，或者具有某种话语凸显（Goldberg，1995）。在构式"往 X 里说"和"说得 X 一点"中，X 是被侧重的角色，因而重读，当性质形容词进入"往 X 里说"和"说得 X 一点"后，其语义得到突显，构式表现出评价提示功能，有的还具有语义关系提示功能。

### （二）"往 X 里说"与"说得 X 一点"换言前后项的语用分析

#### 1. 显著的主观性

由"评价"类换言标记构式所标记的换言关系，与其他换言标记所连接的换言标记构式在语用上的显著特点是说话者最大限度地考虑到了换言关系与说话者的紧密关联。之所以要换言，是因为说话者要通过换言向听话者传达说话者对事件的主观立场。评价属于语言的主观性范畴，如果说换言关系都具有一定的主观性的话，那么由"评价"类换言标记构式所标记的换言关系具有更为显著的主观性，这是因为这类换言关系由换言标记对这种主观评价进行了明示。例如：

　　（349）近些年，不少社会资本进入医疗领域，很多民营医院靠优良的医疗服务赢得了口碑；但是，另外一些医院却走上了"挣快钱"的"捷径"。夸大疗效，虚假宣传，花钱买版面、买时段、买竞价排名，吸引患者群体的注意；然后利用大数法则，骗着一个是一个。<u>往轻了说</u>，骗患者花尽冤枉钱乃至救命钱；<u>往重了说</u>，耽误人家的病情，甚至越治越糟。（人民网 2016-05-04）

（350）人，看到别人有的自己没有的多多少少都有那么点心思。<u>说好听点</u>叫作追求向上，<u>说得不好听点</u>大概就是嫉妒吧！（新浪微博 2019-08-01）

以上两例中通过"往轻了说""往重了说"，"说好听点""说得不好听点"，明示了作者对其后命题的主观评价。再如：

（351）老北京人爱吃、会吃，吃早点也从不凑合，一个咸菜，一个烧饼都透着讲究。<u>往贬义里说</u>是"馋"，<u>往褒义里说</u>，那就是热爱生活，有情趣。（搜狐新闻 2016-06-28）

（352）政府的重要作用功不可没，但这个特点也使一些人习惯于用计划经济的思维方式来考虑市场经济的建立，<u>说得通俗一点</u>，就是想以计划的方式，由政府有计划地建立一个市场经济。（当代／CWAC/CEB0133）

例（351）针对北京人对吃的讲究，通过"往贬里说"和"往褒里说"明示了后面两种相反的主观评价。例（352）"说得通俗一点"明示了对换言后项的主观评价。

2. 鲜明的个人色彩

通过评价性换言标记构式引出的换言后项更具有说话者个人理解的色彩。例如：

（353）能把青菜豆腐做得活色生香，才算得上顶尖高手。不过，我距顶尖高手的距离大约是地球至太阳的距离。因此，做的西红柿鸡蛋面有时也会烂糟糟的，<u>往好里说</u>，也就是病号饭的水平。（人民网 2015-06-28）

（354）筑牢乡村产业已经迫在眉睫。这不仅关乎留守儿童的童年幸福，还涉及到他们的未来。<u>从小处说</u>，这关乎孩子能否顺利升学，改变命运；<u>往大里说</u>，这关乎寒门子弟阶层变迁。（人民网

2018-10-24）

（355）所谓"隐逸"，只是知识分子的巧妙遁词；<u>说得老实一点</u>，便是"临阵脱逃"，隐逸之士便是"逃兵"。（曹聚仁《从陶潜到蔡邕》）

（356）神的本质不是别的，正就是属人的本质，或者，<u>说得更好一些</u>，正就是人的本质。（当代 /CWAC/AST0119）

例（353）中是说话人自己认为做得不好的西红柿鸡蛋面，"往好里说"厨艺水平和病号饭差不多，如果换成"换句话说"，就没有了说话人的个人色彩，而是大家所公认的做糟了的西红柿鸡蛋面和病号饭是一个水平。例（354）"从小处说""往大里说"是说话人将这两种结果做的区分，如果换成"换句话说"，就没有这种个人色彩。例（355）中如果用"换句话说"或"也就是说"替换"说得老实一点"就可以对"隐逸"解释得客观一些，例如"隐逸指避世隐居，是对作官的知识分子说的，换句话说（也就是说）知识分子为逃避官场的险恶而弃官为民"，没有了说话者明显的主观倾向，而"临阵逃脱""逃兵"这样的说法，就表达了强烈的说话者的主观色彩。例（356）中说话人认为神的本质就是属人的本质，"说得更好一些"就是人的本质，说明在说话人眼里，"人的本质"是好的，但并不是在所有人眼里如此。

3. 双重或多重换言句的评价倾向

一般而言，人们在对事物作出评价时，通常会表明唯一立场，但"往 X 里说""说得 X 一点"经常以反义配对的形式出现，形成双重换言，"说得 X 一点"还可以形成多重换言。为什么要这样？哪一种评价代表说话人的主观立场？我们考察的结果如下。

1）"往 X 里说"在很多情况下都是以反义形式对举出现于上下文中，形成双重换言句，出现两种相反的评价，但后一种评价往往才是说话人想要表达的，经考察发现，说话人在表明自己的立场前会先做出顺应语境的评价，这种顺应语境的评价分为两种情况：一种是顺应社会主流认知的评价，另一种是顺应上文当事人立场的评价，这两种评价因为与语境的制约有关，并不代表说话人的立场，因而是相对客观的评价。说话人在此基础上再表明自己的立场，在后面说出自己的主观评价。例如：

（357）为了更直接调动观众的同情心，刘慧芳式的角色往往如同圣人一般，会以最大的善意去应对所有的恶行。<u>往好了说</u>，是真诚、善良、隐忍，是中华民族传统美德；<u>往坏了说</u>，在这些委曲求全背后，其实也是无原则无立场的愚善、懦弱。(《京华时报》2013-08-02）

（358）身上一直保存着浓厚的小资产阶级情绪。<u>往坏里说</u>，一直相信生活中那些虚无缥缈的东西；<u>往好里说</u>，一直不失赤子之心。(新浪微博 2018-01-07）

例（357）前项先陈述刘慧芳式的角色往往如同圣人一般，会以最大的善意去应对所有的恶行，第一个换言句顺应前项的内容对刘慧芳式的角色进行正面评价，其中的"真诚""善良""隐忍""中华民族传统美德"都是"刘慧芳式的角色、圣人"的内涵义，是符合社会主流价值取向的认知；第二个换言句中"无原则无立场的愚善""懦弱"则是表明说话人对刘慧芳式的角色的负面评价，这是说话人的主观评价。例（358）前项先说身上一直保存着浓厚的小资产阶级情绪，第一个换言句顺应前项的内容先遵循一般社会价值观，评价保存着"小资产阶级情绪"的人"相信生活中虚无缥缈的东西"，内涵义都包含了贬义，而第二个换言句则转到个人立场对前项进行主观评价，认为保存着"小资产阶级情绪"的人也保存着"赤子之心"，换为一种褒义评价。再如：

（359）其实每个公司都可以自己再重新设计一下 emoji 的表情，当然有些会不免有些雷同，比如说"笑脸"这样的表情，但是有一些可能会由于各个公司设计师自己的理解，最后呈现的表情会有很大的区别。<u>往好了说</u>，这是区分某些平台的手段，<u>往坏了说</u>，则可能造成人们的误解。(人民网 2018-02-13）

（360）有同事抱怨："上级领导来调研某项试点工作，只听正面案例和成功经验，对于基层反映的试点中出现的问题却置之不理、不闻不问。"这样的工作方式，既违背了试点的初衷，也悖逆了调研的意义。<u>往小里说</u>是急于求成、急功近利的心理作祟，<u>往大里说</u>是怕听不同意见、闭塞言路的官僚主义，是对党和人民事业的不负责任。(人民网 2018-01-16）

例（359）换言前项先陈述每个公司避免雷同重新设计 emoji 的表情，并举"笑脸"为例说明由于理解不同对同一个表情的设计也会不同，第一个换言句顺应前项内容，站在制作者的立场看，评价此行为的初衷是好的，能够起到区分平台的效果，第二个换言句则转到说话人的立场，也就是站在使用者的立场看，认为此行为可能造成人们的误解。例（360）换言前项指出上级领导调研某项试点工作时工作方式上存在的问题，第一个换言句顺应前项内容，站在当事人的同事的立场评价领导这样做是急于求成，急功近利，第二个换言句则转到说话人的立场，认为领导这样做是"怕听不同意见、闭塞言路的官僚主义，是对党和人民事业的不负责任。"

以上诸例中说话人借助顺应语境的评价再从程度上或者范围上或者情感上等引出与之不同的评价，形成一种对比，以更加凸显说话人的主观评价倾向。

2）"说得 X 一点"所标记的换言句，有时是前后呼应的，因而可以关联三个句子或语段，其中具有两重换言，有时甚至是关联更多的句子，具有多重换言。例如：

（361）京东 CEO 刘强东就在今年央视播出的对话节目中直言，"菜鸟网络本质上还是在几个快递公司之上搭建数据系统，说得好听一点提升几家快递公司的效率，说得难听一点，你等着瞧，最后，几家快递公司的大部分利润都会被菜鸟吸走的。"（人民网 2016-11-07）

（362）王蒙的文章写得越发地神了。一如他的小说曾开风气之先，这文章兴许也能带出一种文体。什么文体？说难听话叫"四不像"，说得俗一点叫谈话式随笔，说得玄一点叫神聊体。（《读书/vol-138》）

例（361）双重换言中 X 分别为"客气""不客气"，它们并不是反义词，而是同一个词的肯定和否定关系，不但把两种具有相反感性评价的表达方式对比着说出来，而且还在前面加上具有评价色彩的形容词肯定和否定形式，以使说话人的主观色彩更为突出。例（362）三重换言句中 X 分别为"难听""俗""玄"，从用词本身可以看出说话人主观情感的变化状态。

当该换言标记构式出现双重或多重换言时，说话人的评价立场往往倾向于后一个换言句，具体说可以从以下三个方面看出来。

一是当正反义词具有明确的褒贬色彩时，一旦配对出现，前一个构式中的 X 无论褒贬，其后的说法都不一定代表说话人的立场。但后一个构式中的 X 的褒贬则明示对某事的主观评价。例如：

（363）我这样的哪叫全职太太，<u>说得好听点</u>是全职妈妈，<u>说得难听点</u>就是个全职保姆，除了赚钱，家里大大小小里里外外的事都得我来做吧。（人民网 2017-07-26）

（364）一般来说，也只有在授予博士学位的那一天才可穿上博士服，可报道里这位韩国女生，"在读博士生"——去"在读"又去"生"，掐头去尾，只留"博士"，且穿上一件假冒的"博士服"，前前后后，<u>说得客气一点</u>，这样的"博士"是一种"早产儿"，<u>说得不客气一点</u>，多少有些"假冒"。（人民网 2015-10-29）

例（363）中前一个换言句将全职太太称为全职妈妈，例（364）中前一个换言句将在读博士自称的"博士"称为"早产儿"，这都是基于社会公认的认知和价值标准来做出的，这样的评价是大家一致认可的。而"全职太太就是全职保姆""在读博士生自称的'博士'实际是'假冒'的博士"，后一个换言句是基于特定语境下表现的说话人自己的认知和价值标准做出的评价，是说话人的评价。

二是在后一重换言句中常有情态词，以突显说话人的主观立场。例如：

（365）呜呼，公等所谓美文我知之矣。<u>说得客气一点</u>，像个泥美人，<u>说得不客气一点</u>，简直像个金漆马桶。（《新青年》第三卷四号·通信）

（366）拒绝担责、怕惹麻烦，<u>说得轻一点</u>，是一些金融服务机构长期以来养成的"我是老大我怕谁""皇帝的女儿不愁嫁"的优越感，<u>说得重一点</u>就是不讲信誉。（人民网 2014-09-06）

以上例（365）中，后一重换言中有副词"简直"，例（366）中有副词的"就"，它们都是加强肯定的语气副词，有了它们，说话人的主观情态被突显出来。

三是上下文有与后一重换言句立场一致的话，衬托了说话人的主观立场。例如：

（367）记得去那儿之前，武汉的一些朋友纷纷来劝阻，理由是著名的赤壁之战并不是在那里打的，苏东坡怀古怀错了地方，现在我们再跑去认真凭吊，<u>说得好听一点</u>是将错就错，<u>说得难听一点</u>是错上加错，天那么热，路那么远，何苦呢？（余秋雨《苏东坡突围》）

（368）在这部影片里，有多处或明或暗地能看到1993年由汤姆·汉克斯和梅格·瑞恩主演的爱情轻喜剧《西雅图夜未眠》的影子。这部电影的结束方式与《北京遇上西雅图》完全一致。<u>说得好听一点</u>，是本片的编导在向前作致敬，<u>说得客气一点</u>，就是敷衍了事，<u>说得客观一点</u>，就是赤裸裸的抄袭啊。正所谓，戏不够，"抄"来凑。（人民网2013-03-22）

例（367）中，在第二重换言后，说话人加了一句说明性的话，指出了"错上加错"的原因。例（368）中的第三重换言后说话人又加了一句与该换言句立场一致的话。

双重换言或多重换言句中说话人评价的主观倾向性为后一个换言句，且这种评价多为负面。我们认为，"说得X一点"之所以出现双重换言或多重换言，是遵循会话原则中的礼貌原则，即当说话人想要表达某种负面评价时，采用一种先扬后抑的方式对听话人的理解方向进行引导，如说话人先用"说得好听一点"等表达一种让步、妥协、委婉、礼貌等，起到照顾听话人感受的效果，从而让听话人减少对负面评价的抵触心理。

# 四　"X（一）点说"

## （一）"X（一）点说"的相关用法

现代汉语中，"X（一）点说"也有换言标记功能。例如：

（369）牙列拥挤，<u>通俗点说</u>就是牙齿排列参差不齐。（新浪微博2022-04-15）

（370）我爸昨天告诉我，我家小区的快递服务，已经实现了人力升级。<u>具体一点说</u>就是现在全换成了大学生，甚至还有一个某985的文科研究生。（新浪微博2022-03-08）

例（369）"通俗点说"引入的话语是关于前面话语的另一种说法。例（370）"具体一点说"引入的话语是对前面话语的进一步说明。这两例中"X（一）点说"所连接的前后话语之间也具有语义相似性。

不过有些"X（一）点说"不是换言标记的用法。例如：

（371）"要珍惜荣誉呀！"他稍为<u>缓和一点说</u>，"对象总是要找的，不过你是党员呀，是先进人物呀，总要找个配得起的……"（叶蔚林《蓝蓝的木兰溪》）

（372）我们的经济改革，<u>概括一点说</u>，就是对内搞活，对外开放。（《人民日报》1993 年 11 月）

例（371）"稍为缓和一点说"是状中结构，前有主语"他"，属于句内表述成分。例（372）"概括一点说"处在主语和谓语中间，是一个单纯的评价标记，没有换言功能。这两种用法不属于我们的讨论范围。

### （二）"X（一）点说"的评价类型

构式"X（一）点说"的核心语块是 X，能够进入 X 的主要是性质形容词，也包括一部分性质形容词性短语，另有少量动词及动词性短语。结合语料的考察，发现这些成分有两个语义特征：一是［＋可量化］，即 X 的性状程度在量级轴上存在从低到高的层级分布趋势，也即 X 的性状特征可以用程度副词来量化，由于受到"（一）点"的制约，X 主要用"稍为""稍""更""再"等程度副词量化，而不能用"很""非常""最"等程度副词量化；二是［－可控性］，即 X 呈现出的性状特征是可以人为控制的，因而如"伟大""崇高"等［－可控性］性质形容词不能进入该构式。

我们将能进入 X 的成分分为两类：

a 类：通俗、形象、具体、详细、准确、概括、笼统、简单、含蓄、明白、文雅、粗俗、深奥、好听、难听、刻薄、恶毒、简化等。
b 类：爽快、干脆、直接、严肃、严厉、严谨、认真、客气、老实、谦虚、自信、低调、坦白、温和、积极、消极、乐观、悲观等。

a 类成分主要描述话语内容，b 类成分主要描述话语态度。这些成分进入构式后整体表示评价义。以此分类为依据，换言标记构式"X（一）点说"通过 X 的词汇意义实现的评价类换言可以分为以下两种：一是内容评价类换言，即评价指向换言后的话语内容，二是态度评价类换言，即评价指向说话人换言时的态度。

1. 内容评价类换言

这种评价类型是指说话人在换言的同时，还通过 X 对换言后项的内容进行评价。就考察来看，"X（一）点说"表示的换言内容评价可分为两类：一类涉及说话人的价值判断，如"好听""难听"等，称为"价值评价"；另一类不涉及说话人的价值判断，只涉及话语内容的表达方式，如"通俗""专业"等，称为"方式评价"。例如：

（373）到这阶段，经历如此多，谁不是个人精呢？不过是活在自己的主观里，都觉得自己最牛逼。好听点说，是在做自己，是自信。（新浪微博 2022-04-14）

（374）二十多年的人生我很少对什么产生"我一定要做到我一定要拥有我一定要达到"的想法，简单来说我是比较随遇而安，难听点说我就是不求上进的一条死鱼随波逐流。（新浪微博 2022-03-31）

（375）每个楼盘都有自己独自的受众群体，通俗一点说就是：什么样的房子都能卖完，都会有人买。（新浪微博 2022-03-29）

（376）如果不是来自系外，"奥陌陌"如此高的倾角是怎么产生的？平劲松认为，较为合理的解释是，小天体在飞掠木星、土星等大天体时，一旦两者距离很近，受大天体影响，小天体的运行轨道会发生扭曲，其飞行速度和方向被改变，倾角也随之发生变化。形象一点说，就是被大天体'拧'了一下。（中国新闻网 2018-08-02）

2. 态度评价类换言

态度评价类换言是指说话人在换言的同时，还通过 X 表明自己的换言态度。例如：

（377）谁不知道洛阳那位王公子想和重庆的肖公子回家，坦白一点说就是，王一博爱肖战已经是人尽（尽人）皆知的事情了。（新浪微博 2021-11-25）

（378）"好几个高级公务员退休了，都在企业界混出个名堂来，认真是工照打，高薪照支，有什么不好？"伍婉琪没有太强烈的响应，认真一点说，她并没有表态。（梁凤仪《弄雪》）

（379）写完了我才想到，这句同时带有情感与理智的感叹，其实是模仿了黎巴嫩裔作家纪伯伦，干脆一点说，是照搬。（中国青年

报 2022-01-05）

（380）兼职的老板和我讲了很多他的社会经验，我突然觉得这称不上。更像是逃避的那堆沙坑，我要的格局不是这样的，不一样的理念恐怕没办法共事吧，<u>自信一点说</u>，他是小庙，我可是大佛啊，嘻嘻。（新浪微博 2018-12-23）

### （三）"X（一）点说"前后项的语义关系

#### 1. 释义关系

就释义关系来看，"或者说"前后项之间的语义关系包括四种：解说关系、概说关系、详说关系、确说关系。

#### （1）解说关系

解说关系是指换言前后项之间具有解释说明关系，包括难懂到易懂、专业到通俗的关系。就"X（一）点说"来说，还包括易懂到难懂、通俗到专业的关系。例如：

（381）新战友迈好军旅第一步，有"五关"必须过，即功利关、想家关、苦累关、纪律关、网络关。从实际情况来看，相当一部分新战友最难过的还是"网络关"，<u>形象一点说</u>就是"网络断乳期"。（中国新闻网 2014-11-19）

（382）量子概念的提出，始于德国科学家普朗克发现了黑体辐射的不连续性无法通过经典力学来解释。<u>通俗一点说</u>，就是一个完全黑的物质会吸收一切光线，但是光被黑体吸收的过程不是连续的。人们一开始不知道光是由光子构成的，所以认为黑体吸收光线应该是连续的。但是实验数据却表明，黑体吸收光线是一份一份的，并不是连续的。（中国新闻网 2021-01-29）

（383）如果说，1946 年的王琦瑶是十六岁的话，那么，1966 年的王琦瑶就是三十六岁，1986 年的王琦瑶是五十六岁。小说就是通过这样三个时间节点，描写了王琦瑶这个上海凡俗女人的一生，并且从这个人物的故事来影射上海这座城市的一段文化历史。所以，<u>更抽象一点说</u>，王琦瑶这个形象就是上海这座城市前世今生的一个文化象征，王琦瑶的命运与上海这座城市存在着同构关系。（齐鲁晚报 2021-08-23）

（384）苏玳甜白品质的关键是被贵腐菌侵染过的葡萄，用它们酿出来的酒对酿酒师来说无异乎是液体黄金。<u>专业一点说就是</u>，葡萄感染贵腐霉菌后，随着水分的蒸发便开始皱缩，同时糖分也得到了集中，酿出的酒中带有愉悦的杏以及诱人的蜂蜜味。（中国新闻网 2015-11-05）

例（381）前项提到新战友最难过的是"网络关"，后项用更容易理解的说法，将这种情况比喻为"网络断乳期"。例（382）后项是从通俗的角度对量子概念进行解释。例（382）前项是描述小说人物王琦瑶的人生三个节点，后项则从抽象的角度将前项的内容进行拔高，认为"王琦瑶这个形象就是上海这座城市前世今生的一个文化象征，王琦瑶的命运与上海这座城市存在着同构关系"。例（384）后项是对前项中"液体黄金"的形成原理进行专业解说。

（2）概说关系

概说关系是指前项是较为具体、详细的说法，后项是较为简略、概括的说法。例如：

（385）他们认为，足球对受力的反应过于敏感，稍微发力就会急速旋转。而且在后半程速度衰减得慢，不会按照以往足球的弧线旋转。<u>简单一点说</u>，就是飘忽不定。（中国新闻网 2010-06-28）

（386）仔细想来，无论内容的个性，还是形式上的新颖，或者是传达的有效性和毅然决然的负重，都会形成音乐上取舍的艰难。<u>简单一点说</u>：也就是思想、内容跟形式的争论。（中国新闻网 2016-01-05）

例（385）前项是对足球对受力反应情况的详细解说，后项则总结为一句话。例（386）前项是陈述音乐上取舍艰难的各种具体表现，后项则从更为概括的层面将这些情况综合起来。

（3）详说关系

详说关系是指前项是较为抽象、概括的说法，后项是较为具体、详细的说法。例如：

（387）律师：第一，当爆炸枪击发生时，他是精神不正常的；第二，在后来医院对他进行观察期间，他也患有精神病，所以对布雷维克的精神健康评估认为，他是始终精神错乱的。<u>更详细一点说</u>，就是他完全是陷在自己的想象空间里，这种想象指导着他的思想和

行为。（中国新闻网 2012-04-16）

（388）世界一流教授，就是受到国际同行认可和尊敬的教授。<u>具体一点说</u>，就是人家对你做的工作是否感兴趣，是否愿意掏腰包大老远地坐飞机，来参加你办的学术会议；或者愿意买好飞机票请你过去做讲演。（《人民日报》2011-06-15）

例（387）前项提到布雷维克的精神是错乱的，后项将这种精神错乱更为详细的描述了一番。例（388）前项提到世界一流教授，后项则从更为具体的表现来说明什么是一流教授。

（4）确说关系

确说关系是指前项是一般性的、不够严格的说法，后项是较为准确的、确切的说法。例如：

（389）因为恒大的存在，广州足球受到了空前的关注。但更<u>准确一点说</u>，广州现在只是主角，还谈不上中心。（中国新闻网 2013-09-30）

（390）国际体坛，称得上"梦之队"的队伍不算多，但 1992 年开始的美国男篮一定算一号，<u>精确一点说</u>，美国男篮应该算是篮球世界里唯一一支有资格以"梦之队"冠名的国家队。（中国新闻网 2019-09-11）

例（389）前项提到广州足球受到空前的关注，后项将这种说法说得更准确，即广州足球现在还只是主角，谈不上中心。例（390）前项说 1992 年开始的美国男篮可以称得上是"梦之队"，后项则将这种说法说得更精确，认为美国男篮应该算是篮球世界里唯一一支有资格以"梦之队"冠名的国家队。

2. 非释义关系

非释义关系包括推论关系、揭示关系和修正关系三类。

（1）推论关系

一是指前项为前提，后项为结论。例如：

（391）截至 2021 年 12 月，我国网民规模达 10.32 亿……按照第七次人口普查数据，我国 0—14 岁人口约为 2.5 亿，65 岁及以上人口为 1.9 亿，<u>笼统一点说</u>每个人都是网民。（中青在线 2022-

02-27）

（392）他说："马克思的座右铭是怀疑一切，跟他一样，我骨子里也是一个充满了怀疑的人。怀疑别人，也怀疑自己。<u>简单一点说</u>，我属于特别自卑的那种人。"（中国新闻网 2013-05-08）

例（391）前项是陈述我国网民规模数量极大，后项是从这一现象中得出一个结论：每个人都是网民。例（392）前项是"他"在剖析自己，后项从这些信息得出一个对自己的认识的结论，即说话人认为自己属于特别自卑的那种人。

（2）揭示关系

揭示关系是指前项是表象，后项是本质。例如：

（393）在建设智慧城市的过程中，低碳环保、绿色出行工具越来越成为趋势，国家政策方面对购买行为的鼓励很重要。<u>简单一点说</u>，就是用利益引导市场。（中国新闻网 2014-11-24）

（394）所谓的人肉搜索，无非是广大网民利用网络强大的信息汇集能力，寻找某个人的基本信息，这样说还是过于"学术"化，更通俗更<u>本质一点说</u>，就是通过人打听人。（中国新闻网 2008-08-28）

例（393）前项是在谈论在建设智慧城市过程中的一些举措，后面则指出这些举措的本质是用利益引导市场。例（394）前项是对人肉搜索的一般解释，后项从本质上说明人肉搜索就是人打听人。

（3）修正关系

修正关系是指后项对前项的内容进行修改、订正。例如：

（395）虽然很难说明白，吉卜力工作室大概会解体吧，<u>更准确一点说</u>，会进行一定的结构调整。（中国新闻网 2014-08-06）

（396）但很可惜，我们的观点比较平淡，或者<u>准确一点说</u>，比较复杂以至于无聊。（中国新闻网 2010-10-21）

例（395）前项说的是吉卜力工作室大概会解体，后项对这一说法进行订正，认为是会进行一定的结构调整。例（396）前项说的是"我们的观点比较平淡"，后项修订这一说法，认为"我们的观点"是"比较复杂以至于无聊"。

（四）"X（一）点说"换言前后项的主观性差异

主观性（subjectivity）是指说话人在说出一段话的同时表明自己对这段话的立场、态度和感情，从而在话语中留下自我的印记。由于换言标记构式"X（一）点说"在换言的同时还带有说话人的主观评价，因而相对于换言前项来说，换言后项的主观性程度更高。下面根据评价类型来分析"X（一）点说"换言前后项主观性差异的具体表现。

1. 内容评价类换言前后项的主观性差异

"X（一）点说"表示的内容评价类换言分为价值评价与方式评价两种。价值评价类换言中，说话人涉及的价值评价的判定标准有两个，一是社会共同的伦理道德观或价值观，二是说话人自己的价值观。例如：

（397）他善良博爱，泛爱众生，很不一样，<u>难听一点说</u>，是"滥情"。（新浪微博 2021-07-26）

（398）我想说……这是可以说的吗？我还是说吧？也算是百花齐放了吧，<u>恶毒一点说</u>，意思就是呃嗯嗯嗯菜得参差不齐。（新浪微博 2022-04-03）

例（397）后项"滥情"是对前项"他善良博爱，泛爱众生"这种行为的价值判断，换言标记"难听一点说"表示的负面评价指向"滥情"这种行为。一个有着正确伦理道德观或价值观的社会，在涉及感情问题时，一般都会把"滥情"看作需要谴责的事情，因而换言后项的话语融入了社会主流价值观对说话人的影响。而对一场比赛的参赛选手的表现，不同的人看法可以不同，同一个的看法也可以因某个因素影响而产生变化，如例（398）换言前后项都是说话人评论选手的表现，前项认为是"百花齐放"，后项"菜得参差不齐"是对前项"百花齐放"的另一种价值判断，换言标记"恶毒一点说"表示的负面评价指向"菜得参差不齐"这个结果，由于这种评价完全取决于说话人个人，因而后项主观性程度更高。

方式评价类换言的特点是不涉及价值判断，也不涉及态度的改变等，相对于前项而言，后项表示说话人对前项话语内容的认识优化，如认识的细化、精确化等。例如：

（399）心理咨询是从业人员帮助求助者解决心理问题的过程。<u>详细一点说</u>，心理咨询是从业人员运用心理学的原理和方法，帮助求助者发现自身的问题和根源，从而挖掘求助者自身的潜力，来改

变原有不良的认知结构和行为模式，以提高对生活的适应性的过程。（新浪微博 2022-03-02）

（400）可是，一旦要去逛早市，我却变得异常的"勤奋"了，总能准时爬起来。所谓的早市，不过是早上临时形成的市场，<u>精确点说</u>，是农贸市场。（中国新闻网 2020-10-21）

例（399）前项是一种相对概括的说法，后项是说话人加上自己对"心理咨询"的认识，对前项内容进行详细的解释说明。例（400）前项"早市"是说话人顺着上文说的，由于"早市"具有不同的含义，后项说话人表达了自己的认识，认为"农贸市场"是对"早市"更为精确的表达。

2. 态度评价类换言前后项的主观性差异

话语态度是语言主观性的显性表现。"X（一）点说"表示的态度评价类换言是通过说话人的态度宣称来完成的，说话人在对前项进行换言的同时，表明了自己对前项的态度立场，这种态度立场通过换言后项来表现。例如：

（401）对于将来能不能和小枫在一起，我心里都没底，<u>自私一点说</u>，我也只能把她当成一个后备。（中国新闻网 2010-05-04）

（402）酸甜苦辣历练着一个人对人生的思考，磨砺着一个人对生命的信念。<u>乐观一点说</u>，酸甜苦辣能成就一个人的信念。（新浪微博 2018-10-26）

例（401）"自私"指向换言时说话人只顾自己的态度，在后项话语内容中也有对应的表述，如"后备"。例（402）"乐观"指向换言时说话人向阳的人生态度，后项话语内容中"成就"与之相对应。

### （五）"X（一）点说"换言前后项的交互主观性差异

交互主观性（inter-subjectivity）是指说话人通过明确的语言形式表达自己对听话人的态度和信念，特别在社会意义上体现对听话人面子或自我形象的关注（Traugott，2003）。交互主观性在主观性的基础上产生。Traugott（2010）指出，语义的变化基本上是沿着非主观性/较少主观性—主观性—交互主观性的轨迹发展的。在言语交际过程中，说话人通过对语言的组织和情感的表达来阐述自己的立场、态度和情感，体现语言的主观性特征，同时还意识到应从对自我的关注转移到对听话人的立场、面子和形象等方面的关注，从而实现话语的交互主观性。交互主观性在言语交际中一般会通过显性语言形式来实现，如人称代词、话语标记、评价副词等(Traugott & Dasher, 2002)。换言标记构式"X(一)点说"前后项不仅具有主观性的差异，还具有交互主观性的差异，这种差异更多地体现在人际功能上。与前项相比，换言标记构式"X（一）点说"的后项人际功能表现更为明显，主要体现为后项更关注听话人，说话人通过调整话语的力度、改换措辞、转换立场等照顾听话人的感受，维护听话人的面子，从而形成良好的人际关系，进行有效交际。

1. 内容评价类换言前后项的人际功能差异

先看价值评价类换言。当说话人说出一段话，意识到这段话可能对听话人的心理感受或理解效果欠考虑时，就用换言进行弥补，相对于前项来说，后项内容更加合适得体，易于理解。例如：

（403）虽然不能说王朔是个人格分裂的人，但似乎可以说，他是个逻辑混乱的人，再轻点说，他是个十分健忘的人，这回说的话，下回忘，前面说的话，后面忘。（中国青年报 2007-02-07）

（404）【清朝皇帝上个厕所都要分9个步骤？讲究至极！】"厕所"这个词是现代人对于人类进行生理排泄场所的一种称呼，文雅一点说就是卫生间。（新浪微博 2022-03-14）

（405）拍卖舞剧版权，史无前例；但作为新闻热点，我认为关键不在于舞剧版权能否卖或怎样卖；在这一"热点"背后，其实掩藏着一个危机——舞剧创作与演出的危机。并且，发生危机的主要根源不在于编导的编创水准、演员的表演水准和音乐、舞美的综合艺术水准；主要根源在"钱"，或含蓄一点说在"经费"。（《1994 年报刊精选（09）》）

例（403）前项评价王朔是个"逻辑混乱"的人，后项说话人用"健忘"对"逻辑混乱"进行换言，话语力度减弱，程度更轻一些，对于听话人，比如对于王朔的粉丝来说，就更合适一些。例（404）前项"厕所"一词产生很早，后项"卫生间"是更为现代的称呼，更适合对听话人讲，比如对当代的年轻人，用"厕所"就显得土、俗，用"卫生间"就显得文明雅致一点。例（405）前项是说话人就拍卖舞剧版权背后的危机进行分析，最后直指危机的根源是"钱"，由于"钱"的外延更广，如不只是指投资，也指收益，而"经费"只指投资，这里为了让听话人不发生误解，就用"经费"对前项的"钱"进行限定。

再看方式评价类换言。对于一句话或者一段话，当说话人意识到对于听话人来讲可能存在理解上的困难时，就会对其表达方式进行换言，如既可用准确的表达方式进行换言，也可用粗略的表达方式进行换言；既可用详细的表达方式进行换言，也可用概括的表达方式进行换言；既可用通俗的表达方式进行换言，也可用专业的表达方式进行换言。但是，到底选用哪种方式进行换言，受到听话人的影响。当说话人关注的是对于听话人而言，哪种表达方式是当下理解换言前项话语内容的最佳选择时，就会进行相应的调整。这种调整会事先通过 X 负载的评价进行提示，从而减轻听话人的理解压力，增强对换言前项的可解度。例如：

（406）美军的联合作战，实际上是联合空中作战，<u>准确一点说</u>是联合空袭作战。（中国青年报 2009-07-17）

（407）什么是"房地产税"？首先，"房地产税"区别于"房产税"。房地产税，是一个综合性概念，即一切与房地产经济运动过程有直接关系的税都属于房地产税。包括房地产业营业税、房产税、城镇土地使用税、印花税等等。<u>简单一点说</u>："房地产税"包含了"房产税"，范围更大。（央广网 2017-02-13）

（408）励磁电机……它的好处究竟体现在哪儿呢？首先体现在重量和体积的缩小。以需要跑 20 节以上的潜艇为例，以往潜艇的主电机可能需要 7200-7500 马力，如果用直流电机的话，重量大概要有七八十吨，往小点说也得六七十吨，长度可能会有七八米，<u>形象点说</u>，它的体积大概和一个中巴车差不多大。（新华网 2017-11-06）

例（406）前项"联合空中作战"可以包括多种类型，后项将准确地描述为"联合空袭作战"，从而消除理解歧义。例（407）前项在解释房地产税时，用词专业，说话人引入后项对其进行简单解释，通俗易懂。例（408）说话人在引出后项对前项做出评价"形象"时，还明示了评价的理据来源于与他人共享的知识，如中巴车是大众熟知的，目的也是帮助说话人更准确地理解换言前项的话语内容，以此达到良好的交际目的。

当说话人特别关注到听话人的社会地位和身份等相关的面子或形象需求时，还通过后项中人称代词的使用来表现这种关注。例如：

（409）前牙深覆盖是指自上前牙切端至下前牙唇面的最大水平

距离超过 3mm 者。这是临床上较常见的错牙合畸形，常伴有前牙深覆牙合。<u>通俗点说</u>，就是咱们平时所说的牙突、龅牙。（新浪微博 2018-09-01）

（410）该图书编辑表示，在做一本书之前，图书公司要先准备选题调研，通过观察图书市场的销量等情况，确定读者对什么样的内容感兴趣，<u>简单点说</u>，就是你做什么样的书读者才会买。（中国新闻网 2010-06-02）

（411）但整流罩具有壳薄、重量轻、面积大的特点，再入过程中大气阻力的减速作用显著，分析和飞行测量数据表明，整流罩再入到距地面 10 公里左右高度后，下降速度一般不超过每秒百米，落地速度在每秒二三十米左右。<u>夸张点说</u>，只要你身手敏捷，从发现下坠的整流罩就开始躲避，完全可以避免被直接击中。（《科技日报》2020-12-22）

例（409）中说话人（医生）通过对第一人称复数"咱们"的使用将自己与听话人置于同一立场中，属于"移情"的一种表现方式，即说话人站在听话人的立场去解释"错牙合畸形"，同时也渗透了说话人对听话人面子或形象的关注，既降低了听话人对所说话语的理解难度，也缩短了交谈双方的社会距离。如果将第一人称复数改为第二人称复数，会让听话人认为"龅牙"这种带有贬义的表述既损坏了听话人的面子或形象（比如恰好有听话人就是龅牙），又大大拉开了说听双方的社会距离（好像说话人就从不用"龅牙"这种贬义说法，只有听话人使用），可能会造成听话人的不满。例（410）中换言后项通过对第二人称单数"你"的使用让使听话人认为说话人是在直接称呼听话人，传授如何做好一本畅销书的经验，让听话人认为自己是受惠的一方，说话人与听话人之间的关系由此更为亲密。例（411）中换言后项说话人使用第二人称单数"你"让使听话人认为说话人是在教授如何躲避危险的方法，听话人会认为这些信息对自己有利。

2. 态度评价类换言前后项的人际功能差异

当说话人认为前项的话语有可能被听话人理解为随意、冗长等情况的时候，就会实施态度评价类换言，向听话人表明自己对前项的态度立场，消除听话人思想上的预设。例如：

（412）什么是边缘问题，讲的直白一点，就是吃饱了撑得没事干思考的事情。<u>认真一点说</u>，边缘问题，是基于眼前的稳态，尝试向下一段前进时需要突破的问题。（新浪微博 2020-03-17）

（413）真要提防，视野就要开阔：既要防女色，也要防男色；既要防异性，还要防同性——<u>干脆一点说</u>，就是要提防除了自己以外的人类。（中国新闻网 2009-07-10）

例（412）前项用"吃饱了撑得没事干思考的事情"来解释"边缘问题"，说话人意识到这种解释有可能会被听话人理解为过于随意，于是对前项进行换言，同时表明自己的换言态度是认真的，这种认真的态度从后项更为书面正式的解释中得以体现，也更能消除听话人在思想上认为随意的想法，从而增加话语可信度。例（413）前项提到提防的对象，但由于对象比较多，因而对于听话人而言可能存在信息冗长的情况，于是说话人对前项进行换言，同时表明自己干脆的话语态度，这种态度印在了后项更为简短的表述中，消除了听话人认为信息冗长的想法，从而增加话语可解度。

在实际语料分析中，还有一种双重换言情况，双重换言中"X（一）点说"经常以"好听—难听""客气—不客气"等对举形式出现，这种换言用例中所体现的换言前后项之间的人际功能差异更加明显，因为双重换言体现了说话人有意为之的交际策略。例如：

（414）相亲，从查资产开始，那就已经不是爱情了。<u>好听点说</u>：搭伙过日子，<u>难听点说</u>：经济型婚姻。（新浪微博 2022-04-09）

（415）你可以说，很多人不喜欢"祥林嫂"；但是你也并没有资格，指责别人是"祥林嫂"。就像你可以觉得，到陌生人那里去"哭"有碍观瞻；但你也并没有资格，指点别人"有什么好哭的"。<u>客气一点说</u>，这是对你也承认的重大事件的不同反应有失共情和友善，<u>不客气点说</u>，你也太拿自己的处事方式当标准了。（新浪微博 2022-01-11）

以上两例中，说话人目的是向听话人传达负面评价的换言，但是说话人并未直接进行负面评价的换言，而是借助双重换言先进行正面评价，再进行负面评价，这是说话人遵循会话原则中的礼貌原则，即表达某种负面评价时，采用一种先扬后抑的方式，第一重换言表达妥协、礼貌等，起到照顾听话人感受的效果，在此基础上再进行第二重换言，从而让听话人减少对负面评价的抵触心理。

# 五　小　结

本节主要从与构式相关情况、构件解析与构式变体、换言前后项的语义关系以及与"评价"类换言标记构式有关的语用问题四个大的角度对三个评价性换言标记构式"往 X 里说""说得 X 一点""X（一）点说"进行讨论分析。

从构式相关情况来看，"往 X 里说"与"说得 X 一点""X（一）点说"都是既可充当句法成分也可充当非句法成分，当其充当非句法成分时，起到评价标记的作用，当其连接两个具有语义相似性的语段时，就是具有评价功能的换言标记构式，本节研究的就是具有评价功能的"往X 里说""说得 X 一点""X（一）点说"。

从构件与构式变体角度来看，"往 X 里说""说得 X 一点""X（一）点说"都是由常项与变项两个部分组成，常项部分有些成分也可以被替换，替换后并不影响整体的功能，变项 X 对整个构式的功能起到关键性的作用。从进入三个构式中的 X 的成分来看，主要都是性质形容词，从X 对性质形容词的包容性方面来看，"说得 X 一点""X（一）点说"中的 X 对性质形容词的包容性更强，其主观评价功能更为明显；从其出现形式来看，"往 X 里说"常常以反义对举的形式出现，"说得 X 一点""X（一）点说"也常常以反义对举的形式出现，后两个还可以表示多重换言。

从三个构式所连接的前后项之间的语义关系来看，"往 X 里说"包括解说关系、概说关系、详说关系、推论关系、揭示关系五种；"说得 X 一点"包括解说关系、概说关系、详说关系、确说关系、例说关系、推论关系、揭示关系七种；"X（一）点说"包括解说关系、概说关系、详说关系、确说关系、推论关系、揭示关系、修正关系七种。

关于"评价"类换言标记构式有关的语用问题，这三个构式都具有篇章衔接功能以及评价提示功能和语义关系提示功能。这是与"引述"类换言标记构式、"视角"类换言标记构式及词汇性的换言标记的最大区别。从换言前后项的语用分析来看，三者都具有显著的主观性，其评价带有鲜明的个人色彩。区别是："往 X 里说"大多数情况下都是以反义对举形式出现，这种情况下就出现两种相反的评价，前一种评价是顺应语境的评价，这种顺应语境的评价分为两种情况：一种是顺应社会主流认知的评价，另一种是顺应上文当事人立场的评价。这两种评价因为与语境的制约有关，并不代表说话人的立场，因而是相对客观的评价。说话人在此基础上再表明自己的立场，在后面说出自己的主观评价，因而后一种评价才是代表说话人的主观立场。

"说得 X 一点""X（一）点说"也常常以反义对举形式出现，但也以单独形式或多重换言的形式出现，当以单独形式出现时，X 就是表示说话人的态度或立场等，而以对举形式或多重换言的形式出现时情况就比较复杂。"说得 X 一点""X（一）点说"出现双重换言或多重换言时，前一种评价常常都是说话人基于社会公认的认知和价值标准作出的主观评价。双重换言或多重换言句中说话人评价的主观倾向性为后一个换言句，且这种评价多为负面。我们认为，之所以出现双重换言或多重换言，是说话人遵循会话原则中的礼貌原则，即当说话人想要表达某种负面评价时，采用一种先扬后抑的方式对听话人的理解方向进行引导，如说话人先用"说得好听一点""好听一点说"等表达一种让步、妥协、委婉、礼貌等，起到照顾听话人感受的效果，从而让听话人减少对负面评价的抵触心理。

# 第五章　换言标记的来源和演变

关于换言标记的来源与演变问题，目前只有李宗江（2017，2019）有过研究，李文主要研究近代汉语中实体构式形式的换言标记，也就是词汇性质的换言标记，李文认为就词汇形式来说，近代汉语中的换言标记由两类动词作为主要成分构成：一类是"即、是"，称为"是类"，如"即""也即""即是""也即是""便是""就是""也就是"等；另一类是"谓、言、说"，称为"说类"，如"即谓""亦谓""或谓""此谓""即是谓""便是说""就是说"等。稍举几例[①]：

（1）自山麓至峰岑，跨谷凌岩编石为阶，广十余步，长五六里。中路有二小窣堵波，一谓下乘，即王至此徒行以进；一谓退凡，<u>即</u>简凡人不令同往。（唐《大唐西域记》卷九）

（2）了悟心源，即是净土。若悟真理，菩萨与土，悉同是一。<u>也即是</u>心净即佛土净云。（敦煌变文《维摩诘经讲经文》）

（3）剪灯者将及某号，即预放某索以待之，此号方升，彼号即降，观其术者，如入山阴道中，明知是人非鬼，亦须诧异惊神，鼓掌而观，又是一番乐事。惜予囊悭无力，未及指使匠工，悬美法以待人，<u>即谓</u>自留余地亦可。（明《闲情偶记·器玩部》）

（4）议云："已孤暴贵，不为父作谥。"<u>此谓</u>其父无位，而其子则居大官，不当以已之贵加荣于父也。（唐·独孤及《太常停谥陇右节度使郭知运议》）

但是现代汉语中换言标记的来源与演变问题，目前还未有相关讨论，比如现代汉语换言标记是什么时候产生的？它们的产生和演变动因又是什么？这是本章要回答的问题。接下来我们按照实体构式形式的换言标记与半图式构式形式的换言标记这两种分类，分别进行考察。

---

[①] 这四例均转引自李宗江（2017）。

# 第一节 实体构式形式的换言标记的来源与演变

## 一 两类换言标记的产生时代

### （一）"系言"类换言标记

"系言"类换言标记有：即、即是说、也就是说、（这 / 那）就是说。"即"的换言标记用法产生很早，在先秦就已出现。例如：

（5）且古圣王畜私不伤行，敛死不失爱，送死不失哀。行伤则溺己，爱失则伤生，哀失则害性。是故圣王节之也。<u>即</u>毕敛，不留生事，棺椁衣衾，不以害生养，哭泣处哀，不以害生道。（《晏子春秋·景公嬖妾死守之三日不敛晏子谏》）

"即是说"在清代出现换言标记用例。例如：

（6）大凡有功夫的人，不论他内功外功练就得铁骨钢筋，刀枪不入，他却有一处照门。<u>即是说</u>，诸如浑身皆不怕刀枪刺砍，那照门上面不必说是刀枪，即用一个指头那里点他这一下，即刻就要送命。（吴趼人《二十年目睹之怪现状（上）》）

"这就是说""那就是说"在近现代出现换言标记用例。例如：

（7）这十首唱答的情歌，又名"十别妹"可作为"南洋行（二）"之续。<u>这就是说</u>，这"南洋行（三）"的事实，可视为全部"南洋行"的最后一截。（《民俗》"情歌唱答"短引）

（8）物质文明，又是我的贱骨头所消受不来的。但是我的信条，终以为死亡绝灭，人人以为不好，那就是说，"没有是不好"；粗陋恶劣，人人又以为不好，<u>那就是说</u>，"不精工是不好"，"不好看是不好"。（《新青年·第五卷五号·补救中国文字之方法若何？》）

"也就是说"在现代出现换言标记用例。例如：

（9）慢慢的，我开始和几个最知己的朋友谈论她，他们看在我的面上没说她什么，可是假装闹着玩似的暗刺我，他们看我太愚，<u>也就是说</u>她不配一恋。（老舍《赶集》）

### （二）"或言"类换言标记

"或言"类换言标记有：换言之、换句话说、或者说、具体地说、具体而言。

"换言之"最早用例见于清末民初。例如：

（10）精神上的学问怎样讲的？文明种道不过是国民教育四字，<u>换言之</u>即是国家主义，不论做君的、做官的、做百姓的，都要时时刻刻以替国家出力为心，不可仅顾一己。（《民报》第1号：星台遗稿《狮子吼》）

（11）食物也，衣服也，均非自然具备，故不可不追求不工作不学问以满足其所需，<u>换言之</u>，即不可不活动。（《新青年》第三卷二号·读者论坛）

"换句话说"的换言标记用法见于民国时期。例如：

（12）新时代的政治，不是偏重少数者底利益底政治，是为一般国民底福利而设的；所以那些常立在牺牲者地位底多数国民，<u>换句话说</u>，即是劳动者底代表政党的劳动党当然为众人期待底目的了。（《新青年》第七卷六号·英国劳动党底新势力）

"或者说"的换言标记用法始于清代，但用例很少。例如：

（13）十乔的"乔"字，该是景致的"景"。<u>或者说</u>此楼造得空旷，上有明窗可以眺远，看见十样景致，故此名为"十景楼"。（《十二楼（上）·十乔楼》）

到了近现代，"或者说"的换言标记用例增多。例如：

（14）李静上了车，<u>或者说</u>入了笼。那个迎亲的小媳妇，不到十五岁而作妾的那个，笑着低声的问："今年十几？"李静没有回答。（老舍《老张的哲学》）

（15）陈白露不由回过头，茫然地四下看着，就从那群"鬼影"中，走出了一个人，<u>或者说</u>一个还有一口气的人。（曹禺《日出》）

"具体地说""具体而言"都是在当代出现的换言标记。例如：

（16）伊犁河北岸为惠远城。这是"总统伊犁一带"的伊犁将军的驻地，也是获罪的"废员"充军的地方。充军到伊犁，<u>具体地说</u>，就是到惠远。伊犁是个大地名。（汪曾祺《天山行色》）

（17）当前的主要矛盾是班子和队伍建设问题，<u>具体而言</u>就是解决为谁掌权、为谁执法、为谁服务的问题。（《人民日报》2000年）

为了更直观地展示每类换言标记的产生时代，我们将其归纳如下：

| | 换言标记 ＼ 产生时代 | 先秦 | 清代 | 近现代 | 当代 |
|---|---|---|---|---|---|
| 系言类 | 即 | + | | | |
| | 即是说 | | + | | |
| | （这/那）就是说 | | | + | |
| | 也就是说 | | | + | |
| 或言类 | 或者（说） | | + | | |
| | 换言之 | | | + | |
| | 换句话说 | | | + | |
| | 具体地说 | | | | + |
| | 具体而言 | | | | + |

从上表的分布来看，"系言"类换言标记产生时代跨度很大，最早的产生于先秦，最晚的产生于近现代。相比较而言，"或言"类换言标记产生时代跨度较小，都是在清代以后才开始产生，主要集中在近现代以及当代。李宗江（2017）罗列出十五个近代汉语的换言标记，包括：即、即是、也即是、便是、就是、也就是、即谓、亦谓、或谓、此谓、即是谓、便是说、就是说、或者说，换言之。李文考察了这些换言标记的分布情况，综合其考察结果，可以发现，在古代及近代汉语中，主要是"系言"类换言标记，罕见"或言"类换言标记，"或言"类主要产生于清末民初。

## 二 现代汉语实体构式形式换言标记的来源

李宗江（2017）将近代汉语换言标记分为"是"类和"说"类，"是"类和"说"类。

换言标记用法来源于这两类动词在词义与功能方面的共性，即都具有"等同""言说"义以及元语用法。近代汉语中的换言标记来源相对比较单一，我们注意到现代汉语中的换言标记系统更为复杂，其并非只有一种来源。不仅不同类的换言标记来源并不完全相同，就是同一类的换言标记也有不同的来源。根据对历时材料的梳理，我们认为现代汉语换言标记的来源有以下三种：

### （一）来源于表示判断的动词或动词短语

现代汉语中"系言"类换言标记都是来源于表示判断的动词或动词短语。其有两种来源，一是由动词"即"演变而来，二是由动词短语"就是"演变而来。

动词"即"表示"靠近""趋近"之义。"即"虚化的第一步是由外动词变为内动词，表示"为、是、就是"义（孙锡信，2005）。例如：

（18）庄子曰："子独不见狸狌（即黄鼠狼）乎？"（庄子《逍遥游》）

（19）子曰："礼者何也？即事之治也。君子有其事，必有其治。"（《礼记·仲尼燕居》）

作为内动词的"即"，已经由表示具体动作行为的动词虚化为一个判断动词。随着使用环境的扩展，当"即"由句法环境扩展到篇章环境，其所连接的前后两个句子在语义上也具有同一关系时，就具有了换言标记的功能。如例（5）。

"就是"的句法组合最早见于唐五代，是一个表判断的动词短语。例如：

（20）今人王毓瑚《中国农学书录》云："据现有的线索推测，（徐成）极可能是唐代人。《说郛》收的有一种徐咸的《相马书》，'咸'、'成'二字字形相近，或者就是此书。"（《全唐诗续拾》卷六十）

当表判断的动词短语"就是"在体词性成分前面时，其前后的两个成分在所指上保持一致，构成前后逻辑的等同关系（史金生，2013）。这种"就是"的用例南宋时期开始大量出现。例如：

（21）你道我是你媳妇，莫言就是你浑家。（《快嘴李翠莲记》）

（22）可煞事有斗巧，方才开得铺三两日，一个汉子从外面过

来，就是那郭排军。(《碾玉观音》)

史金生(2013)认为"就是"在由"NP+就是+NP"的句法环境扩展到"NP+就是+VP"的句法环境的过程中开始词汇化，当"就是"后面接的是一个小句时，"就是"词汇化为一个衔接性关联词。

当"就是"连接的前后语段语义上具有同一关系时，"就是"就是一个换言标记。例如：

(23)良知在夜气发的力是本体，以其无物欲之杂也。学者要使事物纷扰之时，常如夜气一般，就是"通乎昼夜之道而知"。(《传习录》卷中)

例中"就是"是对前面句子的解说。由于"就是"具有了解说义，人们自然会把它和言说标记"说"(喻薇，姚双云，2018)连用，长期的使用使得"就是"和"说"融合成一个词，其所引导的分句可以是对前面分句或句子中某个成分进行解释说明，这样就产生了换言标记"就是说"。

作为虚词，"即"和"就"都可用作语气副词，用于判断谓语前，表示强调(李宗江，1997)，换言标记"即是说"由此产生。

当"就是说"前面带有指示代词"这/那"或表示类同意义的副词"也"时，换言标记"这/那就是说""也就是说"就此形成。

### (二)来源于选择连词

古代汉语中没有"或言"类换言标记，近代汉语中有少量的用例。据李宗江(2017)考察，"或言"类换言标记"或谓"最早产生于南宋，但"或谓"在现代汉语中已经消失。现代汉语中常用的是"或者(说)"。复音词"或者"来源于"或"，明清时期，"或者"成为一个纯粹的选择连词(姚尧，2012)，这是"或者"语法化为换言标记的一个重要条件。请看下面用例：

(24)时常叫香公送茶来，或者请过庵中清话。(明《二刻拍案惊奇》卷三)

(25)如今也照你在山里的样子，停放七天；讲到安葬或者入土为安，自然早一日好一日，我向来却从不信阴阳风水这些讲究。(清《侠女奇缘(下)》)

例（24）中"或者"表示选择关系。例（25）中"或者"虽然也表示选择，但是前后的两个动词语基本同义，可以看作一种语义同一的选择关系，作用已经类似换言标记了。

可见，连词"或者"经历了一个重新分析的过程：最开始"或者"是一个选择连词，用在陈述句中表示选择关系。随着使用环境的扩大，"或者"出现在"S$_1$+或者+S$_2$"的篇章环境中，当"S$_1$"与"S$_2$"在语义上具有同一关系时，此时的"或者"就是一个换言标记。当"或者"成为换言标记后，人们也很自然地把它和言说标记"说"连用。"或者说"成为现代汉语中常用的一个换言标记。

### （三）来源于语言接触

从考察的语料中发现，"或言"类换言标记产生时间较晚，基本在清末民初产生，我们甚至推测这一类中的典型成员"换句话说""换言之"可能是受外语影响的结果。下面详细讨论。

"换句话说"原本是个连动结构，最早见于清末，可以作谓语。例如：

（26）同是一死，富贵至王侯卿相，贫贱至舆台走卒，又有什么分别呢？再换句话说，寿终自寝，与葬身兽腹，也是一样的。（无垢道人《八仙得道（下）》）

（27）我仍用这个意思，换句话说道："现在旧戏里情节做作都不好，所以才借重于唱，等到新戏把情节做作研究好了，唱工尽可不要"。（《新青年》第五卷四号·再论戏剧改良傅斯年）

在以上两例中，"换句话说"还不是换言标记，它们的前后还有其他成分，如例（26）中的副词"再"。例（27）中前面的状语和主语以及后面的"道"，它们还是具有表述特定主语的句法功能。

"换句话说"的典型的换言标记用法见于民国时期，其显著的标志就是在"换句话说"后面有"即""就是"等"系言类"换言标记，用以帮助"换句话说"来标示前后话语之间的语义同一关系。这种情况在《新青年》中很常见。例如：

（28）新时代的政治，不是偏重少数者底利益底政治，是为一般国民底福利而设的；所以那些常立在牺牲者地位底多数国民，换

句话说，即是劳动者底代表政党的劳动党当然为众人期待底目的了。（《新青年》第七卷六号·英国劳动党底新势力）

（29）凡一时代，经济上若发生了变动，思想上也必发生变动。换句话说，就是经济的变动，是思想变动的重要原因。（《新青年》第七卷二号·由经济上解释中国近代思想变动的原因）

但在民国时期后来的作品中，就很少见到再搭配"系言"类换言标记的用例了，"换句话说"作为换言标记完全独立了。例如：

（30）照您说，九龄不敌，站在那里挨打，品德就好啦，心地就诚实啦。换句话说，人家给一刀，设法反败为胜的不诚实，可等着刀来致自己于死的算为诚实。（常杰淼《雍正剑侠图（上）》）

（31）所成就的作品既与创作时的心境关连得如此的不定而疏远，它又凭什么而存在呢？换句话说，它已是游离着且独在了，岂不是无概之花，无源之水。（俞平伯《文学的游离与其独在》）

从词语构成上看，"换言之"，是个文言形式，似应产生很早，但实际上，"换言之"最早用例见于清末民初，如《民报》《新青年》中已较常见。例如：

（32）食物也，衣服也，均非自然具备，故不可不追求不工作不学问以满足其所需，换言之，即不可不活动。（《新青年》第三卷二号·读者论坛）

（33）这番阅尊著"应用文之教授"一篇，方然大悟"文字革命"运用的法子；换言之就是晓得"文字革命"进行的手段了。（《新青年》第四卷三号·通信）

"换言之"的早期用例与"换句话说"一样，仍然常常要与"系言"类换言标记搭配使用。

从上面的分析可以看到，"换句话说""换言之"这两个汉语中最典型的"或言"类换言标记产生的时间都是清末民初，"换句话说"虽然可以见到用于句法成分的用例，但极为少见。按照一般的演变规律，一个具有句法作用的成分演变为功能性成分，至少需要具备以下两个条件：一是前者要有一定的使用频率，二是经历了渐变的过程。我们考察的结果是，以上两个条件，"换句话说"都不具备。就"换言之"来说，它并不是从古代汉语中发展来的，而是在清末民初由文人仿造的文言词语。它一经产生，就只用作换言标记，没有其他用法。也就是说，这两个短语一产生就有了换言标记用法。在这种情况下，对它们的来源，就有以下两种可能：

一是语用化的结果。从这两个短语的构成成分和构成方式来说，按理说它们至少在近代就应该产生了，而实际上没有查到用例，可能是受到语料范围的限制。由于这两个短语本身的概念意义与换言标记的功能正相关联，因而其由句法功能到篇章功能的变化，只需要改变一下语境就可以，即由句法位置挪至篇章位置。这种由句法成分变成语用标记的过程不一定需要较长的时间。

二是语言接触的结果。这两个换言标记的早期用例多见于《民报》《新青年》这样的刊登较多翻译或评介国外文献的新式报刊之中，而清末民初正好是现代汉语书面语的形成时期，在这个形成的过程中，翻译作品的影响作用很大。所以我们推测这两个换言标记也可能是语言接触的结果，即由外语中的典型或言类换言标记如"in other words"之类直接通过翻译复制而来。吴福祥（2013）谈到，在语言接触过程中，一种语言（复制语）仿照另一语言（模式语）的某种语法模式，产生出一种新的语法结构或语法概念。就"换句话说""换言之"而言，既是语法复制，也是词汇复制。说是语法复制，是指它们都从外语的篇章连接成分复制为汉语的同功能成分，说它们是词汇复制，是指它们不仅是复制了相关的功能，也复制了两个短语本身的意义，通过特定的语义组合编码了换言标记功能。因而也可能是一种接触引发的语法化现象。总之我们认为，现代汉语的两个最典型的或言类换言标记"换句话说"和"换言之"可能并非由古代或近代汉语自然演变而来，而是受语言接触影响的结果。这一假设的另一个证据，就是这两个换言标记产生之后，一开始较多地与系言类换言标记"即、即是、便是、就是"等搭配使用。我们考察了19世纪初的英语语料，发现其中也常见这两类成分搭配使用的情况。例如：

（34）So far as the religion of Christ consists in' feeding the hungry, clothing the naked, and keeping himself unspotted from the world, I admit, that' in disproving the religion of Christ, I should disprove all religion: that is to say, in other words, so far as the religion of Christ is not founded on revelation. ( *A Series of Letters in Defence of Divine*

*Revelation*, 1820）

（35）To say that the relations of things as they now exist were a law to the will of God, <u>is to say</u>, <u>in other words</u>, that God was under the necessity of creating the universe in the form in which it now exists, and in no other.（*Sir James Mackintosh*, 1832）

英语中"in other words"是一个典型的"或言"类换言标记，"is to say"是一个典型的"系言"类换言标记，跟汉语的情况非常相似，区别只是语序不同，汉语是"或言"类的在前，而英语的是"系言"类的在前。

# 第二节　半图式构式形式的换言标记的来源与演变

在讨论之前，本节我们从两个角度来对现代汉语的半图式构式形式的换言标记做出历时考察：一是考察古代汉语或近代汉语中与某一换言标记构式相关的成分，二是考察某一换言标记构式的来源和演变。所谓与某一构式相关的成分，是指在古代汉语或近代汉语中所存在过的与所考察构式在结构或功能上具有共同点的构式。

## 一　"引述"类换言标记构式的历时考察

### （一）近代汉语中的相关构式

近代汉语中有与"引述"类换言标记构式相关的构式，主要有"依 X 所说（讲）""依（照）X 所言""依（照）X（的）话（说）""依 X 说法"四类。例如：

（36）只依<u>古人所说</u>底去做，少间行出来便是我底，何必别生意见。（宋《朱子语类》卷四十）

（37）叶广<u>依妻所言</u>，忙起出外寻取。（明《包公案》）

（38）又问朱文炜原由，文炜<u>照桂芳所言</u>，又委曲陈说了一遍。（清《绿野仙踪（上）》）

（39）金吒、木吒、哪吒在旁，口称："师叔！难道<u>依黄将军所说</u>，我等便不战罢？所仗福德在周，天意相佑，随时应变，岂容如此怯战？"（明《封神演义》第四十四回）

（40）马欢道："且莫讲我师父不是有名无实，就是小的今年长了八八六十四岁，圆了多少富贵、贫、贱、圣愚、贤不肖的梦，岂肯有名无实？"老爷道："<u>依你所言</u>，梦是人情之常？"（清《三宝太监西洋记（四）》）

（41）进禄说："你老人家说的有理，就是不能保万全。"花得雨说："<u>依你之话</u>，莫非把他放了才是万全之计吗？"（清《彭公案（二）》）

（42）周老爷道："统领大人常常说凤珠还是个清的，<u>照你的话</u>，不是也有点靠不住吗？"（清《官场现形记》第十四回）

（43）官人贵造，<u>依贫道所讲</u>，元命贵旺，八字清奇，非贵则荣之造。（明《金瓶梅》第二十九回）

（44）列公请听，何小姐这段交代，<u>照市井上外话说</u>，这就叫"把朋友码在那儿"了。（清《儿女英雄传》第三十回）

以上例中画线的短语在结构形式上，与"引述"类换言标记构式有共同之处，都用来指称语境中某人的话，但其功能不同，如在例（36）至例（38）中的"依古人所说（底）""依黄将军所说""照桂芳所言"都是作状语，表示其后行为的依据。例（39）至例（42）与前几例不同，其中画线的短语一方面是指称上文某人所说，同时引出说者对上文某人所说得出的推论。这些短语在以上两类例句中都不是引述标记。只有在例（43）（44）中它们才有引述标记的作用，其后就是某人说的话。但这种引述标记的用例很少见，没有发现这类构式用作换言标记的用例。

## （二）"用 X 的话说"的来源和演变

"用 X 的话说"来源于"用 X（的）话 V"这个偏正短语，在这个短语中，X、V 为变项构件，"用""的""话"为常项构件，显然"用 X（的）话 V"的产生时间取决于这些常项构件的产生时间。据陈昌来（2014）考察，介词"用"在先秦就出现了，依《汉语大词典》与《古代汉语词典》（第二版），助词"的"产生于宋代，名词"话"产生于先秦①。根据如上的研究，那么"用 X（的）话 V"出现的年代不可能早于宋代。据我们考察，"用 X（的）话 V"最早见于明代。例如：

（45）原来这李师师是个风尘妓女，水性的人，见了燕青这表人物，能言快说，口舌利便，倒有心看上他。酒席之间，<u>用些话来嘲</u>

---

① 汪维辉（2003）认为"话"在上古只用作名词，表示"善言"。

惹他。数杯酒后，一言半语，便来撩拨。(《水浒传》第八十一回)

（46）果然到了一月，将家中的银凑兑完足，照数偿还，抽了保状。陈内官倒觉甚不过意，待了酒饭，<u>用好话</u>慰贴而散。(《醒世姻缘传》第七十回)

上述两例中"用 X 话"都是作状语，语义指向上文某个人，表示其行使言说动作的方式。

到了清代，V 可以是"说"等言说动词，且"用 X 的话说"开始出现换言标记用法。其最早用例见于《儿女英雄传》。例如：

（47）"伯父，你若依得我，我何玉凤死心塌地的跟了你去。"这位姑娘也忒累赘咧。这要<u>按俗语说</u>，这可就叫作"难掇弄"！(《儿女英雄传》第十九回)

（48）这书里，自"末路穷途幸逢侠女"一回，姑娘露面儿起，从没听见姑娘说过这等一句不着要的话，这时大概是心里痛快了。要<u>按俗语说</u>，这就叫作"没溜儿"，捉一个白字，便叫作"没路儿"。(《儿女英雄传》第二十七回)

以上两例中，"按俗语说"具备引述功能，其语义不再指向前文某个人，而是指向其后的整个语段，说话人通过"按俗语说"引出通行的说法来对前文进行重新解读。《儿女英雄传》中的用例有以下几个特点：一是介词用"按"，还没有"用"；二是前面有假设连词"要"；三是引语的来源都是"俗语"，整个构式相当于"俗话说"。以上三个特点说明，这时的"用 X 的话说"还不是典型的引述标记。

民国时期，换言标记"用 X 的话说"引述功能更为典型，其中的 X 扩展为语境中的一个具体的人。例如：

（49）总而言之，批分数该雪中送炭，万万不能悭吝——<u>用刘东方的话说</u>："一分钱也买不了东西，别说一分分数！"(钱钟书《围城》)

（50）切不可锦上添花，让学生把分数看得太贱，功课看得太容易——<u>用刘东方的话说</u>："给教化子至少要一块钱，一块钱就是一百分，可是给学生一百分，那不可以。"(钱钟书《围城》)

上述两例中均是说话人直接引述某个人的原话来重述自己的观点，

"用 X 的话说"语义指向换言标记后的语段。

综上所述,引述性换言标记构式"用 X 的话说"来源于其同形式的"用 X 的话 V"这个偏正短语,其演变过程如下:

"用 X 的话 V"→用 X 的话说＝俗话说→用 X 的话说＝典型换言标记
　　明代　　　　　　　清代　　　　　　　　　民国

### (三)"按 X 的说法"的来源和演变

在"按 X 的说法"中,X 为变项构件,介词"按(照、按照、依照)"和"说法"为常项构件,显然此构式的产生时间取决于这两个常项构件的产生时间。依《汉语大词典》与《古代汉语词典》(第二版),介词"按"所引最早用例为先秦,介词"照"所引用例最早为清代,"按照"所引用例最早为清代;"说法"所引用例最早也为清代。如果《汉语大词典》如上所引用例都是正确的,那么"按 X 的说法"出现的年代不可能早于清代。据我们考察,"按 X 的说法"最早见于清代文献。例如:

(51)那小的这才说道:"自他摆了什么迷魂阵,被七子十三生破去之后,他便逃回山来。那时就该刻苦修炼,才是道理。哪知他在师父前却说得天花乱坠,背地里却无恶不作。……"那大的听了这番话,也就登时大怒起来。道:"我还道他是个正经人,哪知他是个畜类。照这说法,真要将他碎尸万段才好。"(《七剑十三侠(下)》)

(52)苏同道:"请哥儿不必讲了,怎么今儿你惯会讲浑话呢?他们八个人儿,拨到了渌猗亭,都有着座儿了,比咱们散职儿高得多呢。咱的哥儿,你不要自尊自贵了,还讲什么叫得来拷问拷问,倒莫要脑袋儿上被他们敲几下呢!"张禄道:"照你讲法,难道就罢休儿不成?"(《续济公传(中)》)

以上两例中,都是上文某人讲了一段话,然后换另一个说话人,用"按 X 的说法"引出这个人对前一个人所讲话语所做的推论。尽管两个话轮所说具有语义相似性,但这种关联两个话轮的"按 X 的说法"还不是引述标记,其作用与上文例(39)至(42)中"依 X 所言"等短语的作用类似,类似一个推论标记,与我们所说的引述兼换言标记不是一回事。

到了民国时期,"按 X 的说法"开始出现在独白语体中。例如:

（53）第二层先生文中所称颂的与谢野晶子的贞操论，……把贞操看作一种趣味信仰洁癖。不当他是道德，记者却不敢赞同，因为道德是不可不的要求，与美的宗教的之趣味信仰不同。若照与谢野晶子的说法，不贞操是无趣味无信仰罢了。(《新青年》第六卷第四号·讨论）

此例虽然是独白语篇，但其中的"照与谢野晶子的说法"与清代的用例一样，其语义都是前指的，即指向前一话轮或上文某人的话，其作用是将别人的话与说话人所言联系起来，实现推论功能。而典型的引述性换言关系正相反，换言标记的语义是后指的，即通过直接或间接的引述来重述作者的观点。这种典型的引述性换言标记构式到现代才见，最早见于老舍作品。例如：

（54）刘二狗是文城最富的一家——按照老郑的说法——"畜生"。（老舍《火葬》）

（55）为了表示抗议，鲁迅已坚决辞去中山大学一切教职。当时他在广州的处境也很危险，按林语堂的说法，国民党政府请鲁迅公开演讲，也有窥测他的态度的用意。（鲁迅《而已集》）

以上两例中的"按X的说法"在语义上都是后指的，即其后的话是引述别人的。

综上所述，引述性换言标记构式"按X的说法"来源于一个表示推论的介词短语，其用于推论和引述的区别就在于其后是说话人的话还是别人的话。其演变的过程如下：

用于对话语篇表推论→用于独白语篇表推论→用于独白语篇表引述兼换言
　　清代　　　　　　　　　民国　　　　　　　　　　　现代

## 二 "视角"类换言标记构式的历时考察

### （一）古代汉语中的相关构式

在古代汉语中，也存在"视角"类换言标记构式，但并不是用"从X的角度说""从X的方面说"来表达，而主要是通过"以（自/从/由）X

言之""以（自／从／由）X 观之"两大类来表达。例如：

（56）昔者尧、舜让而帝，之、哙让而绝；汤、武争而王，白公争而灭。<u>由此观之</u>，争让之礼，尧、桀之行，贵贱有时，未可以为常也。（《庄子》秋水第十七）

（57）人有欲，则计会乱；计会乱，而有欲甚；有欲甚，则邪心胜；邪心胜，则事经绝；事经绝，则祸难生。<u>由是观之</u>，祸难生于邪心，邪心诱于可欲。（《韩非子》解老第二十）

（58）今寡人之子不若寡人，寡人不若二三子。<u>以此观之</u>，则吾不王必矣。（《管子》小问第五十一）

（59）千乘能以守者自存也，万乘能以战者自完也，虽桀为主，不肯诎半辞以下其敌。外不能战，内不能守，虽尧为主，不能以不臣谐所谓不若之国。<u>自此观之</u>，国之所以重，主之所以尊者，力也。（《商君书》卷一）

（60）初元中，遮害亭下河去堤足数十步，至今四十余岁，适至堤足。<u>由是言之</u>，其地坚矣。（《全汉文》卷五十六）

（61）器形已成，不可小大；人体已定，不可减增。用气为性，性成命定。体气与形骸相抱，生死与期节相须。形不可变化，命不可减加。<u>以陶冶言之</u>，人命短长，可得论也。（《论衡》卷二）

（62）余少时见扬子云之丽文高论，不自量年少新进，而猥欲逮及。尝激一事，而作小赋，用精思太剧，而立感动发病，弥日瘳。子云亦言，成帝时，赵昭仪方大幸，每上甘泉，诏使作赋，为之卒暴，思精苦，始成，遂因倦小卧，梦其五藏出在地，以手收而内之。及觉，病喘悸，大少气。病一岁。<u>由此言之</u>，尽思虑，伤精神也。（《史论·桓谭·新论》）

（63）忠便是一，恕便是贯。<u>自一身言之</u>，心便是忠，应于事者便是恕。（《朱子语类》卷二十七）

（64）郑作《我应序》云："文王如丰，将伐崇，受赤鸟。"是当时行往丰地，未都丰也。所居有屋，故称昌户。<u>从后言之</u>，谓之文王之都。（十三经注疏《毛诗正义》）

从以上例子可知，"以（自／从）X 言之""以（自／从）X 观之"两大类构式都有换言标记的用法，其语义相似关系主要表达概说关系与推论关系，也有解说关系等。如（61）前文是借助制陶和冶炼来讲述人体具备的气与形体是相互依存的，生死与寿限是相互一致的道理，"以陶冶言之"引出对前文的概括说法：人的寿命有长有短。例（62）前文详细说明过于思虑伤神的例子，"由此言之"引出一个从前文中既是总结又是推理出来的结论。例（63）前文先说什么是"忠"，什么是"恕"，"自一身言之"将视角转换到"一身"，从"一身"的角度重新阐释"忠"和"恕"。

但"以（自/从）X言之""以（自/从）X观之"这两类在现代汉语中已经不再使用，现代汉语中常用的"视角"类换言标记构式主要有"从X的角度说"和"从X的方面说"等。

### （二）"从X的角度说"的来源和演变

从结构上来看，构式"从X的角度说"是一个偏正短语，在该短语中，介词"从"，名词"角度"和动词"说""看"为常项构件，此构式的形成与这些常项构件的产生时间以及语义相关。介词"从"在先秦已经出现，主要介引处所[1]。例如：

（65）晋灵公不君：厚敛以雕墙；从台上弹人，而观其辟丸也。（《左传宣公二年》）

（66）使狗国者，从狗门入；今臣使楚，不当从此门入。（《晏子春秋》卷六）

依《汉语大词典》与《古代汉语词典》（第二版），名词"角度"所引用例最早为清代末期。例如：

（67）俄国碎冰船之发明，……船尾有推进螺旋机三，以备角度，其船因角度之动摇而为前后，其进行也。（《东方杂志》第五期·丛谈）

例中"角度"一词是指具体的空间关系。

"从X角度说"这一偏正结构最早出现于民国时期[2]，其中的"角度"通过转喻，可以表示抽象的认知视角。例如：

（68）你有王爷做你的靠山，从势力的角度，你当占优越，可武

---

① 参见陈昌来，《汉语介词框架研究》，北京：商务印书馆，2014年，第140页。

② 据陈昌来（2014）考察，"从X的角度"用例最早在当代作家路遥的小说中才检索到，我们考察的"从X的角度"最早出现在民国初期常杰森的《雍正剑侠图》中。

林道净凭势力不成啊，你自己得有本领，才能兴一家武术。(《雍正剑侠图（上）》)

（69）但是，无论怎样说，她是另一种人，她有他所没有的一些什么。他能控制她，或者甚至于强迫她随着他的意见与行动为转移。可是，那并不就算他得到了一切。她所有的，永远在他自己的身上找不到。她的存在，<u>从某一角度上去看</u>，是完全独立的。(老舍《一筒炮台烟》)

在以上两例中，"从势力的角度"（其中隐含了一个动词"说"或"看"）"从某一角度上去看"，都不再是表示空间关系的角度，而是表示抽象的认知视角，在（68）中，"从势力的角度"所关联的是两个句子，但两个句子没有语义相似性。在（69）"从某一角度上去看"所关联的前项是个名词短语"她的存在"，因而整个是一个句子，而不是一个语段。所以说这两个例子中，"从X的角度说"都只是视角标记，而不是换言标记。

在构式"从X的角度V"中，"角度"是表示具体义还是抽象义，受到V的制约，当V表示具体的视觉行为等动作时，"角度"是指具体的空间角度。例如：

（70）有人喜欢在四壁与天花板上镶满了镜子，时时刻刻<u>从不同的角度</u>端详他自己百看不厌。(张爱玲《必也正名乎》)

（71）一团跟客钱一样高的尘埃从神庙门口炸开、升高，<u>从她的角度所见</u>，尘埃瞬间就湮没了神庙和半个广场。(翻译作品《龙枪 - 旅法师》)

（72）我围绕别墅巡行了一遍，<u>从各个角度仔细侦察</u>，但并未发现任何令人感兴趣之处。(翻译作品《福尔摩斯探案集（08）》)

（73）我们还需要一些围城用的机关。不麻烦。只要用攻城槌<u>从各角度突击</u>他们的城门。(翻译作品《龙枪 - 兄弟之战》)

以上诸例中的"从X的角度"都是作状语修饰其后的视觉动词或具体行为动词。如例（70）中"从不同角度"作状语修饰视觉动词"端详"，表示"端详"的方式，其中的"角度"是指具体的空间关系，例（73）中"用攻城槌从各角度"修饰具体行为动词"突击"，表示"突击"的方式，其中的"角度"也是指具体的空间角度。

当 V 表示的不是具体的视觉或其他可与具体空间发生关系的动作时，而是认知义动词时，角度则通过隐喻而抽象为认知视角义，这时"从 X 的角度"就是视角标记。例如：

（74）从债权人的角度看，资产负债率反映贷给事业单位款项的安全程度；从债务人角度说，资产负债率说明事业单位利用债权人提供资金进行业务活动的能力。（当代 /CWAC/CAL0130）

（75）更重要的是，高学历者子女的素质一定高，低学历者子女的素质一定低吗？无论从人口统计还是生物学的理论中，恐怕都找不出依据。从生物学的角度说，遗传基因并不是决定人的素质的最基本因素。（当代 /CWAC/CEB0133）

（76）商品经济时代，诗变得越来越寂寞了，这也很正常；不过，从另一个角度想，越是商品经济时代，我们是不是越应该提倡一下诗呢？（《人民日报》1994 年第 4 季度）

例（74）至（76）中的动词"看""说""想"都已经不是视觉动词和言说动词，而是认知动词，如例（74）中"从债权人的角度看""从债务人角度说""看""说"已经虚化，相应地"角度"也抽象化为认知视角。

当视角标记在篇章连接成分的位置，连接具有语义相似性的句子或语段时，就具有了换言标记的功能。例如：

（77）"病更相承负也，言灾害未当能善绝也"。这一段意思，就是说，今人受到的祸福归结为祖先的行为恶善，同时今人的善恶行为也会使后代得到相应的福祸结果。这种因果关系，从后代的角度说是"承"，而从先人的角度说是"负"。（卿希泰《中国道教》）

（78）管理作为一种活动，一定是在一个特定组织、特定时空环境下发生发展直至结束，从时间的角度来看，管理实在是一个动态的过程，因为时空环境不是静止的。（当代 /CWAC/APJ0089）

以上两例中，画线的"从 X 的角度说"都表示认知视角，同时它们都关联前后两个句子或语段，这些句子或语段间具有语义相似性，因而在这些例子中，"从 X 的角度说"都是"视角"类换言标记。

综上所述，我们认为"视角"类换言标记构式"从 X 的角度说"来源于"从 X 的角度 V"这个偏正结构。其演变涉及三个条件。

一是名词"角度"语义抽象化，由表示具体的空间视角通过隐喻抽象化为认知视角。

二是表示具体言说行为或视觉行为的"V"语义虚化，由言说动词或视觉动词虚化为认知动词。

三是由于"从 X 的角度说"后面常常接的是一个小句，实义动词"说""看"对其后的小句控制度高，虚化后的"说""看"语义削弱，语音弱化，有时甚至可以隐含，其与后面小句的关系变松，与"从 X 的角度"在形式上形成一个单位，演变为一个话语标记，当其所连接的前后项之间具有语义相似性时，就起到了换言标记的功能。具体的演变过程为：

表示动作的空间角度→表示认知角度→换言标记
清末　　　　　　民国　　　当代

### （三）"从 X 的方面说"的来源和演变

从结构上看，换言标记构式"从 X 的方面说"也是一个偏正词组，其来源于"从 X 的方面 V"这个偏正词组。介词"从"，名词"方面"和动词"说""看"为常项构件，此构式的形成与这些常项构件的产生时间以及语义相关。前面已经考察过，介词"从"在先秦就已产生，我们这里主要讲名词"方面"的演变。依据《汉语大词典》，"方面"一词在汉代就开始表示"方位、方向"的具体空间义。例如：

（79）南门三重，署曰南中门、南上门、南便门。东西各三门，随方面题署亦如之。（《西京杂记》卷四）

（80）萌被征上道，迷不知东西，云……"方面不知，安能济政！"即驾而归。（《东观汉记·逢萌传》）

以上的例（79）中，"方面"表示物体侧面的意思，例（80）中"方面"表示运动方向的意思，都是表示空间关系。

到了清代，"方面"语义虚化，开始表示相对或并列的人或事物中的一方或一部分。例如：

（81）此案两方面因互争意气而起，所谓化小事为大事也。（何德刚《春明梦录》）

（82）从此以后，他的眼目，好似比平常多出一层光亮，和原有的眼光截然两途：一方面专看阳世的人物，一方面却能烛照鬼物。（无垢道人《八仙得道（下）》）

"从 X 的方面 V"的形式也在清代开始出现。例如：

（83）所以我很想助你出头，把你应得的地位占了过来。但须先从内河方面得一根据之地。（无垢道人《八仙得道（下）》）

例中"从内河方面"作状语修饰具体行为动词"得"，"方面"在此表示具体空间义。

在构式"从 X 的方面 V"中，"方面"是表示具体义还是抽象义，也受到 V 的制约，当 V 表示具体的行为动词时，"方面"是指具体的空间义。例如：

（84）正在预备报捷，不料直军大队，忽从黄村方面前来助战。前后夹攻，小徐被困垓心，只得宣告休战。（许金城、许肇基《民国野史》）

（85）可令马林和麻崖等会合叶赫部的援军一万五千人，从开原铁岭方面出三岔儿入苏子河一带。（许啸天《清代宫廷艳史》）

（86）帝喾听了，矍然地应道："是是是。"于是整肃衣冠，从东阶方面走下去，朝着西面再拜稽首地说道："皇天降祉，不敢不承命。"（钟毓龙《上古秘史》）

当 V 不是表示具体的行为动词，而是表示认知动词"说""看"时，"方面"通过隐喻由相对或并列的人或事物中的一方或一部分虚化为表示看问题的出发点。例如：

（87）曾国藩道："现在捻匪之势不小，倘将李秀成留下，从好的一方面看呢，让他前去收拾余烬，自然是事半功倍。倘从坏的一方面看呢，狼子野心，难免不去与捻匪会合，那就是养痈成患的政策了。"（徐哲身《大清三杰（中）》）

（88）福晋早哼哼地笑了两声说："你不要做梦！依着皇上重用康有为，勾结革命党，拘囚老佛爷，咱们清朝的天下，早已亡了！从皇上那方面看，姓袁的是个罪人，从老佛爷这方面看，姓袁的

却是不错，却是我们满人的大大功臣，你可不要把送殡的埋下去。"（李伯通《西太后艳史演义》）

例（87）中"从好的一方面看"与"从坏的一方面看"其中的"看"都不是具体的视觉动词，而是认知动词，"方面"在此表示看问题的视角，但在此例中，"从好的一方面看"前后项之间没有语义相似性，不是换言标记，"从坏的一方面看"关联前后的两个语段都是评价"倘将李秀成留下"的看法，具有语义相似性，因而是一个"视角"类换言标记。例（88）中"从皇上那方面看""从老佛爷这方面看"，其中的"看"也是认知动词，"方面"表示看问题的出发点，但"从皇上那方面看"前后项之间也没有语义相似性，"从老佛爷这方面看"前后项都是关于对袁世凯的看法，因而其是一个"视角"类换言标记。

综上所述，我们认为视角型换言标记构式"从 X 的方面说"来源于"从 X 的方面 V"这个偏正结构。其演变涉及三个条件：

一是名词"方面"语义抽象化，由表示具体的空间义通过隐喻到表示抽象的认知视角。

二是表示具体言说行为或视觉行为的"V"语义虚化，由言说或行为动词虚化为认知动词。

三是由于"从 X 的方面说"后面常常接的是一个小句，实义动词"说""看"对其后的小句控制度高，虚化后的"说""看"语义削弱，语音弱化，有时甚至可以隐含，其与后面小句的关系变松，与"从 X 的方面"在形式上形成一个单位，演变为一个话语标记，当其所连接的前后项之间具有语义相似性时，就起到了换言标记的功能。具体的演变过程与"从 X 的角度说"相似，都是：

表示动作的空间关系→表示认知视角→换言标记
　　清代　　　　　　　民国　　　民国

## （四）"就 X 而言"的来源和演变

从结构上来看，构式"就 X 而言"是一个偏正短语，在该短语中，介词"就"和连词"而"以及言说动词"言"为常项构件，此构式的形成与这些常项构件的产生时间以及语义相关。据马贝加（1997）考察，介词"就"产生于晋、南北朝时期。例如：

（89）禧……年八十余，以老还家，<u>就</u>之学者甚多。（《三国志·魏书·钟繇华歆王朗传》注，裴松之引《魏略》）

（90）洪将家丁千余人，<u>就</u>温募兵，得庐江上甲二千人。（《三国志·魏书·诸夏侯曹传》注，裴松之引《魏略》）

（91）<u>就</u>卿谈，可坚城垒。（《世说·言语》）

以上例中，介词"就"分别引入"师从者"，如例（89）；"求索者"，如例（90）；"交与者"，如例（91）。

"就 X 而言"中"而"是一个连词，表示修饰关系，连接状语，"而"的这种用法出现于唐代。例如：

（92）吾恂恂<u>而</u>起。（柳宗元《捕蛇者说》）

（93）博者胜，掩口<u>而</u>笑。（《独异志》卷下）

动词"言"产生于商朝时期。也就是说，"就 X 而言"产生的最早时间不会超过唐代。据考察，"就 X 而言"最早产生于宋代，常见于《朱子语类》。例如：

（94）致知，是自我而言；格物，是<u>就物而言</u>。（《朱子语类》）

（95）人所以与物异者，所争者此耳。<u>然就人之所禀而言</u>，又有昏明清浊之异。（《朱子语类》）

例（94）中"就物而言"是一个状中结构，充当句法成分。例（95）中"就人之所禀而言"处在句子开头部分，是一个插入语。

当"言"表示的不是具体的言说行为义，而是认知义动词时，"言"通过隐喻而抽象为认知视角义，这时"就 X 而言"就是视角标记。例如：

（96）近年来，员工确实有急速趋于高龄化的趋势。因此在劳动人口中，高龄者所占的比例相当高，而今日在人手不足的情况下，就很难雇用年轻人。这么一来，就必须灵活运用高龄者这也是高龄者所期望的。<u>就目前而言</u>，创造一个具有活力的高龄化社会，是各个单位所不可缺少的课题。（《哈佛经理工作检测》）

（97）经科学鉴定，海得堡人生存在距今 40 万至 50 万年之间，是迄今为止在欧洲发现的最早的猿人。<u>就外表而言</u>，海得堡人还保留着许多原始特征，下颌支短宽，下颌切迹线平直，舌面中部凹陷，

咀嚼肌的附着面特大。属于晚期猿人。(《中国儿童百科全书》)

例（96）和（97）中的动词"言"都已经不是言说动词，而是认知动词，如"就目前而言""就外表而言"中"言"已经虚化，相应地，"就 X 而言"也抽象化为认知视角。

当视角标记在篇章连接成分的位置，连接具有语义相似性的句子或语段时，就具有了换言标记的功能。例如：

（98）就方式而言，沟通包含口语与非口语两部分。<u>就内容而言</u>，沟通包含事（content）与情（feeling），即沟通的内容和感受。<u>就情境而言</u>，沟通包含自己、别人和二者之间的关系，要和自己接触，也要和别人（沟通的对象）接触，更要和双方所形成的关系接触。<u>就过程而言</u>，沟通是双方之间意思的传达和接收。(《哈佛经理职业素质》)

（99）两个三角学说不仅认为语表、语里、语值是相互制约的，而且更强调在语法研究中三角互证。<u>就某种意义而言</u>，两个三角学说就是一种为解决语法分析的效度而提出的多维相互验证的研究方法。(《语言学论文》)

例（98）中，"就内容而言""就情境而言""就过程而言"都表示认知视角，同时它们都关联前后两个句子或语段，这些句子或语段间具有语义相似性。例（99）中，"就某种意义而言"前后话语之间也同样存在语义相似性。因而在这些例子中，"就 X 而言"都是"视角"类换言标记。

综上所述，我们认为"视角"类换言标记构式"就 X 而言"来源于偏正结构"就 X 而言"。其演变涉及三个条件。

一是偏正结构"就 X 而言"从句法位置扩展到篇章位置，功能出现扩展。

二是表示具体言说行为的"言"语义虚化，由言说动词虚化为认知动词。

三是由于"就 X 而言"后面常常接的是一个小句，实义动词"言"对其后的小句控制度高，虚化后的"言"语义削弱，语音弱化，其与后面小句的关系变松，在形式上形成一个单位，演变为一个视角标记，当其所连接的前后项之间具有语义相似性时，就起到了换言标记的功能。具体的演变过程为：

表示句法成分→表示视角标记→换言标记
　　宋代　　　　　宋代　　　　　当代

# 三　"评价"类换言标记构式的历时考察

## （一）近代汉语中的相关构式

在近代汉语中，作为评价性换言标记的构式主要是"X言之"，如"概言之""简言之""统言之""析言之"等。例如：

（100）禹贡之言海有二，东渐于海，实言之海也。声教讫于四海，概言之海也。（明《日知录集释》）

（101）今以大势所趋，时局迥异，不得不稍稍行之，惟起居一节，仍当谨守旧制，而祖宗遗训，不能轻弃也。简言之，仅劝采用西法，以补中国之不足。（清《清宫禁二年记》）

（102）是以三代之隆，学出于一，所谓学者，皆言人之功也。统言之，十年曰幼学，是也。析言之，则十三学乐，二十学礼，是也。（清《文史通义》）

以上诸例中，"概言之"就是"概括地说"，"简言之"就是"简单地说"，"统言之"就是"笼统地说"，"析言之"就是"详细地说"。其中的形容词在这个构式中都是表示评价义。以上的评价式换言标记，从评价的角度说，都是就其后项的表达方式做出的评价，而不能表达说话者态度的评价。

"X言之"这种评价式换言标记一直保留到现代汉语中，但在现代汉语中，还出现了一些其他的评价性换言标记构式，如"往X里说"等。下面主要考察这三个构式的来源与演变。

## （二）"往X里说"的来源和演变

换言标记构式"往X里说"来自"往X（处）里V"这个偏正短语。马喆（2009）考察了这一短语的产生过程。认为其最早见于明末清初的《醒世姻缘传》，后在清代常见。例如：

（103）你这一伙子没有一个往大处看的人。（《醒世姻缘传》第二十二回）

（104）你得了这个只是<u>往好处里想</u>，行好事，感激天老爷，神灵自然就保护你了。（《醒世姻缘传》第三十四回）

（105）你闹了学堂，不说变法儿压息了才是，倒要<u>往大里闹</u>！（《红楼梦》第九回）

（106）求求包黑，或者看爹爹面上<u>往轻里改正改正</u>。（《三侠五义》第十五回）

如上例中的画线短语在（103）中作定语，在其他例中都是作谓语，表示 V 的变化趋势。当这个偏正短语中 V 为"说""讲"等言说动词时，依据 X 的语义指向，分为以下两种情况：

（107）安老爷进门儿，一眼就看见他那对鼓蓬蓬的大咂儿。他那对咂儿<u>往小里说</u>也有斤半来重的馒头大小。（《儿女英雄传》第三十九回）

（108）瑞丰太太，<u>往好里说</u>，是长得很富态；<u>往坏里说</u>呢，干脆是一块肉。（老舍《四世同堂》）

以上的例（107）"往小里说"中的"小"语义指向上文的"大咂儿（乳房）"，仍是表示"说"的变化趋势。而例（108）"往好里说""往坏里说"中的"好""坏"，其语义不是指向句中的某个具体事物，而是指向其后的整个命题，其主要不是表达"说"的变化趋势，而是侧重表达说话者对其后命题的评价，具有很强的主观性，在句中作插入语，可以称为评价标记。马喆（2009）和我们的考察都没有发现"往 X 里说"在近代有评价标记的用例。而且例（108）中的"往坏里说"，它还不只是表达主观评价。例中的"往好里说"因只是关联主语"瑞丰太太"和谓语"是长得很富态"，它只是表达对谓语的主观评价。但"往坏里说"除了关联其后的"干脆是一块肉"，表达评价外，还关联上一小句"长得很富态"，这个小句与后面的"干脆是一块肉"之间具有语义相似性，两个小句理性意义相同，都是指人胖，只是褒贬有别。这样一来它就还有一个作用，类似于"换句话说"，具有篇章连接作用和换言标记功能。对"往 X 里说"的换言标记用法及其来源，马喆（2009）没有谈到。

"往 X 里说"的换言标记用法产生于现代，具体说是最早见于老舍三四十年代的作品中。例如：

（109）可巧有一回，他们俩的相片登印在一家的刊物上，紧挨着。汝殷的想象更丰富了些。相片上的青燕是个大脑袋，长头发，龙睛鱼眼，哈巴狗鼻子；<u>往好里说</u>，颇象苏格拉底。（老舍《抓药》）

（110）他们不爱着急，所以也不好讲理想。胖子不是一口吃起来的，乌托邦也不是一步就走到的。<u>往坏了说</u>，他们只顾眼前；<u>往好里说</u>，他们不乌烟瘴气。他们不爱听世界大同，四海兄弟，或那顶大顶大的计划。（老舍《英国人》）

（111）日本军部已委派许多日本的经济学家研究战时的经济——<u>往真切里说</u>，便是研究怎样抢劫华北的资源。（老舍《四世同堂》）

（112）可是从作"洋"事上说，尽管他与丁约翰不同，也多少有点别扭。<u>往最好里讲</u>，他放弃了那群学生，而去帮助外国人作事，也是一种逃避。（老舍《四世同堂》）

一个语言成分突然在一个作家的作品中集中出现，这种语言现象需要作出解释。老舍的特殊身份在于他在英国多年，并用英文发表过作品。我们推测在老舍作品中最先出现的"往 X 里说"的评价性换言标记用法可能与英语中同功能成分的影响有关。这可以从以下两个方面得到证明：

一则老舍当年的作品中，作为评价性换言标记源结构的"往 X 里 V"很常用，如在老舍当时作品中可以搜索到"往好里说""往好里想""往好里混""往好里做"，"往坏里说""往坏里变""往坏里做"，"往大里说"，"往小里说""往小里抽"，"往高里长"，"往深里追""往深里顶"等等，这说明这种结构在老舍的语言储备中很容易被在线提取。

再则，在英语中存在具有评价性换言标记功能的固定短语，如"at best""at worst"之类。例如：

（113）The comic pretentiousness baked into the exercise of comparing all culture to the greatest classics is lazy <u>at best</u>, passive aggressive <u>at worst</u>.（把所有文化与最伟大的经典著作进行比较，这种做法带有喜剧性的自命不凡，<u>往好里说</u>就是懒惰，<u>往坏里说</u>就是消极进取。）

（114）The comic pretentiousness baked into the exercise of comparing all culture to the greatest classics is lazy <u>at best</u>, passive aggressive <u>at worst</u>.（把所有文化与最伟大的经典著作进行比较，这

种做法带有喜剧性的自命不凡，<u>往轻里说</u>就是懒惰，<u>往重里说</u>就是消极进取。）

我们理解，正是类似"at best""at worst"这种经常对举出现的评价性换言标记，影响了老舍的语感，在创作母语作品时，联想到了英语的相关表达方式，并与母语中的"往 X 里 V"结构联系起来，选择了"往 X 里说"，英语中相应形式的评价标记和换言标记的用法也随之移植到汉语中来，完成了这一近代已有构式的用法创新。老舍作品在中国现当代具有较大的影响力，很快影响了当代的其他作家，并逐渐扩散开来。通过类推作用，使其中的 X 扩展到更多的形容词，成为汉语当代颇具特色的换言标记构式之一。

### （三）"说得 X 一点"的来源和演变

从结构上来看，"说得 X 一点"是一个述补结构，"点"也可以是"些"，该构式的产生时间由常项"说""一点 / 些"决定。依《汉语大词典》与《古代汉语词典》（第二版），"说"的动词用法在先秦就已出现，表示"解释、说明"。例如：

（115）成事不说。（《论语·八佾》）
（116）<u>说</u>不喻而后辨。（《荀子·正名》）

表示"言谈"意义的"说"在汉代开始出现[①]。例如：

（117）儒家<u>说</u>夫妇之道，取法于天地，知夫妇法天地，不知推夫妇之道，以论天地之性，可谓惑矣。（《论衡》卷十八）
（118）见五谷可食，取而食之，见丝麻可衣，取而衣之。或<u>说</u>以为天生五谷以食人，生丝麻以衣人，此谓天为人作农夫桑女之徒也。（《论衡》卷十八）

"得"作补语标记，《汉语大词典》举有宋代例[②]。"点""些"的量词用

---

① 参见汪维辉，《汉语"说类词"的历时演变与共时分布》，《中国语文》，2003 年第 4 期。
② "北风吹得山石裂，北风冻得人骨折。"（宋杨万里《正月晦日自英州舍舟出陆北风大作》）

法产生于唐代 ①。也就是说，"说得 X 一点"的产生时间不可能早于唐代。据我们考察，"说得 X 一点"最早产生于明代，例如：

（119）妙观道："全仗嬷嬷<u>说得好些</u>，肯时奴自另谢嬷嬷。"（凌濛初《二刻拍案惊奇（上）》）

（120）宗师又问："你今年几岁了？"他又想道："我<u>说得小些</u>，打时也还好将就。若说是十六岁，便就打得多了……"（西周生《醒世姻缘传（中）》）

这两例中"说得 X 些"在句中做谓语，前面有句法主语，其中的 X 语义指向上文。

到了清代，"说得 X 一点"前后可以有停顿，句法主语开始省略，X 的语义可以指向下文。例如：

（121）"哥哥，真可谓贪一时之小利，弃万年的大福呀！妹子自经家难，此心更似枯木死灰。不但世上荣华打不动妹子的心事，就是方才所说继母如何不爱我们，舅太爷如何作祟，也总不在我的心上，横竖大家都是要散的，还顾什么小小的得失利害之事。再<u>说得简捷些</u>，妹子对此凡尘，本来早图摆脱。"（无垢道人《八仙得道（下）》）

（122）知圆笑道："不能说与你无损，但损失也不能算大。再<u>说得爽快些</u>，就是要你损失，你也不能不允就是了。"（无垢道人《八仙得道（下）》）

（123）安公子先前听何小姐说话的时节，只认作她又动了往日那独往独来的性情，想到那里，说到那里，不过句句带定张姑娘，<u>说得得体些</u>，还不曾怪着张姑娘。（文康《侠女奇缘（上）》）

以上诸例中，例（121）（122）（123）中"说得 X 些"省略了句法主语，其中的"简捷""爽快""得体"语义都是指向后文，从语义角度来看，都是同一个人先说一段话，再将这段话改换一种说法，如（121）是将上文概括起来说，（122）是将上文说得更准确一点，（123）是将上文

---

① "点""些"的量词用法都产生于唐代，如"棱而宛中，有点墨迹"（唐韩愈《高君仙砚铭》）、"诸僧送别驾，见寺主左臂上裂裟忽有些鲜血"（《太平广记》卷一二七引唐无名氏《广古今五行记》）。

说得更得体一点，这三例中"说得 X 些"都有换言标记的用法。但这些例子中，换言都与上文某人的说法相关联，换句话说，换言前项的意思并不是说话人的。"说得 X 一点"的前后项都是说话人一个人表达的例子出现在民国时期。例如：

（124）他是一个武人，原不晓什么叫做温存怜爱，什么叫做惜玉怜香，他要便不顽，顽起来，非要顽得个流血漂杵，娇啼宛转，<u>说得上俗点</u>，就是梳拢妓女，再村点，就是替姑娘们开宝。（蔡东藩、许廑父《民国演义》）

（125）现在又来了"外国文"，许多句子，即也须新造，——<u>说得坏点</u>，就是硬造。（鲁迅《二心集》）

（126）他有理想么？他的理想很多很多。<u>说得正确些</u>，是当他躺在床上的时候，他有异常多的理想，但当他离开了床，他就只有他那种"什么都看不惯，但又什么都不在乎"的气质。（茅盾《子夜》）

以上诸例中"说得 X 一点"都处在独白语体中，是说话人有意构建的话语关系，"说得 X 一点"中 X 的语义指向下文，是在与上文语义具有相似性的前提下带有评价的话语。

综上所述，换言标记"说得 X 一点"来源于一个述补结构，经历了如下的演变过程：

"说得 X 一点"在对话语体中作谓语，X 语义前指；之后"说得 X 一点"在对话语体中充当评价标记，X 语义后指；"说得 X 一点"在独白语体中充当评价兼换言标记，X 语义后指。从功能上说，其演变过程为：

句法成分→评价标记→评价兼换言标记
明代　　　清代　　　　清代

### （四）"X（一）点说"的来源和演变

从结构上来看，"X（一）点说"是一个偏正结构，"一"有时可以省略，"点"也可以是"些"，该构式的产生时间由常项"说""（一）点/些"决定。前面提到，"说"的动词用法在先秦就已出现，表示"解释、说明"，到了汉代，"说"开始表示"言谈"义，"点""些"的量词用法产生于唐代。也就是说，"X（一）点说"的产生时间不可能早于唐代。据我们考察，"X（一）点说"最早产生于清代。例如：

（127）只有林媛媛谷都着一张嘴，十分扫兴，瞪了秋谷一眼道："倪勿来，勿作兴实梗格。耐要拦倪格和，为啥勿早点说呀。"（张春帆《九尾龟》）

（128）薛姨妈笑道："说的何尝错，只是你慢些说岂不省力。"（曹雪芹《红楼梦》）

这两例中"X点（些）"在句中做谓语，前面有句法主语，其中的 X 语义指向上文。

到了民国初期，"X（一）点说"前后可以有停顿，句法主语开始省略，X 的语义可以指向下文。但用例不多，仅见一例。例如：

（129）有位尹先生，是我一个畏友。他与我们谈天，常说，"生平服膺""红老之学"。"红"，就是红楼梦；"老"，就是老子。这"红老之学"的主旨，简便些说，就是无论什么事，都听其自然。（《新青年》第五卷五号•"作揖主义"）

例中"简便些说"省略了句法主语，其中的"简便"语义指向后文，从语义角度来看，引出的后项是对前面主语的解释说明。"简便些说"在这里是个句内插入成分，还不是篇章连接成分。民国中期，"X（一）点说"开始出现换言标记用法。例如：

（130）老张在讲台上往下看，学生们好似五十多根小石桩。俏皮一点说，好似五十多尊小石佛；瞪着眼，努着嘴，挺着脖子，直着腿。（老舍《老张的哲学》）

（131）我以为粤讴的文字的体裁是从词转变出来的多，诗是七言五言般被拘束住，词也有什么满江红，浪淘沙，菩萨蛮的格调，子庸从这些滥调里便吹一些新的空气进去，再加以士语的感叹的音韵押押尾和接接头，使诗词的风韵普遍化，或时髦一些说是民众化些了。（《民俗》）

例（130）前项说学生好似小石桩，"俏皮一点说"引出另一种说法，将"小石桩"改换成"小石佛"，前后项具有语义相似性。例（131）前项"使诗词的风韵普遍化"与后项"是民众化些了"同样具有语义相似性。

综上所述，换言标记"X（一）点说"来源于一个偏正结构，经历了如下的演变过程：

清代时期，"X（一）点说"在对话语篇中作谓语，X 语义前指；民国初期，"X（一）点说"在独白语篇中充当评价标记，X 语义后指；民国中期，"X（一）点说"在独白语体中充当评价兼换言标记，X 语义后指。从功能上说，其演变过程为：

$$句法成分\rightarrow 评价标记\rightarrow 评价兼换言标记$$
$$清代\quad\quad 民国初期\quad\quad 民国中期$$

### （五）换言标记构式演变的动因

从前面三大类换言标记构式的演变过程的描写中，我们可以发现，这些换言标记构式演变的动因主要有三个：一是语义虚化，二是语境的作用，三是语言接触的影响。在下文的讨论中也涉及演变的机制问题，由于机制的个性较强，我们将其融入动因中一起讨论，不再单独立节。

1. 语义虚化

有的构式之所以能够演变为换言标记构式，与该构式常项构件的语义虚化有直接的关系。如"视角"类换言标记构式演变的前提是常项构件"说""看"由言说动词和视觉动词虚化为认知动词，另一常项构件"角度""方面"由空间义名词虚化为认知视角名词，只有以上的虚化过程完成，"从 X 的角度说""从 X 的方面说"才可能由一种空间标记演变为视角标记，并由视角标记进一步演变为换言标记。这种虚化的机制，前者是转喻，即由相对具体的视觉行为和言说行为转喻为相对抽象的认知行为；后者是隐喻，即用具体的空间角度隐喻抽象的认知角度。

2. 语境的作用

这三类换言标记构式演变的共性是，它们作为换言标记直接来自引述标记或认知角度标记或评价标记。这种由其他标记向换言标记的演变，主要是语境导致的。无论是作为一个引述标记还是认知角度标记或评价标记，它们所使用的语境可以是简单句内，也可以是大于简单句的语境下。例如：

（132）我听到他们吵的起因好象是丽珠说小任在外面找了个，用老话说，破鞋。（王朔《栋然不供》）

（133）目前，世界范围内激烈的贸易竞争，从经济和技术的角

度看，不外乎价格竞争和非价格竞争。（《1994年报刊精选（12）》）

（134）程代熙认为，艺术品的价值，<u>说得稍为具体一点</u>，就是它能向人们揭示出生活中某种重要的东西，或者信息。（《人民日报》1994年第2季度）

以上诸例中，"用老话说""照那些学识渊博的人的说法"是引述标记，"从经济和技术的角度看"是视角标记，"往大里说""说得稍微具体一点"是评价标记，都是单句内的语用标记。

这些构式有时用于大于简单句的语境中，但前后句可能没有语义相似性。例如：

（135）所以医药之类实用方技之书免于焚烧，<u>用我们现在的话说</u>，是因为它们是技术书籍，与"意识形态"无关。（冯友兰、涂又光《中国哲学简史》）

（136）现在我问你，<u>从你这方面</u>，你承认你们是一种什么关系？（梁晓声《表弟》）

（137）舍去此基点而谈诗，最易形成聋子对话。<u>说得严重点</u>，古往今来诗祸、诗案，大多由此而兴。（《读书》/vol-188）

这些具有其他标记功能的构式当用于大于简单句的语境中时，就有了语篇或话语功能，到此其向换言标记转变只需要一个条件，即前后项语义关系具有相似性。例如：

（138）司马氏以孝治天下，而司马氏篡夺曹氏政权，<u>用后人的话说</u>是欺负孤儿寡母。（当代/CWAC/APM0061）

（139）他们都是站在各自学科领域最前沿的人，<u>从学科的角度看</u>，我认为他们的思想是当代前沿的先进思想。（《人民日报》1994年第2季度）

（140）如果平时做一些内观的功课，也会发现自己的各种念头十分离奇纷杂，<u>往好里说</u>是奇思妙想灵感不断，<u>往坏里说</u>就是毫无逻辑前后不连贯。（新浪微博2019-05-23）

例（138）中换言前项提到司马氏以孝治天下，而司马氏又篡夺曹氏政权，换言后项引述后人的说法就是相当于欺负孤儿寡母。例（139）

换言前项说他们都是站在各自学科领域最前沿的人，后项转到学科的角度，将这种思想定义为是当代前沿的先进思想。例（140）换言前项陈述自己有很多离奇纷杂的念头，后项从"好、坏"两个角度对这种情况进行评价。

以上三例说明，当引述标记或视角标记或评价标记关联两个以上的句子时，就使得这几类构式处在了两个句子或语段中间，具有了篇章功能，而当前后项之间具有语义相似性时，就同时具备了换言标记的功能。

这种由语境改变带来的由其他类标记向换言标记演变的机制，主要是结构和功能的扩展。即其所在的结构由句子向语段的扩展；其功能由其他功能（引述功能、认知视角功能和评价功能）向换言功能的扩展；由句法功能向篇章功能的扩展。

3. 语言接触的影响

本书所讨论的三类换言标记构式，其产生的时间都是清末或民国时期。这使我们推测：某类构式的产生可能与语言接触有关。因为一方面，这些构式主要用于书面语中，特别是"视角"类和"评价"类，尤其是议论性语篇中，这种现代书面语的形成与清末民初大量翻译作品的影响有关。另一方面，这一时期，中国知识分子也同西方开始广泛接触，学习国外的语言、文化和科学技术，出现了一些学贯中西的学者，有的甚至可以用双语写作，如老舍，他们的语言都或多或少地受到其所熟悉的外语的影响，就如上文分析的"往 X 里说"一样，我们怀疑可能与外语相关成分的影响有关。这种功能性成分由语言接触影响的主要机制是同义复制，就像上文分析"往 X 里说"由英语的相关成分复制而来一样。

我们上文曾经谈到，换言标记，一类是"系言"类，一类是"或言"类。据李宗江（2017）研究，近代汉语的换言标记只有"系言"类的，而没有"或言"类的。我们主要讨论的最典型的词汇性换言标记"换句话说、换言之"和三类换言标记构式，都属于"或言"类。从产生的时间来看，都是在清末民初，所以我们怀疑整个"或言"类换言标记可能都或多或少地受到了语言接触的影响，尽管我们难以充分论证这个影响的过程。

# 第三节　小　结

本章主要讨论实体构式与半图式构式两类形式的换言标记的来源与演变的相关问题。

就实体形式的换言标记而言，我们分别考察了"或言"类与"系言"

类两类，发现其来源有三种：一是来源于表示判断的动词或动词短语；二是来源于选择连词；三是来源于语言接触。

就换言标记构式而言，我们从两个角度对汉语的换言标记构式做出了历时考察：一是考察古代汉语或近代汉语中与某一换言标记构式相关的构式，二是考察某一换言标记构式的来源和演变。

首先是"引述"类换言标记构式的历时考察，在现代汉语之前，与"引述"类换言标记构式相关的构式，主要有"依 X 所说（讲）""依（照）X 所言""依（照）X（的）话（说）""依 X 说法"四类，但没有发现这类构式用作换言标记的用例。我们考察了引述性换言标记构式"用 X 的话说"的来源，其来源于同形式的"用 X 的话 V"这个偏正短语，演变过程为：

"用 X 的话 V"→ 用 X 的话说 = 俗话说 → 用 X 的话说 = 典型换言标记
　明代　　　　　　　清代　　　　　　　　　民国

另一个引述性换言标记构式"按 X 的说法"来源于一个表示推论的介词短语，其用于推论和引述的区别就在于其后是说话人的话还是别人的话。其演变过程为：

用于对话语篇表推论→用于独白语篇表推论→用于独白语篇表引述兼换言
　清代　　　　　　　民国　　　　　　　现代

其次是"视角"类换言标记构式的历时考察，在古代汉语中，"视角"类换言标记是通过"以（自／从／由）X 言之""以（自／从／由）X 观之"两大类来表达。现代汉语中主要由"从 X 的角度说""从 X 的方面说"来表达，据我们考察，"视角"类换言标记构式"从 X 的角度说""从 X 的方面说"分别来源于偏正结构"从 X 的角度 V"和"从 X 的方面 V"。这两个构式的演变主要涉及三个条件：一是名词"角度""方面"语义抽象化，由表示具体的空间视角通过隐喻抽象化为认知视角；二是表示具体言说行为或视觉行为的"V"语义虚化，由言说动词或视觉动词虚化为认知动词；三是由于"从 X 的角度说""从 X 的方面说"后面常常接的是一个小句，实义动词"说"对其后的小句控制度高，虚化后的"说"语义削弱，语音弱化，有时甚至可以隐含，其与后面小句的关系变松，与"从 X 的角度""从 X 的方面说"在形式上形成一个单位，演变为一个话语标记，当其所连接的前后项之间具有语义相似性时，就成了换言标记。具体演变过程为：

"从 X 的角度说"：表示动作的空间角度→表示认知角度→换言标记
　　　　　　　　　　清末　　　　　　民国　　　　当代

"从 X 的方面说"：表示动作的空间关系→表示认知视角→换言标记
　　　　　　　　　　清代　　　　　　民国　　　　民国

最后是"评价"类换言标记构式的来源考察，古代汉语中作为评价性换言标记的构式主要是"X 言之"，这种评价式换言标记一直保留到现代汉语中，但在现代汉语中，还出现了一些其他的评价性换言标记构式，如"往 X 里说""说得 X 一点""X（一）点说"。据我们考察，换言标记构式"往 X 里说"来自"往 X（处）里 V"这个偏正短语，其换言标记用法产生于民国时期，最早出现于精通英文的老舍作品中，受到英语中同功能的"at best""at worst"等形式的影响。换言标记构式"说得 X 一点"来源于一个述补结构，经历了如下的演变过程："说得 X 一点"在对话语体中作谓语，X 语义前指；之后"说得 X 一点"在对话语体中充当评价标记，X 语义后指；"说得 X 一点"在独白语体中充当评价兼换言标记，X 语义后指。从功能上说，其演变过程为：

句法成分→评价标记→评价兼换言标记
　明代　　　清代　　　　清代

换言标记构式"X（一）点说"来源于一个偏正结构，经历了如下的演变过程：清代时期，"X（一）点说"在对话语篇中作谓语，X 语义前指；民国初期，"X（一）点说"在独白语篇中充当评价标记，X 语义后指；民国中期，"X（一）点说"在独白语体中充当评价兼换言标记，X 语义后指。从功能上说，其演变过程为：

句法成分→评价标记→评价兼换言标记
　清代　　民国初期　　民国中期

从演变动因来看，这些换言标记构式演变的动因主要有三个：一是语义虚化，二是语境的作用，三是语言接触的影响。

# 第六章　汉语换言结构的特点

前面各章我们讨论了现代汉语换言现象的方方面面，特别是对换言标记构式进行了较为细致的讨论。本章我们将综合起来，讨论现代汉语换言结构的特点，并对前面不便展开的相关问题做进一步的论述。

换言结构可以定义为：由两个以上具有语义相似关系的句子或语段构成的，且有特定的功能性成分加以标记的篇章或话语结构。这个定义包含了以下三个核心概念：一是换言成分、二是换言关系、三是换言标记。下面我们就从这三个核心概念说起。

## 第一节　换言成分

依据组成成分的多少，换言结构可以分为简单的换言结构和复杂的换言结构。

### 一　简单的换言结构

简单的换言结构是指只有两个结构成分的换言结构，即只有一个换言前项和一个换言后项。由词汇性换言标记所连接的换言结构一般是简单的换言结构，即由一个换言标记所连接的两个结构成分。例如：

（1）断奶事关人的一生健康，中国婴幼儿的健康成长需要为中国宝宝专门研究和配制的产品，而育儿是一项系统工程，需要一套完整的科学理念贯穿其中。但是这套理念在中国一直是一个空白，虽然市场上有很多洋品牌的产品，但其知识产权并不属于中国。换句话说，中国婴幼儿食品的配方应该由中国人自己来解决，因为只有我们自己，才最清楚我们下一代的根本需要，这是中国教育家和中国企业家的共同责任和义务。（《北京晚报》2001-10-24）

这段话由三个句子组成，其中包含有 11 个小句，相互间存在多重逻辑语义关系。但是就换言关系来说只有一重，即由"换句话说"所连接的两段，这两段是这个换言结构的两个直接组成成分。因此例（1）是个简单的换言结构。

## 二 复杂的换言结构

汉语中由半图式构式形式的换言标记所连接的换言结构，特别是"视角"类换言标记构式和"评价"类换言标记构式所连接的换言结构经常是复杂的换言结构，即在一个语段里，用了两个以上的换言标记，标记了两重以上的换言关系。就两重以上的换言结构来说，其中的结构层次分为以下三种情况：总分式结构、递接式结构、两可式结构。例如：

（2）（A）分期付款的好处很多。<u>从大的方面说</u>，（B）它有利于疏导商品流通，扩大销售，回笼货币，减少购买力集中冲击市场的危险；有利于优化产业结构，推动生产发展。<u>从小的方面说</u>，（C）分期付款所购商品，以定合同时价格为准，消费者日后可避免物价上涨的风险；它有助于消费者灵活而有计划地安排支出，……（《人民日报》1995 年 6 月）

（3）（A）书写的是高速公路，<u>说得更准确些</u>，（B）是写修路的人，再说得精确些，（C）是重点写围绕着这条史无前例的高速公路的孕育、诞生而起着决定作用的一群人。（《1994 年报刊精选( 07 )》）

（4）（A）这句哈姆雷特的著名台词，或许是商务竞争、生存竞争的永恒的定律。<u>说得柔和一点</u>，（B）叫做：不进则退，<u>说得再入耳一点</u>，（C）叫做：人往高处走，<u>说得再再可爱一点</u>，叫做：（D）天天向上。（《北京晚报》2001-09-28）

以上的例（2）是两重换言，代表总分式换言结构，即 A 为换言前项，经过 B、C 两次换言，有两个换言后项，结构关系如下（"→"代表"换言为"，下同）：

例（3）也是两重换言，代表递接式结构，即 A 为 B 的换言前项，B是 A 的换言后项，同时也是 C 的换言前项。结构关系如下：

$$A \longrightarrow B \longrightarrow C$$

例（4）是三重换言，代表两可式结构，即可以按总分式理解，也可按递接式理解。也就是说，可以将 A 看作 B、C、D 共同的换言前项，也可以将 A 只看作 B 的前项，B 是 C 的前项，C 是 D 的前项。结构关系如下：

$$A \longrightarrow \begin{matrix} B \\ C \\ D \end{matrix} \quad 或 \quad A \longrightarrow B \longrightarrow C \longrightarrow D$$

多重换言结构中，以总分式为最多见。

# 第二节　换言关系

换言关系是指换言前后项的语义关系。这种语义关系可以做不同层次的分析。

## 一　第一层次的语义关系

国内外关于换言前后项语义关系的说法很多，比如同义、同指、语义共性、语义相似性等等，在考察汉语的语言事实的基础上，我们倾向于用语义相似性来概括汉语换言前后项之间的基本语义关系。我们理解，语义相似性是对换言关系的一种描述，而不是定性。如果从逻辑语义关系来定性，那可能是并列关系、因果关系等，甚至可能是语用义的关系，如隐现关系等。也就是说，在逻辑关系和语用义关系之外，并不存在一种独立的语义相似关系，换言关系只不过是从语义相似的角度对相关的逻辑语义和语用义的一种概括和提升。因而廖秋忠（1986）将换言关系列入逻辑关系的系统中讨论，这是值得商榷的。

各种层次的语言成分间都存在语义相似关系，比如同义语素、同义词，同义的短语等等，但这些语义相似性的关系是纯粹语义的，也就是说完全是凭内省的方式来确定的，并没有语法的手段来帮助鉴别。而换言关系是句子或大于句子的单位之间的语义相似关系，因为句子之间的语义相似关系涉及语境，不仅仅是命题意义的关系问题，如果仅凭内省来确定，则难以得出一致的结论。所以换言关系实际上是个语法范畴，即篇章语法范畴，也就是有特定形式来标示的，这种形式就是换言标记。

## 二　下位层次的语义关系

在语义相似关系之下，直接的下位语义关系，或者说对语义相似关系的具体解析，国内外的研究中也有各种说法，在第二章我们曾经介绍过，如后项是对前项的"重新解释""重新解读""重新定义""不同的阐释"等等，我们将其概括为"释义关系"。释义关系一般的理解是指对一种较为生僻的、难理解的语言表达式进行解说，使其易于理解。按廖秋忠（1986）的表述，是由难懂的概括的说法换言到易懂的、具体的说法。这里的问题是，难和易是与特定对象相关联的，比如有的词语对小学生来说是需要解释的，但对中学生就不一定需要。对一般人需要解释的词语，而对某类专业人士就不需要。因而释义不只是一种语义操作问题，还是个语用问题，即是否需要释义，怎样释义，常常根据语境的需要。就我们对汉语换言标记构式的考察发现，由这些构式所标记的换言关系中，其换言后项所代表的，有时恰恰是在一般人看来比较难懂的、概括的或专业化说法，这似乎是一种反释义关系。例如：

（5）其实不管是男女朋友、婚姻，或者是其他什么关系，基本原理是相通的——两人在关系中，要比在关系外更快乐。<u>用经济学的话说</u>，是双方的效用（utility）都因为进入了这段关系而得到了提升。（新浪微博 2019-05-27）

（6）内酯豆腐所使用的凝固剂是一种叫"葡萄糖酸内酯"的东西。这是一种天然的食品添加剂，<u>从化学角度说</u>是葡萄糖酸内部"自我链接"失去了一个水分子的产物。（云无心《吃的真相2》）

以上这段话中，在一般人来看，显然前一句比后一句更好理解，因为后一句中用了专业化的术语。我们之所以将这种关系也纳入释义关系中，是因为它是说话者根据语境和自己的需要对前项所做出的重新解读，其与一般的释义精神是一致的，或者说换言中所体现的释义关系主观性更强。

根据国内外的相关研究，结合对汉语事实的考察，我们在换言前后项的语义关系——语义相似关系之下，分出释义关系和非释义关系，在释义关系中再分出解说关系、详说关系、概说关系、确说关系和例说关系；在非释义关系之下再分出推论关系、修正关系、揭示关系、隐现关系和联想关系。并用这个换言关系系统来描写换言标记构式中前后项的语义关系。这个系统图示如下：

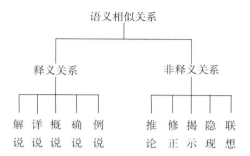

# 第三节 换言标记

所谓换言标记，是指在换言结构中用来标记换言关系的功能性成分。下面我们将对汉语换言标记的相关问题，比如换言标记的分类和换言标记构式等，进行再讨论。

## 一 换言标记的分类

本书重视以下两种分类：一种是依据词语构成的理据或叫外部形式，分为"系言"类和"或言"类；另一种是根据词语本身所属构式的性质分为"实体构式"形式的换言标记和"半图式构式"形式的换言标记，前者也称为"词汇性换言标记"，后者也称为"换言标记构式"。本节主要是谈前一种分类，即"系言"类和"或言"类之分，从汉语来说，区分这两个类别的重要意义有以下几点。

一是二者产生的时间不同。就词汇形式的换言标记来说，古代和近代主要是"系言"类，"或言"类是在清末民初才产生的，我们甚至推测这一类中的典型成员"换句话说""换言之"可能是受外语影响的结果。

二是二者的连用情况不同。每一类中的成员几乎不能连用，即"系言"类中的成员几乎不能连用，"或言"类中的成员也几乎不能连用。但跨类成员可以连用，连用的顺序固定，即"或言"类在前，"系言"类在后，这种情况在现代汉语早期尤其常见。当代也可以见到。例如：

（7）合同是这样儿。诶，我们盖了章了，说明我们同意使用我们的名称，<u>换句话说</u>，<u>也就是</u>合法地使用我们的名称。（王朔《编辑部的故事》）

（8）情感上积压下来的一点东西，家庭生活并不能完全中和它消耗它，我需要一点传奇，一种出于不巧的痛苦经验，一分从我"过去"负责所必然发生的悲剧。<u>换言之，即</u>完美爱情生活并不能调整我的生命，还要用一种温柔的笔调来写爱情，写那种和我目前生活完全相反，然而与我过去情感又十分相近的牧歌，方可望使生命得到平衡。（沈从文《水云》）

以上例中的"换句话说，也就是""换言之，即"中，前面的为"或言"类，后面的为"系言"类，二者的位置不能颠倒。

三是与换言标记构式的连用情况不同。"或言"类换言标记不能与换言标记构式连用，但"系言"类却可以。例如：

（9）一个几何概念如果和几何物体所处的空间位置无关，而只和其本身的性态相关，我们就说它是内蕴的。<u>用物理的语言来说</u>，<u>就是</u>几何性质必须和参考系选取无关。（当代 /CWAC/SME0464）

（10）社会舆论就是公众议论，<u>从伦理的角度讲</u>，<u>就是</u>人们从一定道德原则和规范出发，自觉或自发地在一定范围内表达对道德现象和行为的倾向性态度和评价性看法。（当代 /CWAC/AST0119）

（11）知识分子的身份规定性，在于他比常人更多地关心与自己无关的事情，<u>说得大一点</u>，<u>就是</u>"先天下之忧而忧"。（《北京晚报》2001-12-27）

从这个连用情况来看，这三类换言标记构式相当于"或言"类，而不相当于"系言"类。

"系言"类换言标记，无论是与"或言"类连用，还是与换言标记构式连用，顺序都是固定的，一律在后面。这是由其中的主要动词——系词的功能决定的。"或言"类和换言标记构式中的主要动词都为"说"，在汉语里，"说"作谓语的层次高于系词，也就是说当"说"和系词同时在一个句子中出现时，"说"作主句谓语，系词作从句谓语，而不能相反。例如：

（12）她<u>说</u>她<u>是</u>画家。（王小波《未来世界》）

例（12）中的"说"处于高层谓语位置。

# 二　两类换言标记的共同点

前几章我们对词汇性换言标记"换句话说"进行了描写，重点是对三大类六小类换言标记构式进行描写，人们对前者比较熟悉，但对后者了解不多。那么换言标记构式与词汇性换言标记相比，有哪些共同点和哪些不同呢？下面我们进行一下总结。

就相同点来说，主要有以下几点。

一是二者都是必有成分。汉语的换言标记，是换言结构中不可或缺的成分，也就是说，没有换言标记，换言结构不能成立。众所周知，无论是句法结构还是篇章结构，有些在汉语中都可以是意合的，即无须词语标记的，但汉语的换言结构必须是有标记的。二者在一定的条件下可以互换，互换之后不改变换言结构的性质，但不能删除。如果删除可能导致两个后果，一是结构性质改变，二是结构解体。例如：

（13）安德蕾小姐当场便露骨地表示了对许立宇的好感，<u>或者说</u>，她纠缠了许立宇。（王朔《许爷》）

（14）我要了解他们吃什么和想什么。<u>用你们的话说</u>，是他们的物质生活和精神生活。（汪曾祺《迷路》）

以上例中的两类换言标记完全可以互换，如例（13）中换为换言标记构式"说得难听点儿"，（14）中换为"或者说"，结构和意义不变。但如果把换言标记去掉，例（13）只能理解为并列结构，例（14）则不成话了。

二是二者都是强标记。所谓强标记，是指换言标记本身有概念意义，而且这个概念意义与换言功能直接相关。同样是话语标记或语用标记，标记本身的概念意义与标记的功能之间的关系是不同的。有的话语标记或语用标记，其功能与标记本身的概念意义没有关系，比如说标记威胁语的"我告诉你"，标记醒悟语的"对了"，标记建议的"要不"等，它们的语用功能与这几个词语原本的意义没有关系，或者说就它们的语用功能来说，它们的语义已经虚化了。而另有一些话语标记或语用标记，它们的概念意义与其语用功能具有密切的关联，或者说根据其标记本身的概念意义，可以推知其功能，比如汉语中表意外的话语标记有很多，如"不料""岂料""料不到""想不到""不想""没想到""谁想""没曾想""不曾想""不知""不知道""哪知""哪知道""岂知""谁知""谁知道"等。如果说它们的功能就是标记一个意外的事件或非预期事件，那么从字面意思就能够推知这种功能，因为料不到、想不到或不知道的事情也就是意外的或非预期的。换言标记属于这后一类。无论是"系言"类还是"或言"类，也无论是词汇性的换言标记还是换言标记构式，都不仅仅有程序义，而且还有概念义，而且这个概念义对换言功能有明示作用。

三是二者都是关系标记。无论是句法标记还是语用标记，有的是关系标记，即标记两个成分间的关系，如语言中的介词和连接词都是关系标记；有的则只是实体标记，即只是标记一个成分，如宾语标记、焦点标记等。换言标记是句际连接词，据此廖秋忠（1986）也称其为换言连接成分。作为关系标记，换言标记比较严格地遵守联系项居中原则，即其线性排列位置在所连接的两项结构成分中间，基本不能发生易位，不能前移至句首或后移到句尾。但在韵律上与换言后项关系更近，因为其后的停顿小于其前的停顿。汉语的换言标记构式同时兼有其他的功能，比如引述标记功能、视角标记功能或评价标记功能，它们在单独执行这些功能时，可以不是关系标记，比如只是标记引述语、认知视角或评价语，只是一个前置成分。但当它们兼作换言标记时，一定是位置居中的。

## 三　换言标记构式的特点

与词汇性换言标记或叫实体性换言标记构式相比，我们所描写的汉语半图式性换言标记构式具有一些重要特点：

### （一）多个标记共现

词汇性换言标记无论是"系言"类的，还是"或言"类的，它们所组成的换言结构主要是简单的换言结构，即一个换言标记连接一个前项和一个后项，很少见到有两个以上的换言标记实现两次以上换言的情况，虽然偶尔也能见到。例如：

（15）这个事情在我身上是一件伤心事不想去说。我不希望别人看到我脆弱的地方，<u>也就是说</u>在地震活出来了很不容易，应该珍惜每一分每一秒很开心去活，<u>就是说</u>日子美好的生活还是要自己还是要去追求，还是要去靠自己把它捕捉到。（人民网 2019-05-12）

（16）按照规定，本届世俱杯冠军将从国际足联那里获得 500 万美元的奖金，第二至第四名分别将拿到 400 万、350 万和 200 万美元。<u>换句话说</u>，在战胜阿赫利后，恒大至少可以进账 200 万美元了，<u>再换句话说</u>，就算最终如愿登顶，拜仁也只能收获一座冠军奖杯和 500 万美元的奖金。（人民网 2013-12-16）

但就换言标记构式来说，这种双重甚至多重换言现象很常见，特别是"视角"类和"评价"类，多个标记共现而形成双重甚至是多重换言的情况几乎就是常态。既然换言关系是一种语义相似关系，这种双重或多重换言是否代表一种繁赘或冗余现象？如果是这样，那就是不可取的消极的现象。我们理解，这种现象大量存在，就说明有它的特殊的表达作用。经考察发现，这种多重换言现象至少具有两种表达作用：

一是双重换言的互补作用。即用两个换言标记实现双重换言，从不同的角度出发，对同一个命题做出两种说法互补的表述，为读者提供更丰富的信息。这种情况下，说者不一定有明显的倾向性，"视角"类换言标记所实现的双重换言多属于这一类。例如：

（17）政资分开促政企分开，党的十四届三中全会的《决定》从理论上提出了解决这个问题的思路。<u>从企业的角度说</u>，就是建立现代企业制度，明确企业法人财产权。<u>从政府的角度说</u>，就是实现政府的社会经济管理职能与国有资产所有者职能分开、国有资产监督管理职能与国有资产经营职能分开，也就是说，通过政资分开，最终实现政企分开。（《人民日报》1995-01-27）

在例（17）中，对于政资分开促政企分开，从企业和政府两个角度做出表述，指出了企业怎么做，政府怎么做，二者缺一也实现不了政资分开并进而实现政企分开。显然这里说话者没有倾向性。

二是多重换言的后重倾向。即用多个换言标记实现多重换言，但作者是抑扬式的或递进式的，作者的倾向是最后一重。评价式换言标记构式所实现的多重换言往往属于这种情况。例如：

（18）至少从上世纪 90 年代我上学时开始，学校校服就从来跟"好看"两字沾不上边。肥大的运动套装、毫无美感的颜色搭配，<u>说得好听点</u>，勉强算是"得体大方"，<u>说得难听点</u>，就是一个字"土"。（人民网 2016-11-30）

（19）对于北京住宅的建筑风格，目前可以说是多种多样，<u>说得好一些叫</u>"百花齐放"，<u>说得中性一点叫</u>"五花八门"，<u>说得难听一点</u>叫做"光怪陆离"，什么样的都有，这方面社会上的批评很多。（赵小平《二十一世纪住宅风格》）

以上的例（18）是从两个相反的立场对校服做出的评价，第一重换言只是说话者的铺垫而已，而从文章的题目可知，说话者对校服是不满意的，显然重点要说的是最后一重换言，即在说话者眼里，校服就是一个字"土"。例（19）是个三重换言句，三个换言标记中用的词语依次从正面到中性到负面，根据下文的内容，最后一句谈到"社会上批评很多"，可知说话人的评价倾向是最后一个换言句，即负面的评价。

（二）提示语境信息

词汇性换言标记是个实体性构式，其实例是唯一的至少封闭的，比如常用的"换句话说""也就是说""或者说"等，其也有概念意义，这个概念意义可以提示换言前后项的语义相似关系，但没有其他的语用信息。而换言标记构式，因为其中有个变项构件 X，其实例是开放性的，X 的存在使得构式不仅具有程序意义，而且有概念意义，这种概念意义常常可以提示语境信息，比如在"引述"类换言标记构式中，当 X 为名词时，实际上是为听者提示了换言后项的信息来源。用引述标记来作换言标记，表面上是为换言后项提供了一个客观信源，但实际上，作者通过引述标记中的 X 来引入相关的语境信息，包括说话的参与者，说话时间地点等相关因素，还是为了凸显主观性和交互主观性。再比如在"视角"类换言标记构式中，当其中的 X 为表示学科、专业、理论等名词时，是为听话者提示了换言后项的知识或理论依据，从而增强换言的理据性和权威性。再比如评价性换言标记构式中，X 主要是形容词。形容词是主观性更强的一个类别，说话者通过评价标记，来向听话者提示对换言后项的态度，以凸显说话者的主观立场。正因为换言标记构式可以提示语境信息，因而其语境关联性更强，对话语意义理解的明示性也更强。

（三）提示语义信息

作为词汇性换言标记，词语本身虽然也可以提示前后项语义相似的关系，但一般无法提示更细致的下位的语义信息。廖秋忠（1986）将"详细地说""具体地说"也列入词汇性换言标记，如果这样看，它们当然可以提示换言前后项语义关系中的详说关系。但实际上它们可以归入换言标记构式"X 地说"，作为此构式的实例，比如"概括地说、笼统地说、展开地说、准确地说、大致地说、形象地说、正面地说"等等，类似这样的换言标记构式，就可以通过 X 为听者提示更加详细的语义信息。如"概括地说""大致地说""用概括的话说""用抽象的话说""说得概括点""说得抽象点"提示概说关系；"具体地说""按具体的说法""说得具体点""说得详细点"提示详说关系；"准确地说""用更准确的话说""说得准确一点"提示确说关系等等。这些构式既可以提示说话者的评价信息，也可以提示换言关系的具体语义信息，为后项的语义理解预示了方向。需要说明的是，当这些本来属于不同类别的构式，其中的 X 为描写说话方式的形容词时，这些构式实际上就有了趋同的倾向，都具有了评价功能。其中有的甚至离开了原本的构式类别，如"用通俗的话说""按形象的说法""从好的角度说""从积极的方面说"等，在形式上原本属于引述标记构式或视角标记构式，但以上这些构式实际上并无引述功能或视角功能，因为它们标记的并不是引述语或认知视角，它们实际的功能是评价标记。

### （四）属于兼职性质

汉语中以"换句话说""或者说""也就是说"等为代表的词汇性换言标记，它们是专职的，当它们用于篇章关系中时，只有一个身份，那就是换言标记。而汉语的三类换言标记构式，我们以"引述"类、"视角"类和"评价"加类以区别，就是说它们除了作换言标记外，还有其他的语用标记功能，作为换言标记是兼职的，那么它们是以作换言标记为主还是以作其他的语用标记为主？我们认为这些构式是以作其他的语用标记为主，具体说是以作引述标记、视角标记或评价标记为主，作换言标记只是它们篇章功能的一个机缘。在前面对六个构式进行描写时，我们都分别指出了它们所共同具有的三个功能：一是句法功能，当它们作句法成分时，没有语用标记功能，一般是出现在句子的谓语部分。二是作引述标记或视角标记或评价标记，当它们实现这些语用功能时，又有两种情况：第一种情况是没有篇章功能，即只关联下文而没有上文，如果用 X 代表这些构式，用 S 代表下文（S 至少得是一个句子），如用 $T_1$ 代表 X 和 S 组成的结构，那么三者的关系可以写成如下的公式：

$$T_1=X+S$$

第二种情况是这些构式具有篇章功能，即关联上下文，那么如上的公式可以改写如下：

$$T_2=S_1+X+S_2$$

当 $T_2$ 中的 $S_1$、$S_2$ 具有语义相似关系时，$T_2$ 就成为事实上的换言结构，同时 X 就有了换言标记功能。也就是说，当引述标记或视角标记或评价标记用于篇章关系时，就为其兼作换言标记提供了语用机缘。

当然并非所有具有篇章功能的成分都会成为换言标记，之所以能够发生这种转变，除了语用机缘外，还需要 X 自身的条件。这种条件可以从两个角度来说，一是从构式的结构方式来说，它们基本上是以"说"为中心的偏正结构，其中"按 X 的说法"虽然不是偏正结构，但实际上相当于"按 X 的说法说"，这与汉语的典型换言标记是基本一致的。也就是说，当与上文的句子相联系时，"用 X 的话说""从 X 的角度说""说得 X 一点"等说法，就蕴含了"改变一种说法"或"用一种相似的说法"等含义，这与"换句话说"等典型话语标记的构词理据是相通的。二是作为引述标记、视角标记或评价标记时，其所标记的命题也与换言标记的后项有一致之处。以"换句话说"为例，表面上是换了一句话，一个说法，实际上有时也就是换个人说，换个角度或者换个立场说。例如：

（20）要把一个地区的经济搞上去，关键在于选准本地经济发展的最佳坐标。换句话说，就是要"找准自己的位置"。（《人民日报》1995 年 5 月）

（21）因为照那时候的看法，即使有意要求通俗易懂，也不会想到必须同于口语的白话才通俗易懂。换句话说，在他们眼里，兼用些浅近的文言是同样通俗易懂的。（张中行《文言与白话》）

（22）到现在《古墓丽影》系列游戏已经出了五代，虽然一代比一代画面更精细，地图更大，但是总觉得后几代没有一代那种令人眼睛一亮的感觉，换句话说，越来越没创意。（《北京晚报》2001-06-02）

以上的例（20）的换言后项是个引语，"换句话说"可以换作"引述"类换言标记构式，比如"用时髦的话说"；例（21）"在他们眼里"实际上就是"从他们的角度说"的意思，完全可以去掉"换句话说"，将"在他们眼里"改为"从他们的角度说";例（22）的换言后项与前项相比,有明显的评价意味,完全可以将"换句话说"换作"往不客气里说""说得难听一点"。

# 第四节　小　结

本章集中分析了汉语换言现象的相关特点,并对文中不便展开的相关问题做进一步的论述。

关于换言结构的特点,我们主要分析了结构成分、结构关系、结构标记这三个核心概念。首先,依据换言结构成分多少的角度,分为简单的换言结构和复杂的换言结构,简单的换言结构是指只有两个结构成分的换言结构,即只有一个换言前项和一个换言后项;复杂的换言结构是指汉语中多由半图式构式形式的换言标记所连接的换言结构,特别是"视角"类换言标记构式和"评价"类换言标记构式所连接的换言结构经常是复杂的换言结构,即在一个语段里,用了两个以上的换言标记,标记了两重以上的换言关系。其次,分析了换言关系的语义层级,在语义相似关系之下,分为释义关系和非释义关系两种,在这两种关系之下又分出若干种下位关系。最后,本书将换言标记作了以下两种分类:一是依据词语构成的理据或叫外部形式,分为"系言"类和"或言"类;二是根据词语本身所属构式的性质分为"实体构式"形式的换言标记和"半图式构式"形式的换言标记,本节主要探讨第一种分类,并分别探讨了这两种换言类别内部的异同。

关于换言标记构式的特点有:多个标记共现、提示语境信息、提示语义信息、属于兼职性质。首先,多个标记共现至少具有两种表达作用:一是双重换言的互补作用、二是多重换言的后重倾向。其次,提示语境信息是指换言标记构式中有个变项构件 X,是开放性的,X 的存在使得构式不仅具有程序意义,而且有概念意义,这种概念意义常常可以提示语境信息。再次,可以通过 X 为听者提示更加详细的语义信息,如"概括地说"。最后,汉语的三类换言标记构式,我们以"引述"类、"视角"类和"评价"类加以区别,就是说它们除了作换言标记外,还有其他的语用标记功能,作为换言标记是兼职的,这些构式是以作其他的语用标记为主,具体说是以作引述标记、视角标记或评价标记为主,作换言标记只是它们篇章功能的一个机缘。除此之外,还需要 X 自身条件。这种条件可以从两个角度来说,一是从构式的结构方式来说,它们基本上是以"说"为中心的偏正结构，这与汉语的典型换言标记是基本一致的，与"换句话说"等典型话语标记的构词理据是相通的。二是作为引述标记、视角标记或评价标记时，其所标记的命题也与换言标记的后项有一致之处。以"换句话说"为例，表面上是换了一句话，一个说法，实际上有时也就是换个人说，换个角度或者换个立场说。

# 第七章 结 语

自21世纪70年代开始，汉语话语标记开始得到国内学者的广泛关注，换言标记作为话语标记的一个子类，从目前已有的成果来看，研究主要集中在对现代汉语的实体构式形式的个案分析上，而且这些个案基本没有超出廖秋忠（1986）列出的"换言连接成分"，但廖先生只是列举了现代汉语中九个换言标记，并不是现代汉语这类成分的全貌。我们觉得，在基本明确了换言关系和换言标记的概念之后，最重要的就是关注现代汉语的事实。现代汉语中还有这类篇章连接成分吗？如果有，到底有哪些？它们构成怎样的系统？具有怎样的特点和规律？本着这样的想法，我们做了这样的一个研究。本书的主要工作是向学界展示现代汉语换言标记的粗略全貌。具体说我们做了以下一些工作：1）明确换言关系概念，构建现代汉语换言标记的系统；2）从构式角度将现代汉语的换言标记分为2大类，每个大类下再进行下位分类，展示了我们所构建的现代汉语换言标记分类系统。明确了分类的依据，讨论了相关的理论问题；3）对现代汉语两大类中换言标记中典型的换言标记进行个案分析，重点考察它们所关联的前后项的语义关系及语用问题；4）对现代汉语两大类换言标记的来源，分类进行了相关考察，对它们的演变特点和规律进行了初步的概括。

在研究中，首先遇到的问题就是如何界定换言关系，因为这直接影响到现代汉语换言标记的范围，关乎本书的研究对象。我们的办法是：在全面了解国内外关于换言现象研究的基础上，就换言关系和换言标记的相关概念、分类系统等问题进行深入讨论，提出自己关于汉语换言关系和换言标记系统的意见，从而为接下来的事实描写提供概念系统和表述方式。在以半图式构式形式的换言标记为侧重的研究中，之所以要首先进行实体构式形式的换言标记个案的分析，除了考虑到研究的系统性，还想为这些半图式构式形式的换言标记的研究提供描写范例和定性理据，由于这些半图式构式形式的换言标记的研究基本没有参考先例，我们所选择的这些到底是不是换言标记，如何展开对这些构式的描写，那么我们就现代汉语中典型的换言标记来引个路，确定一个基本模板，其中我们主要参考个案"换句话说"的相关事实描写。

　　从另一个角度来说，这本书反映的不可能是现代汉语换言标记的全部，这是因为一方面从理论上说，换言关系的界定没有统一的说法，本身就存在争议，这就导致现代汉语换言标记的范围也存在争议；另一方面有的成分虽然我们认为是换言标记，但传统的分类并不这样认为，比如举例标记、总结标记，廖秋忠（1986）就单列一类，但实际上，这两类标记也常常起到换言的作用。

　　换言现象是语言中的一种普遍现象，是一个特定的篇章语法范畴，国外关于英语相关现象的研究较多，也较深入，但汉语学界对换言现象的研究较少，无论是理论探讨还是事实挖掘都有待深入。在这种背景下，我们选择现代汉语换言标记为切入点，希望对现代汉语换言现象的研究有一些新的发现。但这一问题的深入研究具有一定难度，本书也存在一些明显不足，主要是：1）从理论上对换言现象所提出的创新见解不多；2）对换言结构语义关系的描写较为粗疏；3）对与换言现象相关的语用分析有待深入。

# 参考文献

[1]    安玉帅.阐明类连接成分话语标记功能分析 [D].上海：上海外国语大学，2014.

[2]    蔡绿.认知范畴理论视域下话语标记语范围的界定 [J].北方论丛，2017（5）.

[3]    蔡绿.从认知参照点视角看汉英话语标记语的语用功能 [J].北方论丛，2019（4）.

[4]    曹秀玲.从主谓结构到话语标记："我 / 你 V"的语法化及相关问题 [J].汉语学习，2010（5）.

[5]    曹秀玲，辛慧.话语标记的多源性与非排他性——以汉语超预期话语标记为例 [J].语言科学，2012（3）.

[6]    曹秀玲.汉语话语标记多视角研究 [M].北京：中国社会科学出版社，2016.

[7]    曹秀玲，杜可风.言谈互动视角下的汉语言说类元话语标记 [J].世界汉语教学，2018（2）.

[8]    常娜.换言连接成分研究 [D].桂林：广西师范大学，2006.

[9]    常娜.换言连接成分"即"的研究 [J].云南师范大学学报（对外汉语教学与研究版），2009（3）.

[10]   常玉钟.口语习用语功能词典 [M].北京：北京语言学院出版社，1993.

[11]   陈昌来.抽象的句子和具体的句子 [J].湖南广播电视大学学报，2000（1）.

[12]   陈昌来.现代汉语介词的内部差异及其影响 [J].上海师范大学学报（社会科学版），2002（5）.

[13]   陈昌来.汉语"介词框架"研究 [M].北京：商务印书馆，2014.

[14]   陈昌来.中国语言学史研究的现状和思考 [J].上海师范大学学报（哲学社会科学版），2018（3）.

[15]   陈丽君.话语标记"我给你说"的演变过程 [J].浙江师范大学学报（哲学社会科学版），2010（6）.

[16] 陈蒙.文学语言中插入语"换句话说"的修辞分析 [J].名作欣赏，2013（18）.

[17] 陈平.话语的结构与意义及话语分析的应用 [J].当代修辞学，2017（2）.

[18] 陈新仁，任育新.中国高水平英语学习者重述标记语使用考察 [J].外语教学与研究（外国语文双月刊），2017（4）.

[19] 陈望道.文法简论 [M].上海：上海教育出版社，1978.

[20] 崔蕊."其实"的主观性和主观化 [J].语言科学，2008（5）.

[21] 戴燃.作为话语标记的"那"及相关词串的语篇功能 [J].石家庄学院学报，2016（1）.

[22] 邓莹洁.互动交际中话语标记"不是"的浮现与衍化——兼论会话中话语标记的发展问题 [J].邵阳学院学报(社会科学版),2015(2).

[23] 董秀芳.汉语书面语中的话语标记"只见" [J].南开语言学刊，2007（2）.

[24] 董秀芳.词汇化与话语标记的形成 [J].世界汉语教学，2007（1）.

[25] 董秀芳.来源于完整小句的话语标记"我告诉你" [J].语言科学，2010（3）.

[26] 范晓.三个平面的语法观 [M].北京：北京语言学院出版社，1996.

[27] 范晓.张豫峰等.语法理论纲要 [M].上海：上海译文出版社，2003.

[28] 方梅.自然口语中弱化连词的话语标记功能 [J].中国语文，2000（5）.

[29] 方梅.负面评价表达的规约化 [J].中国语文，2017（2）.

[30] 冯迪.基于语料库的中国大学生书面英语中重述标记语的使用研究 [D].长沙：湖南大学，2012.

[31] 冯光武.汉语语用标记语的语义、语用分析 [J].现代外语，2004（1）.

[32] 管志斌."得了"的词汇化和语法化 [J].汉语学习，2012（2）.

[33] 何自然.认知语用学——言语交际的认知研究 [M].上海：上海外语教育出版社，2006.

[34] 胡清国."依 X 看"与"在 X 看来" [J].汉语学报，2011（3）.

[35] 胡壮麟.语篇的衔接与连贯 [M].上海：上海外语教育出版社，1994.

[36] 胡壮麟.系统功能语言学概论 [M].北京：北京大学出版社，2005.

[37] 黄伯荣，廖序东 . 现代汉语 [M]. 北京：高等教育出版社，2002.

[38] 侯海冰 . 汉语中换言标记语的语用功能 [J]. 安顺学院学报，2016（3）.

[39] 胡承佼 . "倒好"的话语标记倾向及其具体表现 [J]. 语言教学与研究，2016（1）.

[40] 黄大网 . 话语标记研究综述 [J]. 福建外语，2001（1）.

[41] 吉晖 . 汉语二语习得语篇话语标记使用考察 [J]. 海南师范大学学报（社会科学版），2016（8）.

[42] 莱文逊著，何兆熊导读 . 语用学 [M]. 北京：外语教学与研究出版社，1983/2001.

[43] 廖秋忠 . 现代汉语篇章中的连接成分 [J]. 中国语文，1986（6）.

[44] 廖秋忠 . 篇章与语用和句法研究 [J]. 语言教学与研究，1991（4）.

[45] 李丽娟 . 动词"看""想""说""知道"为核心构成的话语标记研究 [D]. 武汉：华中师范大学，2015.

[46] 李小军 . 表负面评价的语用省略——以构式"（X）真是（的）"和"这 / 那个 + 人名"为例 [J]. 当代修辞学，2011（4）.

[47] 李小军 . 构式"好你个 +X"的负面评价功能及成因 [J]. 北方论丛，2014（2）.

[48] 李晓琴，陈昌来 . 现代汉语换言标记构式"往 X 里说" [J]. 语言文字应用，2020（1）.

[49] 李晓琴，陈昌来 . 评价性换言标记构式"说得 X 一点" [J]. 新疆大学学报（哲学·人文社会科学版），2020（1）.

[50] 李晓琴 . 也说换言标记"也就是说" [J]. 海外华文教育，2021（4）.

[51] 李晓琴，陈昌来 . 视角型换言标记构式"从 X 方面说" [A]. 对外汉语研究，第 25 辑，商务印书馆，2022.

[52] 李晓琴 . 评价性换言标记构式"X（一）点说"[J]. 宁波大学学报（人文科学版），2023（1）.

[53] 李胜梅 . 语篇中的同义形式 [J]. 南昌大学学报（哲学社会科学版），2007（4）.

[54] 李思旭 . 从词汇化、语法化看话语标记的形成：兼谈话语标记的来源问题 [J]. 世界汉语教学，2012（3）.

[55] 李勇忠 . 论话语标记在话语生成和理解中的作用 [J]. 四川外语学院学报，2003（6）.

[56] 李治平 . "说来"和"来说"及"X 说来 / 来说"功能差异溯源 [J].

汉语学习，2014（6）.

[57]　李宗江.关于话语标记来源研究的两点看法——从"我说"类话语标记的来源说起 [J]. 世界汉语教学，2010（2）.

[58]　李宗江，王慧兰.汉语新虚词 [M]. 上海：上海教育出版社，2011.

[59]　李宗江."A 的是"短语的特殊功能 [J]. 汉语学习，2012（4）.

[60]　李宗江.也说话语标记"别说"的来源：再谈话语标记来源的研究 [J]. 世界汉语教学，2014（2）.

[61]　李宗江.近代汉语"换言"类语用标记及其演变 [J]. 汉语史学报，2017（1）.

[62]　李宗江.换言标记构式"用 X 的话说"，语法研究和探索，第 18 辑，北京：商务印书馆，2018.

[63]　李宗江.近代汉语语用标记研究 [M]. 上海：上海教育出版社，2019.

[64]　李亚南.现代汉语插入语研究 [D]. 东北师范大学，2006.

[65]　刘大为.从语法构式到修辞构式（上）[J]. 当代修辞学,2010（3）.

[66]　刘丽艳.跨文化交际中话语标记的习得与误用 [J]. 汉语学习，2006（4）.

[67]　刘丽艳.话语斟酌标记"怎么说"及其功能研究 [J]. 宁夏大学学报（人文社会科学版），2013（5）.

[68]　刘欸."我说"的语义演变及其主观化 [J]. 语文研究，2008（3）.

[69]　吕叔湘.中国文法要略 [M]. 北京：商务印书馆，1942/1982.

[70]　吕叔湘.朱德熙.语法修辞讲话 [M]. 北京：开明书店，1952.

[71]　吕为光.责怪义话语标记"我说什么来着"[J]. 汉语学报,2011（3）.

[72]　马建忠.马氏文通 [M]. 北京：商务印书馆，1898/1983.

[73]　马喆."往 A 里 V"格式的功能演变及主观化进程 [J]. 语言教学与研究，2009（5）.

[74]　毛延生.何为视角：语言顺应论之视角观解读 [J]. 理论月刊，2014（8）.

[75]　苗兴伟.论衔接与连贯的关系 [J]. 外国语，1998（4）.

[76]　苗兴伟.视角的语篇组织功能 [J]. 现代外语，2017（1）.

[77]　祁峰."X 的是"：从话语标记到焦点标记 [J]. 汉语学习,2011（4）.

[78]　邱闯仙.谈现代汉语中的拟声语 [J]. 现代语文（语言研究版），2010（3）.

[79]　冉永平.话语标记语的语用学研究综述 [J]. 外语研究，2000（4）.

[80] 冉永平. 言语交际中"吧"的语用功能及其语境顺应性特征 [J]. 现代外语，2004（4）.

[81] 冉永平. 话语标记语 you know 的语用增量辨析 [J]. 解放军外国语学院学报，2002（4）.

[82] 冉永平. 话语标记语 well 的语用功能 [J]. 外国语，2003（3）.

[83] 任育新，陈新仁. 英语话语重述现象的语用分析 [J]. 东北大学学报（社会科学版），2012（6）.

[84] 申丹. 视角 [J]. 外国文学，2004（3）.

[85] 沈家煊. 不对称和标记论 [M]. 北京：商务印书馆，1999/2015.

[86] 沈家煊. 语言的"主观性"和"主观化"[J]. 外语教学与研究，2001（4）.

[87] 沈萍. 现代汉语篇章中的重述研究 [D]. 上海：华东师范大学，2009.

[88] 施春宏. 构式的观念：逻辑结构和理论张力 [J]. 东北师大学报（哲学社会科学版），2016（4）.

[89] 史金生，胡晓萍. "就是"的话语标记功能及其语法化 [J]. 汉语学习，2013（4）.

[90] 司红霞. 现代汉语插入语研究 [M]. 长春：东北师范大学出版社，2009.

[91] 宋敏慧. 浅议话语标记"换句话说"[J]. 小说月刊，2018（1）.

[92] 苏小妹. 会话修补标记"X 的意思是（说）"[J]. 汉语学习,2016(6).

[93] 孙利萍. 言说类话语标记的语篇功能研究 [J]. 云南师范大学学报（对外汉语教学与研究版），2015（5）.

[94] 汪维辉. 汉语"说类词"的历时演变与共时分布 [J]. 中国语文，2003（4）.

[95] 王寒娜. 话语标记研究综述 [J]. 绥化学院学报，2006（6）.

[96] 王红，葛云锋. 重构性话语标记语的英汉对比分析 [J]. 湖南科技学院学报，2004（1）.

[97] 王红利. 话语 语篇 篇章 [J]. 英语研究，2006（1）.

[98] 王力. 中国现代语法 [M]. 北京：商务印书馆，1943/1985.

[99] 王全智. 也谈衔接、连贯与关联 [J]. 外语学刊，2002（2）.

[100] 王蕊. 汉语"说"类言语行为标记研究 [D]. 上海：华东师范大学，2013.

[101] 王振华. 评价系统及其运作——系统功能语言学的新发展 [J]. 外

国语，2001（6）.

[102] 王志军.从汉语话语标记的功能和生成管窥话语的双层组织模型[J].语言教育，2019（1）.

[103] 王卓.基于口语语料库的英语重述标记语的比较研究[D].洛阳：河南科技大学，2010.

[104] 魏晓莉.中国英语学习者在学术写作中使用"in other words"的调查与分析[J].外语艺术教育研究，2012（1）.

[105] 魏晓莉，任育新，史顺良.英语专业硕士研究生学术写作中重述话语之语用功能习得研究[J].西安外国语大学学报，2013（1）.

[106] 吴福祥.汉语语法化研究的当前课题[J].语言科学，2005（2）.

[107] 吴福祥.语言接触与语法复制[J].百色学院学报，2013（5）.

[108] 吴中伟.引语的四种类型[J].修辞学习，1996（4）.

[109] 肖立成."换言类"元语言研究[J].云南电大学报，2008（4）.

[110] 项真珍，曾贤模.从文化视角对英语本族语者与中国英语学习者话语标记语使用差异的探讨[J].陕西教育（高教版），2011（3）.

[111] 谢世坚.话语标记语研究综述[J].山东外语教学，2009（5）.

[112] 辛斌.引语研究：理论与问题[J].外语与外语教学，2009（1）.

[113] 邢红兵.现代汉语插入语研究[J].全国计算机语言学联合学术会议论文，1997.

[114] 玄玥.话语标记"当然"的语法化[J].语文研究，2017（4）.

[115] 徐静.换言连接成分类型及其语篇特点研究[J].江西省语言学会年会论文集，2006.

[116] 徐静，叶慧.换言连接成分类型研究[J].学理论，2009（11）.

[117] 徐静.换言连接成分研究[J].环球人文地理，2014（4）.

[118] 徐赳赳.话语分析二十年[J].外语教学与研究，1995（1）.

[119] 徐赳赳.廖秋忠和篇章分析[J].语言研究，1993（1）.

[120] 徐赳赳.话语分析在中国[J].外语教学，1998（1）.

[121] 徐赳赳.van Dijk 的话语观[J].外语教学与研究，2005（5）.

[122] 徐赳赳.现代汉语篇章语言学[M].北京：商务印书馆，2014.

[123] 徐赳赳.现代汉语互文研究[M].北京：北京师范大学出版社，2018.

[124] 许娜.话语标记"没办法"研究[J].湖北文理学院学报，2017（10）.

[125] 闫涛.话语标记及其语篇功能[J].齐齐哈尔大学学报（哲学社会科学版），2002（6）.

[126] 杨才英，赵春利.言说类话语标记的句法语义研究 [J].汉语学报，2013（3）.

[127] 杨天明.现代汉语换言类话语标记研究 [D].沈阳：辽宁大学，2011.

[128] 姚占龙."说、想、看"的主观化及其诱因 [J].语言教学与研究，2008（5）.

[129] 叶南薰原著，张中行修订.汉语知识讲话：复指和插说 [M].上海：上海教育出版社，1985.

[130] 叶依群.阅读理解中的重述现象探析 [J].浙江科技学院学报，2003（1）.

[131] 殷树林.现代汉语话语标记研究 [M].北京：中国社会科学出版社，2012.

[132] 殷树林，朱怀.说征询标记"你说" [J].现代语文（语言研究版），2011（6）.

[133] 曾传禄.也谈"V 来 V 去"格式及其语法化 [J].语言教学与研究，2008（6）.

[134] 曾立英."我看"与"你看"的主观化 [J].汉语学习，2005（2）.

[135] 赵冉，叶其昌.话语标记的语篇层面分析：基于《杀人者》主人公使用话语标记的分析 [J].淮海工学院学报（社会科学版），2013（9）.

[136] 朱永生.韩礼德的语篇连贯标准 [J].外语教学与研究，1997（1）.

[137] 张德禄.语篇连贯研究纵横谈 [J].外国语，1999（6）.

[138] 张登岐.独立成分的形式、位置等刍议 [J].安徽大学学报，1998（4）.

[139] 张宏国."够了"的语义演变与语法化 [J].语言教学与研究，2014（4）.

[140] 张宏国.话语标记"糟了"的转折语篇研究 [J].新疆大学学报（哲学·人文社会科学版），2017（4）.

[141] 张丽艳.论"即" [D].南昌：南昌大学，2008.

[142] 张婷婷，陈昌来."搭把手"类轻量表达构式 [J].汉语学习.2019（3）.

[143] 张秀松.话语标记化的性质之争 [J].外语学刊，2019（4）.

[144] 张双棣，殷国光.古代汉语词典（第 2 版)[M].北京：商务印书馆，2016.

[145] 张振亚."换句话说"话语标记功能的浮现 [J].哈尔滨学院学报，

2013（3）.

[146]　周娟.论话语视角标记"X 说来"[J].世界汉语教学，2013（4）.

[147]　周明强.断言类话语标记语的语用功能与认知特征 [J].当代修辞学，2015（6）.

[148]　周明强，朱圆圆.示憾性话语标记语"令（使、让、叫）人 +X 的是"的语用分析 [J].湖州师范学院学报，2019（1）.

[149]　周迎霞.换言连接成分"即"语法、语义及篇章语用分析 [J].东京文学，2010（3）.

[150]　宗守云."还 X 呢"构式：行域贬抑、知域否定、言域嗔怪 [J].语言科学，2016（4）.

[151]　宗守云.责怨和强化：张家口方言的"还还 VP"句 [J].语言科学，2017（3）.

[152]　Adele E, Goldberg. 1995. *Constructions: A Construction Grammar Approach to Argument Structure.* Chicago: Chicago University Press.

[153]　Adele E, Goldberg. 2006. *Constructions at Work: The Nature of Generalization in Language.* Oxford: Oxford University Press.

[154]　Aijmer, Karin. 1997. "I think an English modal particle." In: Swan, Toril & Westvik, Olaf Jansen (eds.), *Modality in Germanic Language: Historical and Comparative Perspectives*, 1-47. (Trends in Linguistics, Studies and Monographs, 99.) Berlin and New York: Mouton de Gruyter.

[155]　Austin, John Langshaw. 1962. *How to do things with words.* Oxford: Clarendon Press.

[156]　Bach, Carme. 1996. *Reformular: ¿una operació n argumentativa asé ptica?* Estudio del conector de reformulación parafrá sticaé s a dir. Sendebar.

[157]　Bach, Carme. 2000. "De la parà frasi a la invalidació. Els connectors reformulatius: punts de confluè ncia idivergè ncia." In: Englebert, A, Pierrad, M, Rosier, L, Raemdonck, D (eds.), *Actes du XXII Congrès International de Linguistique et Philologie Romanes.* Tübingen, Niemeyer.

[158]　Bach, Carme. 2001a. *Els connectors reformulatius catalans: anà lisi i proposta d'aplicació lexicogrà fica.* PhD dissertation, Universitat Pompeu Fabra, Barcelona.

[159] Bach, Carme. 2001b. "Coherencia tipoló gica en los conectores reformulativos del catalán". In: Bustos Tovar, J J, Charedeau, P (eds.), *Lengua, Discurso, Texto* (I Simposio Internacional de Aná lisis del Discurso). Madrid, Visor.

[160] Barros García, Benamí. 2017. "In other words: rerormulation strategies in Dostoevsky's literary works." *Russian Literature, vol.91.*

[161] Blakemore, Diane. 1993. "The relevance of reformulations." *Language and Literature, vol.2.*

[162] Blakemore, Diane. 1996. "Are apposition markers discourse markers?" *Journal of Linguistics, vol.32.*

[163] Blakemore, Diane. 2002. *Relevance and Linguistic Meaning: The Semantics and Pragmatics of Discourse Markers.* Cambridge: Cambridge University Press.

[164] Blakemore, Diane. 2007. " 'Or'-Parentheticals, 'That Is'-Parentheticals and the Pragmatics of Reformulation." *Journal of Linguistics, vol.43, No.2.*

[165] Burton-Roberts, N. 1975. "Nominal apposition." *Foundations of Language, vol.13.*

[166] Burton-Roberts, N. 1994. "Apposition." In Asher, R E & Simpson, J M Y (eds.), *The Encyclopedia of Language and Linguistics.* Oxford: Pergamon Press.

[167] Cabré, M Teresa. 1995. "Les relacions parafrà stiques." In: Artigas, Rosa (ed.), El significat textual. Generalitat de Catalunya, Barcelona.

[168] Claridge, Claudia & Arnovick, Leslie K. 2010. "Pragmaticalisation and discursisation." In: Andreas, H, Jucker, I T (eds.), *Historical Pragmatics.* Berlin: Mouton de Gruyter.

[169] Crystal, David & Davy, Derek. 1975. *Advanced Conversational English.* London: Longman.

[170] Cuenca, Maria Josep & Bach, Carme. 2007. *Contrasting the form and use of reformulation markers.* Discourse Stud.

[171] Cuenca, Maria Josep. 2003. "Two Ways to Reformulate: A Contrastive Analysis of Reformulation Markers." *Pragmat, vol.35.*

[172] Cuenca, Maria-Jose. 2003. "Two ways to reformulate: a contrastive analysis of reformulation markers." *Journal of Pragmatics, vol.35.*

[173]  Dal Negro, Silvia & Fiorentini, IIaria. 2014. "Reformulation in bilingual speech: Italian cioè in German and Ladin." *Journal of Pragmatics*, *vol.74*.

[174]  De Beaugrande, Robert-Alain & Dressler, Wolfgang Ulrich. 1981. *Introduction to Text Linguistics.* London and New York: Longman.

[175]  Del Saz Rubio, María Milagros & Fraser, Bruce. 2003. *Reformulation in English.* Unpublished manuscript.

[176]  Del Saz Rubio, María Milagros. 2003. *An Analysis of English Discourse Markers of Reformulation.* Universitat de València: Servei de Publicacions de la Universitat de València.

[177]  Del Saz Rubio, María Milagros. 2007. *English Discourse Markers of Reformulation.* New York: Peter Lang Publishing.

[178]  Erman, Britt & Kotsinas, Ulla-Bitt. 1993. "Pragmaticalization: The Case of 'ba' and 'You Know'." Studier i Modern Sprakvetneskap 10. (Acta Univ ersita tis Stockho lmiensis, Stockho lm studies in mo der n philology, New Series 10.) In: *Almqvist and Wiksell.*

[179]  Fetzer, Anita. 2005. *Reformulations and Common Ground.* Unpublished manuscript.

[180]  Flores Acuña, Estefanía. 2009. "La reformulación del discurso en español en comparación con el italiano." In: Garcés Gómez, María Pialar (eds.), *La reformulación del discurso en español en comparación otras lenguas.* Marid Boletin official del Estado.

[181]  Frank-Job, Barbara. 2006. A dynamic-inte ractional approach to discourse markers. In Fischer, Kerstin (ed.), *Approaches to Discourse Particles.* (Studies in Pragmatics, 1.) Amsterdam: Elsevier.

[182]  Fraser, Bruce. 1996. *Inferential Discourse Markers in English.* Manuscript, Boston University.

[183]  Fraser, Bruce. 1999. "What are discourse markers?" *Pragmat*, *vol.31*.

[184]  Frege, Gottlob. 1892. "On sense and reference." In: Harnish, R M (ed.), *Basic Topics in the Philosohpy of Language.* New York/London: Harvester Wheatsheaf.

[185]  Fuchs, Cathérine. 1982. *La paraphrase.* Paris: Presse Universitaire Franç aise.

[186]  Fuentes Rodríguez, Catalina. 1993. *Conclusivosy reformulativos.*

*Verba.20.*

[187] Furkó, Bálint Péter. 2014. "Perspectives on the translation of discourse markers: a case study of the translation of reformulation markers from English into Hungarian." *Acta Universitatis Sapientiae, Philologica, vol.6.*

[188] Geach, P T. 1950. "On names of expressions." *Mind, vol.59.*

[189] Giddens, Anthony. 1977. *Studies in Social and Political Theory.* London: Hutchinson & Co. Ltd.

[190] Gonzalez, Montserrat. 2004. *Pragmatic markers in oral narrative— the Case of English and Catalan.* Amsterdam/Philadelphia: John Benjamins.

[191] Graumann, Carl Friedrich & Kallmeyer, Werner. 2002. "Perspectivity and professional role in verbal interaction." In Graumann, C F & Kallmeyer, W (eds.), *Perspective and Perspectivation in Discourse.* Amsterdam: John Benjamins.

[192] Grice, Baeker J. 1998. *In Routledge Encyclopedia of Philosophy.* London and New York: Routledge.

[193] Gülich, Elisabeth & Kotschi, Thomas. 1983. "Les marqueurs de la réformulation paraphrastique." *Connecteurs Pragmatiques Et Structure Du Discours* (Actes Du 2ème Colloque De Pragmatique De Genève), *vol. 5.* Cahiers de linguistique française, Génève.

[194] Gülich, Elisabeth & Kotschi, Thomas. 1987. "Les actes de reformulation paraphrastique dans la consultation La dame de Caluire." In: Bange, P (ed.), *L'analyse des interactions verbales.* La dame de caluire une Consultation. Berne: P. Lang.

[195] Gülich, Elisabeth & Kotschi, Thomas. 1995. "Discourse production in oral communication." In: Quasthoff, UM (ed.), *Aspects of Oral Communication.* Berlin/New York: Walter de Gruyter.

[196] Halliday, M A K. 1994. *An Introduction to Functional Grammar*, 2nd edn. London: Edward Arnold.

[197] Halliday, M A K & Ruqaiya, Hasan. 1976. *Cohesion in English.* London: Longman.

[198] Hamada, Mari. 1997. Hanasi-kotoba ni okeru dakara no bunseki. *Oosaka-daigaku Ryuugakusei-sentaa Kenkyuu-ronsshuu .*

[199]  Hansen, Maj-Britt M. 2008. *Particles at the Semantics/Pragmatics Interface: Synchronic and Diachronic Issues—A Study with Special Reference to the French Phrasal Adverbs.* Amsterdam: Elsevier.

[200]  Harris, Alice C & Lyle, Campbell. 1995. *Histotical Syntaxin Cross-linguistic Perspective.* Cambridge: Cambridge University Press.

[201]  Harris, Zellig S. 1950. "Discourse analysis." *Language , vol.28.*

[202]  Herbert, H Clark & Gerrig, Richard J. 1990. "Quotations as demons-tations." *Language, vol.66.*

[203]  Hobbs, Jerry R. 1979. "Coherence and coreference." *Cognitive Science, vol.3.*

[204]  Hobbs, Jerry R. 1983. "Why is discourse coherent?" In: Neubauer, F(ed.) *Coherence in Natural Language Texts.* Hamburg: Buske.

[205]  Hyland Ken. 2007. "Applying a Gloss: Exemplifying and Reformulating in Academic Discourse." *Applied Linguistics, vol.28.*

[206]  Ilaria, Fiorentini & Andrea, Sansò. 2017. "Reformulation markers and their functions: Two case studies from Italian." *Journal of Pragmatics, vol.120.*

[207]  Ilse, Wischer. 2000. "Grammaticalization Versus Lexicalization 'me *thinks*': There Is Some Contribution." In: Fischer, O, Rosenbach, A, Stein, D (eds.), *Pathways of Change*: *Grammaticalization in English.* Amsterdam: Benjamins.

[208]  Jucker, Andreas H & Smith, Sara W. 1998. *And People Just You Know Like 'wow' Discourse Markers as Negotiating Strategies.* Amsterdam: Benjamins.

[209]  Jucker, Andreas H & Ziv, Yael. 1998. *Discourse Markers:Description and Theory.* Amsterdam: John Benjamins Publishing Company.

[210]  Knott, Alistair & Dale, Robert. 1994. "Using a set of linguistic phenomena to motivate a set of coherence relations." *Discourse Processes, vol.18.*

[211]  Koczogh, Helga & Furkó, Bálint Péter. 2011. "It's just like, dude, seriously, it's been a bad week, I mean, kind of thing. Gender differences in the use of the discourse markers 'you know' 'I mean'." *Argumentum 7.*

[212]  Krug, Manfred. 1998. "British English Is Developing a New Discourse

Marker, Innit? A Study in Lexicalisation Based on Social, Regional and Stylistic Variation." *Arbeiten aus Anglistik und Amerikanistik*, *vol.23.*

[213] Langacker, Ronald W. 1987. *Foundations of Cognitive Grammar: Theoretical Prerequisites.Vol.1.* Stanford: Stanford University Press.

[214] Lenk, Uta. 1998. *Marking Discourse Coherence*. Tübingen: Gunter Narr Verlag.

[215] Levinson, Stephen C. 1983. *Pragmatics*. Cambridge: Cambridge University Press.

[216] Martin, J R & Rose, David. 2003. *Working with Discourse*: *Meaning Beyond the Clause.* London & New York: Continuum.

[217] Martin, J R. 1995. "Reading positions/positioning readers: JUDGMENT in English." *Prospect: A journal of Australian TESOL*, *vol.10.*

[218] Matsui, Tomoko. 2002. "Semantics and pragmatics of a Japanese discourse marker dakara (so/in other words): a unitary account." *Journal of Pragmatics*, *vol.34.*

[219] Meyer, Charles F. 1992. *Apposition in Contemporary English.* Cambridge: Cambridge University Press.

[220] Mortureux, M F. 1982. *Paraphrase et métalangue dans le dialogue de vulgarisation*. Langue française.

[221] Murillo, Silvia. 2004. "A relevance reassessment of reformulation markers." *Journal of Pragmatics*, *vol.36.*

[222] Onodera, N O. 1995. "Diachronic Analysis of Japanese Discourse Markers." In: Jucker, A H (eds.) *Historical Pragmatics*. Amsterdam: Benjamins.

[223] Quirk, Randolph, Greenbaum, Sidney, Leech, Geoffrey & Svartvik, Jan. 1972. *A Grammar of Contemporary English*. Harlow, Essex: Longman.

[224] Quirk, Randolph, Greenbaum, Sidney, Leech, Geoffrey & Svartvik, Jan. 1985. *A Comprehensive Grammar of Contemporary English*. London: Longman.

[225] Renkema, J. 2004. *Introduction to Discourse Studies*. Amsterdam: John Benjamins.

[226] Renzi, Lorenzo & Salvi, Giampaolo. 1995. *Grande grammatica italiana di consultazione*. Vol. III: Tipi di frasi, deissi formazione di parole. Bologna. Il Mulino.

[227] Rossari, Corinne. 1994. *Les opé rations de reformulation.* Berne: Peter Lang.

[228] Saka, P. 1998. "Quotation and the use-mention distinction." *Mind, New Series, Vol.107.*

[229] Sanders, T, Spooren, W & Noordman, L. 1993. *Towards a taxonomy of coherence relations*. Discourse Process.

[230] Schiffrin, Deborah. 1987. *Discourse Markers*. Cambridge: Cambridge University Press.

[231] Searle, J R. 1979. *Expression and Meaning: Studies in the Theory of Speech Acts*. Cambridge: Universitas Cambridge Press.

[232] Sperber, Dan & Wilson, Deidre 1986 *Relevance: Communication and Cognition*, Cambridge, Massachusetts: Harvard University Press.

[233] Sperber, Dan & Wilson, Deidre. 1986/1995. *Relevance*. Oxford: Blackwell.

[234] Stählin, Ulrich & Mutz, Katrin. 2004. "Grammaticalization vs. Pragmaticalization? The Development of Pragmatic Markers in German and Italian." In: Bisang, W, Him-melmann, N, Wiemer, B (eds.), *What Makes Grammaticalization? A Look from Its Fringes and Its Components*. Berlin: Mouton de Gruyter.

[235] Susumu, Kuno. 1987. *Functional Syntax*. Chicago: University of Chicago Press.

[236] Svartvik, Jan. 1980. " 'Well' in conversation." In: Greenbaum, S, Leech, G, Svartvik, J (eds.), *Studies in English Linguistics for Randolph Quirk*. London: Longman.

[237] Swan, Michael. 1997. *Practical English Usage.* Oxford: Oxford University Press.

[238] Tanaka, Hiroaki. 1997. "In other words and conversational implicature." *Pragmatics.vol.7.*

[239] Tarski, A. 1933. "The concept of truth in formalized languages." In his *Logic, Semantics, Metamathematics*. Oxford: Oxford University Press.

[240] Thompson, G. 1996. *Introducing Functional Grammar*. London:

Arnold.

[241] Traugott, E C. 2003. "From subjectfication. intersubjectification." In: Hickey, Raymond (ed.), *Motives for Language Change*. Cambridge: Cambridge University Press.

[242] Traugott, E C. 2010. "(Inter) subjectivity and (inter) subjectification: a reassessment." In: Davidse, K, Vandelanotte, L, Cuyckens H (eds.), *Subjectification, Intersubjectification and Grammaticalization*. Berlin: Mouton de Gruyter .

[243] Traugott, Elizabeth Closs & Dasher, Richard B. 2002. *Regularity in Semantic Change*. Cambridge: Cambridge University Press.

[244] Traugott, Elizabeth Closs. 1997/1995. *The Role of Discourse Markers in a Theory of Grammaticalization.* Paper Presented at the 12th International Conference on Historical Linguistics, Manchester.

[245] Triki, M & Bahloul, M. 2001. "The reported speech revisited: A question of Self and expression." *Academic Research*.

[246] van Dijk, Teun A & Kintsch, Walter. 1983. *Strategies of Discourse Comprehension*. Orlando, Florida: Academic Press.

[247] van Dijk, Teun A (ed.), 1997. *Discourse Studies: A Multidisciplinary Introduction.* London: SAGE Publications .

[248] van Dijk, Teun A. 1998. *Ideology: A Multidisciplinary Approach*. London: SAGE Publications.

[249] van Dijk, Teun A. 2008. *Discourse and Context*. Cambridge: Cambridge University Press.

[250] Verschueren, Jef. 1987. *Pragmatics as a Theory of Linguistic Adaptation*, *Working Document.* Antwerp: International Pragmatics Association.

[251] Verschueren, Jef. 1999. *Understanding Pragmatics*. London: Arnold.

[252] Waltereit, Robert. 2002. "Imperatives, Interruption in Conversation, and the Rise of Discourse Markers: A Study of Italian 'Guarda'." *Linguistics*, *vol. 5*.

[253] Washington, Corey. 1992. "The identity theory of quotation." *The Journal of Philosophy*, *vol.89*.

[254] Wilson, Deirdre & Sperber, Dan. 1993. "Linguistic form and relevance." *Lingua*, *vol.90*.

# 后　记

　　篇章语言学始发于 20 世纪 60 年代，是一门有别于功能语言学的新兴学科。70 年代初，篇章语言学逐渐发展成为一门独立的语言学学科，之后篇章研究在国外开始得到重视并迅速发展起来，国内相关领域的研究也随之得到发展，近年来篇章研究成为汉语学界研究的热点之一。学者们引介国外篇章研究理论与方法的同时，也对汉语篇章现象进行了不同角度的探索，其中关注较多的是篇章连接成分的衔接功能及语用等问题。当下构式语法理论十分盛行，从构式角度研究篇章连接成分是一个十分新颖的角度，这也恰好说明汉语的篇章连接成分在形式和功能上的一些独特性，是一个值得研究的领域。

　　我从硕士阶段开始，就对篇章连接成分以及构式语法产生浓厚的兴趣，自此开启了我的学术生涯，博士阶段很自然的继续耕耘在这个领域，先后发表了几篇有关换言标记的文章。2022 年申报的课题《汉语换言构式的语义关系和语用功能研究》获得浙江省哲学社会科学规划课题青年项目资助，这一课题就是在我的博士论文《现代汉语换言标记构式研究》的基础上进行申报的，当时的想法是把研究范围再扩大一点，将现代汉语中的实体构式形式的换言标记也纳入进来，对现代汉语的换言标记系统做一个较为全面的讨论，尝试在语言事实描写的基础上做一些理论思考，希望通过分类考察揭示现代汉语换言标记的共时面貌、历史来源等问题，为深入对汉语换言标记系统的认识，丰富汉语话语分析和篇章语法研究的相关内容做一些工作。现在奉上的这一本小书就是近几年来所做工作的一个小结，书中我没有对国内外各家的不同观点做出辨析和取舍，只是就换言关系和换言标记的概念、换言标记的范围、分类给出了我们的简单理解，并根据这种理解去考察现代汉语的事实，更多的篇幅是将换言标记按照我们所理解的分类系统罗列出来，选取一些具有代表性的个案进行描写，至于这些事实能否被大家所认可，只有摆出来，才有机会请大家来讨论分辨。

　　课题的完成得益于前人时贤打下的基础，同时也十分感谢团队的各位老师，他们积极参与项目的研究，给了很多宝贵的意见和建议。此外，也非常感谢宁波大学人文与传媒学院院领导们的关心与帮助，我们李乐院长在项目申报等方面给予了非常细致地指导，由于我的研究领域与中文系主任聂仁发老师比较一致，这期间也一直承蒙聂老师的指导与帮助，这些都使我感到自己是幸运的，所以能够更加全力以赴地投入到研究中来。感谢学界的许多会议和活动，使我能有机会参加，将自己的研究情况做一个及时的汇报，得到国内汉语学界和英语学界前辈和时贤的指点和帮助，收获了许多重要的学术信息，同时也使我的研究能够为外界所了解。

在此，特别感谢我的两位导师。我的硕士生导师李小军先生一如既往地对我的科研进行督促和指导。我的博士生导师陈昌来先生更像是一位父亲，不仅督促我的科研工作，还常常教导我要平衡好工作与家庭，科研上要坚守初心，踏踏实实，生活中要积极乐观，真诚善良，总结起来就是"诚实做人，踏实做事"。

最后，感谢我的家人，是他们在背后一直默默支持我，开导我，做我坚强的后盾，让我能够专心工作，没有后顾之忧。我的先生是一个性格非常乐观的人，他常常用他乐观的生活态度感染我，让我觉得一切都充满希望。尤其感谢我的女儿，这个新的生命让我尝到初为人母的喜悦，也让我更加珍惜学习的机会，现在她21个月了，乖巧又淘气，还会用可爱的小奶音说："宝宝乖，宝宝不吵妈妈，妈妈要工作。"家人的爱是助我安心泰然走向未来的明灯，愿未来的岁月里，继续努力前行。

2023 年 5 月
于宁波大学阳明湖畔

图书在版编目（CIP）数据

现代汉语换言标记研究 / 李晓琴著. — 杭州：浙
江大学出版社，2023.10
　　ISBN 978-7-308-24462-6

　　Ⅰ．①现… Ⅱ．①李… Ⅲ．①现代汉语－功能(语言
学)－研究 Ⅳ．①H146

中国国家版本馆CIP数据核字(2023)第232963号

现代汉语换言标记研究

李晓琴　著

| | |
|---|---|
| 责任编辑 | 宋旭华　周烨楠 |
| 文字编辑 | 封雨汐 |
| 责任校对 | 蔡　帆 |
| 责任印制 | 范洪法 |
| 封面设计 | 周　灵 |
| 出版发行 | 浙江大学出版社 |
| | （杭州市天目山路148号　　邮政编码　310007） |
| | （网址：http://www.zjupress.com） |
| 排　　版 | 杭州林智广告有限公司 |
| 印　　刷 | 广东虎彩云印刷有限公司绍兴分公司 |
| 开　　本 | 710mm×1000mm　1/16 |
| 印　　张 | 17 |
| 字　　数 | 307千 |
| 版 印 次 | 2023年10月第1版　2023年10月第1次印刷 |
| 书　　号 | ISBN 978-7-308-24462-6 |
| 定　　价 | 78.00元 |

浙江大学出版社市场运营中心联系方式：0571-88925591；http://zjdxcbs.tmall.com